作者小时候，前排左一为作者，后排左为作者母亲，后排右为作者父亲

作者（青年时期）　　　　　　　作者姐姐（青年时期）

作者与丈夫　　　　　　　　　　　作者的丈夫

作者与子女

1947年作者中学毕业　　　　　　　　　　　1964年作者32岁

1991年作者60岁

左一为作者，左二为丁鸣，右一为弟弟刘钢

作者与王卓

1949年鲁艺音工团在沈阳街头庆国庆演出，合唱前排左一为作者

作者与中央音乐学院院长喻宜萱

作者演出中

左为伊藤温，右为作者

左为德国声乐专家，中为作者，右为中央音乐学院教授程达

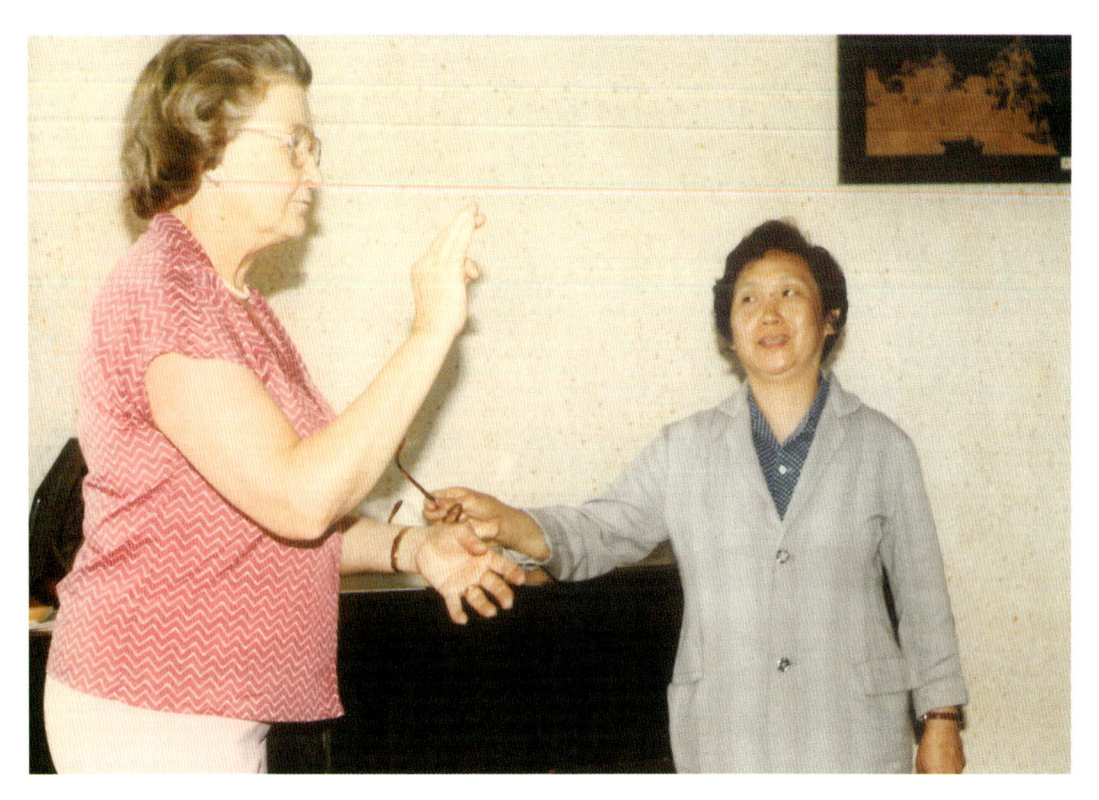

左为澳大利亚声乐专家伊丽莎白·托德,右为作者

沈湘为作者做声乐指导

作者与哈尔滨艺术学院第一任院长刘相如

左为作者丈夫，中为哈尔滨艺术学院第二任院长马楠，右为作者

作者近照

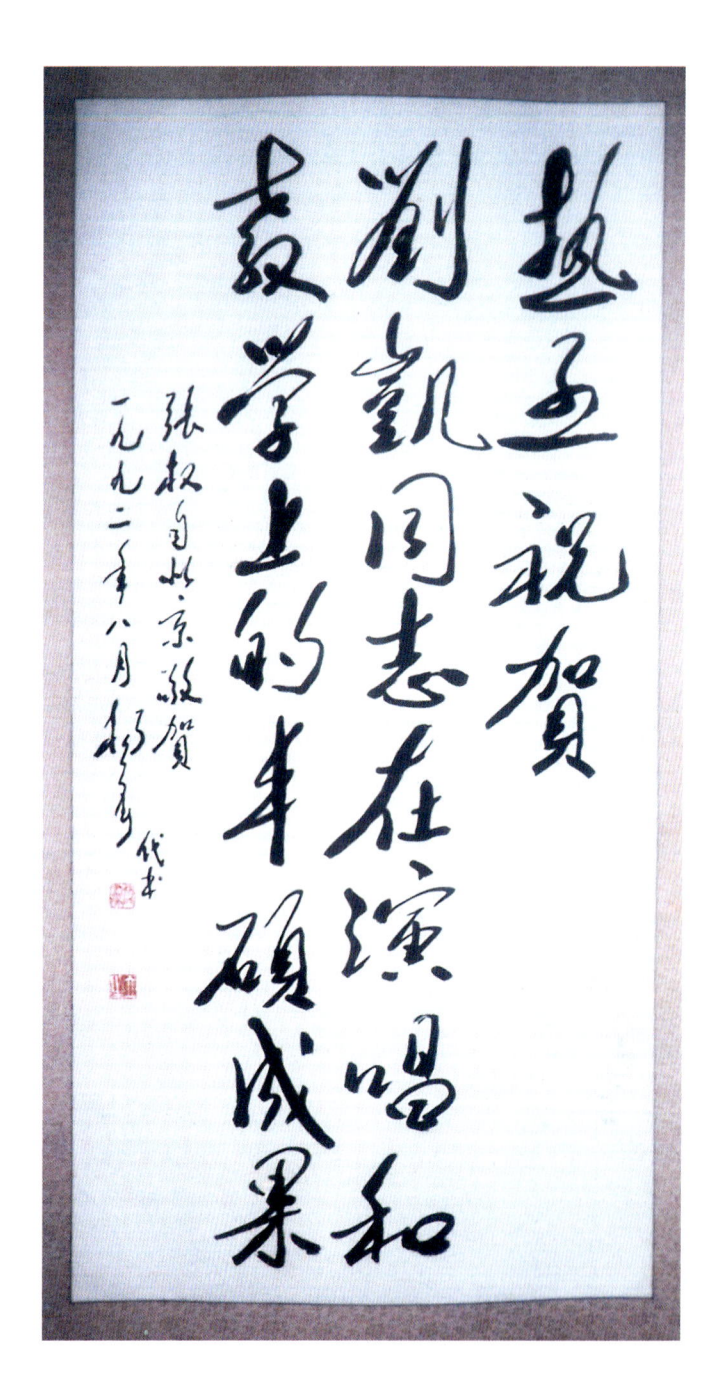

敬业祝贺

刘凯同志在演唱和教学上的丰硕成果

张权自北京敬贺 代书
一九九二年八月

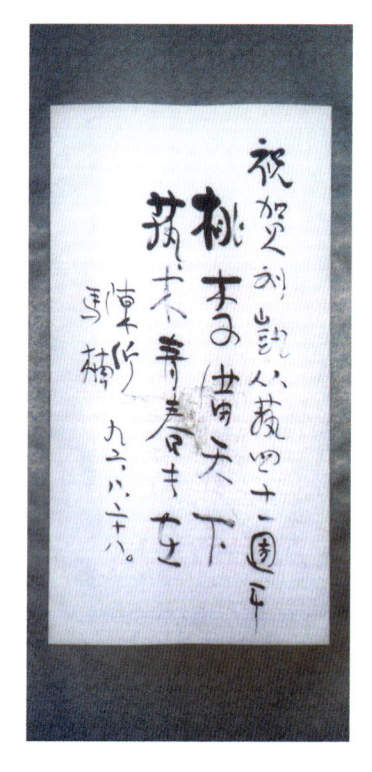

祝贺刘凯从教四十二周年
桃李芳菲满天下 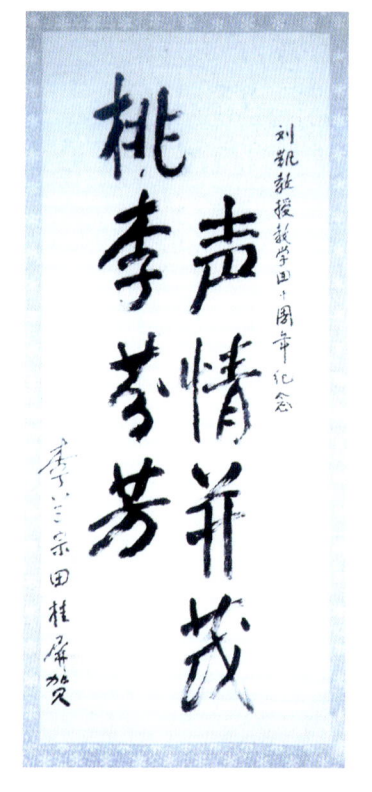
藝未青春卡左
陈怀 马楷
九二、八、二八

刘凯教授教学四十周年纪念
桃李声情并茂芳芳
李芝宗 田桂屏 贺

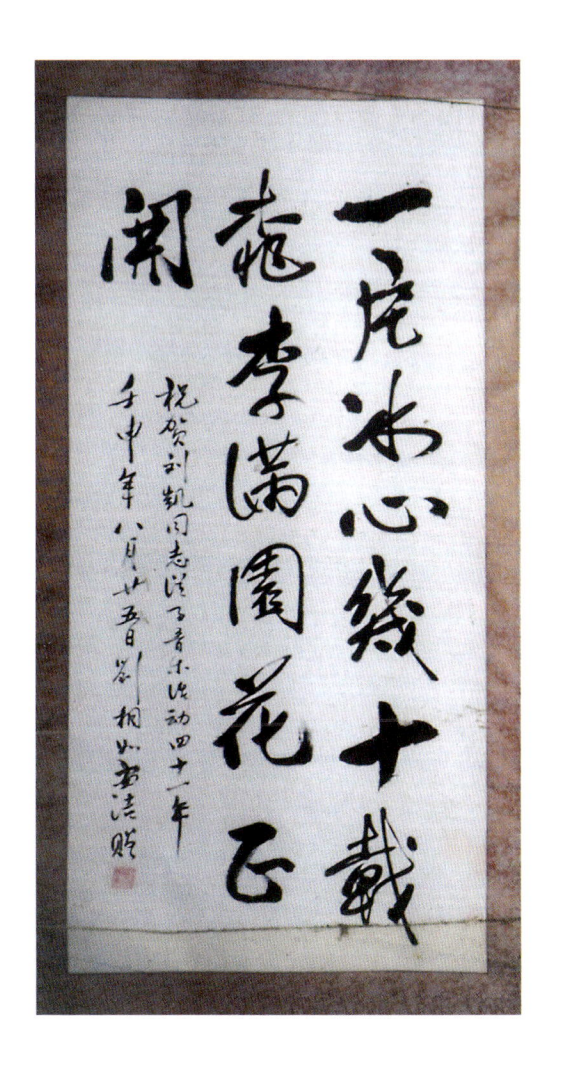

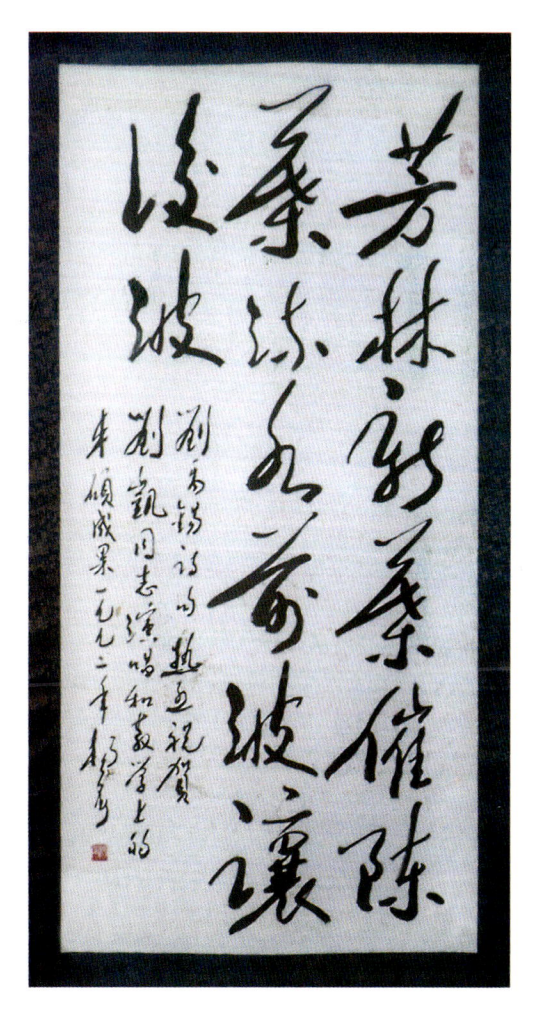

芳林新叶催陈叶，流水前波让后波。

刘禹锡诗句 为祝贺
刘凯同志演唱和教学上的
丰硕成果 一九九二年 杨〇书

一片冰心几十载，桃李满园花正开。

祝贺刘凯同志送了音乐活动四十二年
壬申年八月十五日 岑相以书洁贻

刘凯年轻时歌唱得就非常好，五十年代，我亲眼看过她的两次演出，直到现在记忆犹新。

在1950年初，刘凯当时在辽宁鲁艺音工团工作学习，作为一名歌唱演员为从苏联访问回国，途径沈阳的毛主席和周总理演出。总理当时是去沈阳接主席回国。当时，在沈阳的励志社，还是小姑娘的刘凯用她那高亢嘹亮的歌喉、饱含感情的歌声打动了包括毛主席等首长在场的每一位观众。据沙青同志后来回忆，当时的东北局宣传部部长刘芝明，当天观看了由刘凯领唱、史介棉担任指挥的合唱演出。当看到台上这位年纪轻轻、一张嘴就让人眼前一亮的小姑娘的演出，刘部长当时就对身边的人惊呼："这小姑娘唱得可真好听！"

五十年代，全国文代会，我和刘凯分别作为辽宁人民艺术剧院和鲁艺音工团的演员为中央领导演出大合唱，地点在北京人民大会堂。周恩来总理观看了那场演出。刘凯担任音工团合唱中的领唱，这个小姑娘用她独特的嗓音征服了在场的所有观众，观看演出的周总理也不仅啧啧赞叹、使劲为她鼓掌。

刘凯唱歌在当时非常出类拔萃，所以这么重大的演出，领导让她挑重担，担任领唱。

2014.5.6.

记得是在 1950 年上学期，鲁艺学院内部举办一场别开生面的新作品试唱音乐会，是专门为我院词、曲作家丁鸣与胥树仁二位同志新创作的交响音乐会—声乐史诗《森林的故事》专场音乐会。

　　演出单位是本院所属鲁艺音工团合唱队，刘凯担任女生独唱，观看演出的除本院各级领导及全院师生外，还请来很多外来贵宾，使小小的礼堂座无虚席。其中东北局文化宣传部刘芝明部长以及陪同他的东北辽宁艺术剧院院长沙青同志的到来，使本场演出格外隆重。

　　演出准时开始，先是序曲部分，展示原始森林中复杂壮观景色，曲式新颖，变化多姿多彩，布局严谨、情节生动，合唱队正在一步步推向高潮。就在此时，合唱嘎然而止，一个女高音歌声响彻行云传入我们的耳畔，现场听众惊呆了，大家不约而同屏住呼吸、张大眼睛、挺身端坐，仔细聆听她那动人的歌声。刘凯精湛的演唱技巧和浑然天成的嗓音，使得歌声既响亮圆润、又美丽迷人，印象最深刻的是她运用了中国民族特有的演唱风格，使原有的基于西洋作曲手法的作品具备了独具特色的东方魅力，加之字、声、情融合一起，使听众如痴如醉。

哈师大音乐学院离休干部
陈国华

一九七九年度

先进工作者

哈尔滨师范大学

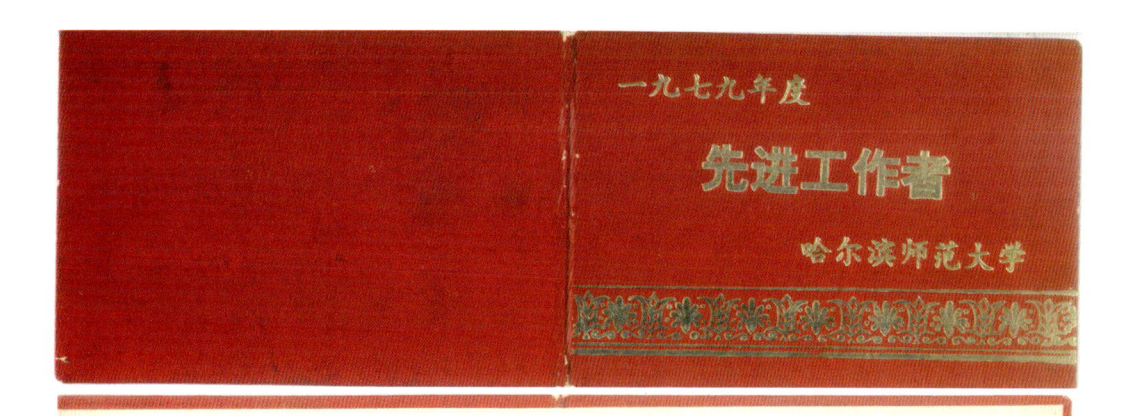

先进更先进
后进赶先进
革命加拼命
无往而不胜

华国锋

奖给 刘凯 同志：

在党的十一届三中全会精神指引下，在教学、科研等工作中努力贯彻党的教育方针，刻苦钻研，埋头苦干，认真敬业，做出了积极贡献，取得了显著的成绩，被评为一九七九年度校先进工作者。特发奖状，以资鼓励。

哈尔滨师范大学

一九八〇年一月三十日

向辛勤耕耘
的园丁致敬

刘凯 老师：

您的学生在参加中央音乐学院校外音乐水平考级中获得了优异成绩。为表彰您在音乐教育中所取得的这一成果，特授予"**优秀教师**"称号。

衷心祝愿您在今后的教学中取得更优异的成绩。

中央音乐学院考级委员会
黑龙江考区
1999年8月

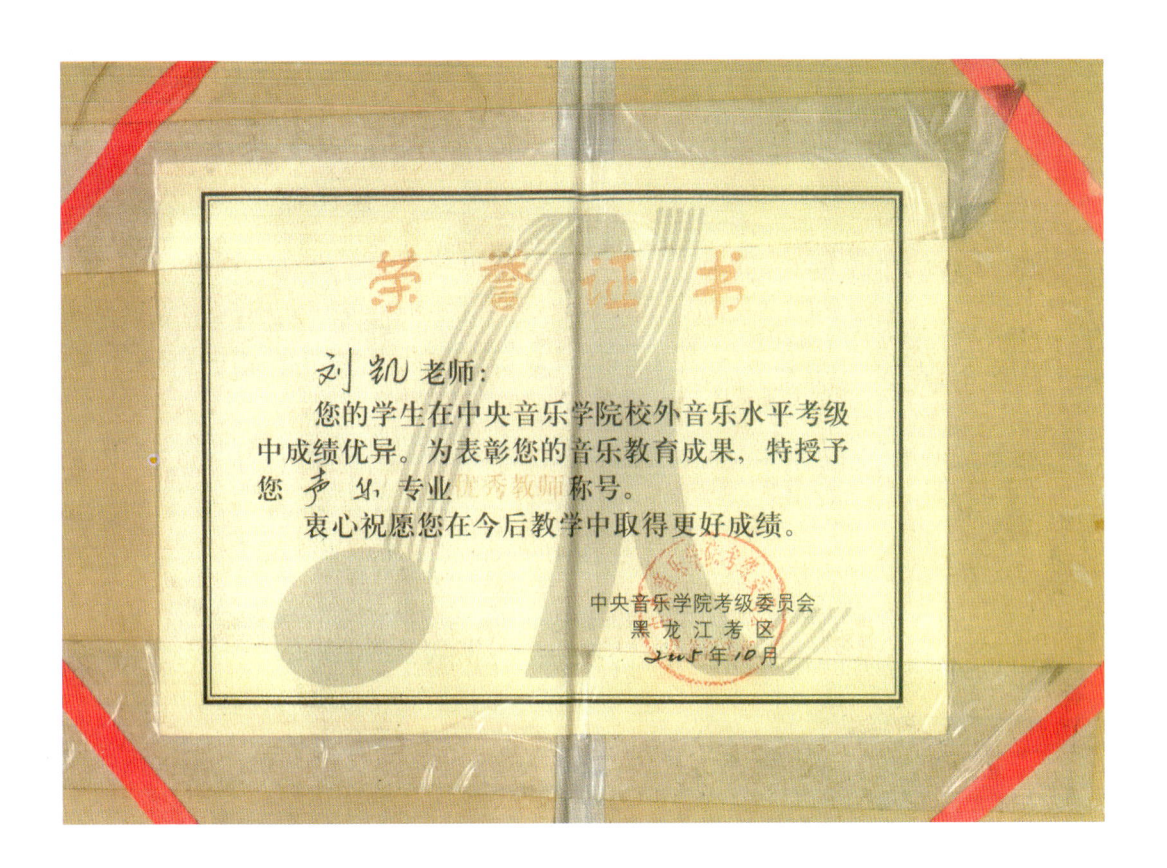

荣誉证书

刘凯 老师：

　　您的学生在中央音乐学院校外音乐水平考级中成绩优异。为表彰您的音乐教育成果，特授予您 声乐 专业优秀教师称号。

　　衷心祝愿您在今后教学中取得更好成绩。

中央音乐学院考级委员会
黑龙江考区
2005年10月

荣誉证书

刘凯 老师：

　　您的学生在中央音乐学院校外音乐水平考级中成绩优异。为表彰您的音乐教育成果，特授予您 声乐 专业优秀教师称号。

　　衷心祝愿您在今后教学中取得更好成绩。

中央音乐学院考级委员会
黑龙江考区

证书号：黑 0136　　二〇〇七年八月

證 書

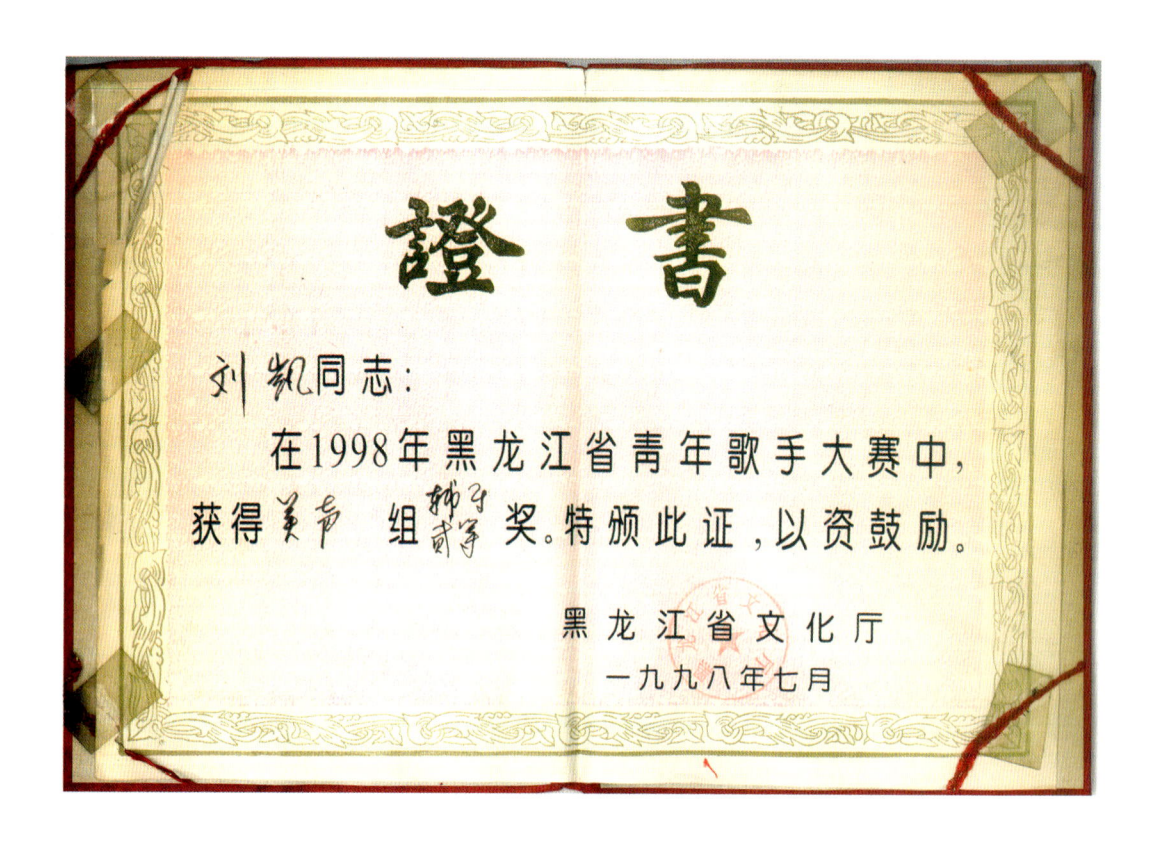

刘凯同志：

在1998年黑龙江省青年歌手大赛中，获得美声组种子武字奖。特颁此证，以资鼓励。

黑龙江省文化厅
一九九八年七月

荣誉证书

刘 凯

在第八届中国广播电影电视国际"冬令营"才艺选拔活动中，荣获黑龙江赛区优秀指导教师奖。特发此证，以资鼓励。

黑龙江省青少年文化艺术教育活动中心
中国广播电影电视国际才艺选拔活动黑龙江组委会
二〇〇五年一月

歌声里的传承

——刘凯回忆录

刘 凯 ◎ 著

哈尔滨出版社

图书在版编目（CIP）数据

歌声里的传承：刘凯回忆录 / 刘凯著. — 哈尔滨：哈尔滨出版社，2022.6
ISBN 978-7-5484-6292-7

Ⅰ. ①歌… Ⅱ. ①刘… Ⅲ. ①刘凯–回忆录 Ⅳ. ①K825.76

中国版本图书馆CIP数据核字（2021）第184794号

书　　名：歌声里的传承——刘凯回忆录
GESHENG LI DE CHUANCHENG —— LIUKAI HUIYILU

作　　者：刘　凯　著
责任编辑：韩伟锋
装帧设计：楠　楠

出版发行：哈尔滨出版社（Harbin Publishing House）
社　　址：哈尔滨市香坊区泰山路82-9号　　邮编：150090
经　　销：全国新华书店
印　　刷：哈尔滨世纪金东印务有限公司
网　　址：www.hrbcbs.com
E－mail：hrbcbs@yeah.net
编辑版权热线：（0451）87900271　87900272
销售热线：（0451）87900202　87900203

开　　本：787mm×1092mm　1/16　印张：19　字数：230千字
版　　次：2022年6月第1版
印　　次：2022年6月第1次印刷
书　　号：ISBN 978-7-5484-6292-7
定　　价：89.00元

凡购本社图书发现印装错误，请与本社印制部联系调换。
服务热线：（0451）87900279

序言一

我是在 1948 年春季认识刘凯同志的，中国抗日战争胜利后，党中央指示延安鲁迅艺术学院转移到东北，参加正在进行的解放战争。我们鲁艺全体师生积极热情地响应党中央的号召，很快赶赴东北，到达刚刚解放了的城市，组建起四个鲁艺文工团，分别为一、二、三、四团。文工团宣传党的各项方针政策，发动群众配合解放军，争取迅速解放全东北。

1947 年中共中央东北局文化部决定：在哈尔滨成立一个新型专业音乐团体"东北音乐工作团"简称东北音工团。吕骥同志任团长，瞿维同志任副团长，我任团秘书，刘炽任指挥。为了充实音工团干部力量，从东北各地四个团中抽调几位著名音乐家（如潘琦等同志），与此同时加紧招收新团员，扩充演出队伍，我当时是招收工作的负责人之一。这时刘凯与她弟弟刘刚参加了合唱队与少年班的考试，他们顺利通过初试，我与刘炽对他们进行第二轮复试。在复试过程中，我们发现刘刚聪明、机灵，能歌善演。他唱了一支苏联歌曲，音量很大，像个成熟的歌手，接着做小品，表演了歌剧《白毛女》中反派人物黄世仁的一段戏，他表演不俗，模仿能力很强。他的双手宽大、厚美、灵巧，我们为他写下了这样评语："音乐悟性强，有天赋，发展空间大，考试成绩优秀应予录取。"

姐姐刘凯唱了一首抗战歌曲《在太行山上》，这是一首渐强渐弱速度变化频繁的合唱歌曲，众人演唱容易展示情节多变的效果，刘凯却以独唱形式

序　言

来考试，我们有些为她担忧。然而她却轻松、自然地站到了考场前边，看出她对考试很自信。她唱第一乐段，起音是从弱声起逐渐加强，直至将声音推向高潮，她的声音抒情、轻巧、柔美。她熟练地控制了歌曲中出现的弹跳、强弱、快慢的变化，直到最后高潮处，她的声音竟有小号般的刚劲、丰满、辉煌，极富感召力。几位评委被她声情并茂的表现力惊呆了，我们为她写出这样的评语："嗓音条件特棒，音乐悟性极强，考试成绩突出，应特殊予以录取。"我们为姐弟俩这样写评语是因为他俩都有棘手问题，弟弟刘刚年龄太小，那时刚刚收下年龄最小的傅庚辰13岁，而刘刚不满10周岁，姐姐刘凯从小患了小儿麻痹症，右腿有残疾，因为这些原因，录取他俩定会有争议，即使这样，我与刘炽同志商量决不能放弃，我当场拍板将姐弟俩全收下，刘刚进少年班，刘凯到合唱队。

姐弟俩进团后，组织上安排送刘刚到哈尔滨苏联高等音乐学校与俄侨小提琴专家特拉赫金伯尔格学习。他进步很快，不久就登上舞台演奏，后来刘刚在歌舞团任终身首席小提琴演奏员。刘凯同志生活能力很强，勤奋刻苦钻研业务，从合唱队员很快成为领唱、独唱演员。她参加团里的重要演出，还经常到电台现场直播重唱、独唱，以此宣传解放战争的胜利战况。

1948年11月沈阳解放，东北各地文工团会集到沈阳，刘凯也随音工团到沈阳，当时成立了东北鲁迅文艺学院，吕骥同志任院长，并兼鲁艺音工团的团长。刘凯同志被组织送到学院音乐系全面学习，同时她还参加鲁艺音工团的重要演出。学习期间刘凯积极向民间艺人学习，以此来提高演唱民族歌曲的能力。

1949年7月鲁艺音工团参加全国第一届文代会，在中南海怀仁堂演出。1950年2月份，毛主席与周总理从苏联访问回国到沈阳视察，我团为首长演出，在演出结束时，周总理对身边的作曲家们提出今后的创作方向时说："你

序言

们在创作方面，就要创作出像今天领唱的女孩所演唱的有民族风格、大众喜爱的歌曲。"1950年5月份，我院作曲家丁鸣同志新创作出大合唱《森林之歌》，刘凯同志负责第一乐章独唱曲《森林里的传说故事》，她的演唱受到全场观众与东北局文化部长刘之明的高度赞誉。正当刘凯同志准备演唱李劼夫作品时，抗美援朝开始了，奉中共中央命令，鲁艺学院全部搬到哈尔滨，这里是刘凯的家乡。鲁艺音工团的团员们积极报名参加抗美援朝到前线去，此时的刘凯同志却很茫然，由于身体原因他不能到前线去。苦恼中她忽然想起小时候，英国修女曾想带她到英国学习，后因身体原因而落空的事情。现在家乡哈尔滨苏联高等音乐学校聚集许多俄国专家，这正是圆她小时候梦的时刻。她向组织提出想要上学深造的申请，得到组织同意后，1950年11月13日她以优异成绩考取了苏联高等音乐学校大学部，师从她心目中崇拜的俄籍专家阿恰依尔，1956年毕业后，又到阿恰依尔家里继续学习，直到恩师离开中国去澳大利亚。1960年她到哈尔滨艺术学院开始从事声乐教学工作。

原辽宁歌舞团团长兼党委书记　王　卓

序言 二

鲁艺音乐工作团是抗战时期特定条件下成立的专业音乐团体。其工作内容包括创作、表演、理论、辅导等方面，是于1940年秋建立的。经1942年整风运动，鲁艺戏剧部和音乐部联合演出了秧歌剧、歌舞小戏等，改变了过去戏剧与音乐互不联系的状况。经整编后，戏剧和音乐融为一体，称为"戏剧音乐部"，鲁艺音乐工作团就是在这个过程中撤销的。

1946年冬，鲁艺到东北建立起东北大学文艺学院，又建立了戏剧系与音乐系。当时为了巩固东北革命根据地，搞好土改，支援解放战争，将两个系联合组建起四个文工团，分别在佳木斯、牡丹江、通化、丹东一带展开宣传工作。

1948年春，人民解放军陆续解放了一批大、中城市。为适应大城市文化工作的特点，东北局宣传部决定在哈尔滨建立"东北音乐工作团"，简称"东北音工团"。

刘凯同志就是在这种情况下于1948年春参加哈尔滨东北音工团的。她虽然右腿有残疾，但她身残志不残，思想进步、积极向上。生活上她比别人要克服更多困难，可她不惧艰苦，勇于向困难挑战。她的音乐素质先天优越，而她不满足于现状，坚持追求更高的目标。在演唱上她既有中国民族韵味，又能借荐西洋唱法的优势，唱响时代精神，宣传前线解放战争的捷报。刘凯同志很快在东北音工团从一个合唱队员晋为领唱、独唱演员，是团里骨干青年。

序　言

　　1948年底，沈阳解放后，"鲁艺"的五个工作团即刻集中于沈阳，又恢复了学院编制，积极筹备招生办学。设有音乐、戏剧、美术三个大系，一个舞蹈班、文学研究所和一个实验剧团与实验音工团。不多久三个系都改为"部"，实验音工团改为"鲁艺音工团"。因为沈阳是当时东北最大的城市，刚刚解放，需要开展大规模宣传工作，刘凯同志除经常在剧场表演外，还需要活跃于大街小巷。她情绪高涨，受到群众热烈欢迎。

　　1949年初，鲁艺音工团领导决定送她到本院音乐部全面深造学习，对她的要求是既要完成学习任务，还必须参加团内的所有演出工作。这无疑是加重了她的负担，但她高兴地接受了上级指示，并表态：一定不辜负领导栽培，坚决完成任务。她抓紧一切时间，起早贪黑，中午不休息，抢时间练琴、补课。期中考试，受到各科教师的好评。我们是新建学院，学制上原计划三年毕业。因为解放战争尚未结束，没有按原计划进行，有的学习一年或两年就毕业参加工作了。而刘凯同志一直坚持学到两年，看出她是决心念满三年毕业。

　　1950年，我与文学研究室的诗人胥树人同志合写一部《森林之歌》交响合唱，刘凯同志担任带有民族说唱风格的第一乐章女声独唱。她表演得很出色，受到东北局宣传部长刘芝明的夸奖与高度赞誉，并得到全场观众热烈的掌声。紧接着她又要为李劫夫同志的新作品做音乐视唱合作准备。就在这时抗美援朝开始了，上级命令东北鲁迅文艺学院包括鲁艺音工团，即刻撤到哈尔滨市，停止一切正常工作，全力支援抗美援朝。刘凯同志就此终止了音工团的演唱工作，也没完成她读到三年毕业的志向。

　　刘凯同志为了圆自己小时候的梦，经向鲁艺音工团申请，顺利考取了哈尔滨苏联高等音乐学校大学部进一步深造。

原沈阳音乐学院院长　丁　鸣

序言 三

刘凯老师的这部自传体著作，本不该由我写序，因为在刘凯老师面前我是学生辈，资历尚浅。只是刘凯老师的女儿郑良良老师是我的好同事，在她的热情邀请下，我恭敬从命，谨以一个先睹为快的读者角度写"读后感"。

刘凯老师自幼受到良好的家教，祖父因掩护抗联英雄牺牲，父亲壮志未酬，这些在刘凯幼小心灵中种下了爱国奉献的种子。幼年失去父爱使她更加自立，身体不便使她更加坚强。在中学她得到了地下共产党员谭校长的教导鼓舞，投身到学校进步活动中，还献血挽救负伤的解放军战士，以自己美丽动听的歌喉开辟了自己人生道路。

刘凯老师经历了哈尔滨近现代各个时代，即伪满洲国、解放战争、新中国建立、"文革"前十七年"文革"十年、改革开放到现在的新时代。而她因自己的顽强努力，以及幸运得到贵人指引，总能走在时代的前列：儿时父母的教诲与音乐的启蒙、中学时代革命音乐道路的选择、东北音工团的演艺生涯、考入苏联高等音乐学校并圆满毕业、师从阿恰依尔刻苦学习、哈尔滨艺术学院成立的契机、并入哈尔滨师范大学。这些在当时，无疑都是最好的安排。刘凯老师在自传中以感恩的笔触提及了这些当时的领导同事，后来新中国的音乐栋梁：东北音工团的吕骥、瞿维、寄明、唐荣枚、刘炽、傅庚辰，还有把她引荐到哈尔滨艺术学院的音乐系主任程思三，关爱青年教师的院长马楠，还有与她在艺术道路上共同成长进步的鲁艺音工团、哈尔滨艺术学院、

序　言

哈尔滨师范大学音乐学院的同事们：汪立三、刘施任、蒋祖馨、王国忱、钱正钧、陈国华、李兰宗、常肖梅、丁顺训、吴启芳等，"文革"学习班中求教的中文系王乃安教授、学习法语求教的八十高龄的唐学咏先生。

刘凯老师在自传中表明，她在歌唱事业上的成绩，主要归功于她的授业恩师阿恰依尔在八年中严谨有序地传承给她的、她所掌握的意大利美声学派的发声原则与训练方法，但也感谢有唐荣枚、于忠海、张权、沈湘、伊藤温、伊丽莎白·托德等中外名家在各个阶段的指教。

刘凯老师传承的是西洋美声体系，但她还用心向民族声乐艺术学习，拜哈尔滨评剧院著名资深艺术家晓达子为师，学习河南梆子、河北梆子等戏曲演唱，对其中的字词、词曲、声韵、行腔等都有掌握，并运用到自己的演唱和教学之中，形成了自己以美声为主、博采众长的艺术风格。刘凯老师声乐学习之精深、之广博是值得我们后辈好好学习的。笔者也由衷钦佩沈湘教授对刘凯老师说的话："你就是阿恰依尔的学生"，这是对刘凯老师声乐艺术的充分肯定。

自传向我们展现了刘凯老师在声乐演唱方面的骄人成绩：作为独唱或领唱者，在北京中南海怀仁堂为中央领导演出，在沈阳为访苏归来的毛主席演出，在哈夏舞台独唱，在电台录音。在当年，这是多么令人自豪，又令多少音乐家所羡慕的啊！

在声乐教学中，她教书育人，成绩斐然。我在哈师大音乐学院任教时的系主任刘晶心教授就是刘凯老师的学生。还有陶黎明、孙晓中、佟军、高雅清、林丽、阚丽君、金丹江等，在国内专业演出团体和高校任职，哈师大音乐学院一些青年教师也拜刘凯老师为师，可谓桃李满天下。现在，刘凯老师年近九旬，但还在教授声乐，并能完美范唱，可见刘凯老师艺术之树常青。

在刘凯老师自传中我们也能分享到她的最大的福分是家有贤夫"我家小

序　言

郑"——郑金山先生。他们伉俪一见钟情、终生相伴、同甘共苦、相濡以沫。不仅牺牲自己的前途支持刘凯老师事业发展，还在生活上和政治上为刘凯老师提供保障，使刘凯老师虽几经风浪还能一帆前行。在自传中我们也能分担刘凯老师的痛楚——"文革"期间因夫妻双双进学习班隔离而无法照顾重病的女儿。而女儿郑良良老师也以母亲为榜样，找到了适合自己发展的道路，在哈尔滨师范大学音乐学院任钢琴教授，继承着母亲热爱的音乐教育事业。

刘凯老师个人经历，就是一部生动、鲜活的地方音乐史。刘凯老师就是这段历史的亲历者、参与者和创造者。这部自传将为哈尔滨音乐历史研究提供珍贵文献。另，业界相传"南有舒什林，北有阿恰依尔"之说。以往学界对舒什林关注较多，而对阿恰依尔的研究还不够充分，其原因之一是史料难寻。刘凯老师与阿恰依尔师生关系和所亲历的历史细节，都将为阿恰依尔的研究乃至中俄音乐交流提供新的重要的史料。

在母校哈师大读本科时，因所学专业不同，没有机会向刘凯老师学习声乐，但刘凯老师的这部"自传"给我上了一堂难得的精彩课程，使我收益颇丰。谨以此文向刘凯老师表达感激之情。

陶亚兵

哈尔滨师范大学音乐学院 原院长

目录

第一章　启蒙 | 1

第一节　在一面坡镇 | 2

第二节　在尚志中学 | 7

第二章　初到东北鲁艺 | 11

第一节　东北音工团 | 12

第二节　东北鲁艺实验音工团 | 23

第三节　第一次文代会 | 29

第四节　返乡 | 38

第五节　1950 年在沈阳为毛主席演出 | 42

第六节　跟随东北音工团来到哈尔滨 | 50

第三章　在苏联高等音乐学校 | 53

第一节　选择 | 54

第二节　拜师阿恰依尔 | 60

第三节　在第八中学校 | 69

第四节　成家 | 81

第五节　在第九中学校 | 85

第六节　毕业考试 | 95

第七节　在阿恰依尔声乐学校 | 100

目　录

第四章　进入哈尔滨艺术学院 | 111
- 第一节　调转 | 112
- 第二节　始执教鞭 | 115
- 第三节　探索教学方法 | 117
- 第四节　考试 | 125
- 第五节　第二届哈尔滨之夏音乐会 | 139
- 第六节　新的艺术实践 | 147
- 第七节　《江姐》| 155
- 第八节　两院合并 | 160

第五章　与沈湘先生 | 171
- 第一节　初见沈湘先生 | 172
- 第二节　汇报演出 | 178
- 第三节　北京求教 | 185

第六章　探索与融汇 | 191
- 第一节　与伊藤温教授 | 192
- 第二节　与伊丽莎白·托德教授 | 196
- 第三节　离休与家庭 | 204

第七章　学生感言 | 211

后　记 | 263

附　录 | 267

第一章 启蒙

歌声里的传承
——刘凯回忆录

第一节　在一面坡镇

1932年我生于哈尔滨一面坡镇。受喜欢唱歌的父亲影响，我从小就喜欢唱歌。

我的父亲叫刘耀东，吉林省永吉县人，出身于书香世家。因为他是独生子，所以家里对他寄予厚望。他还没读完高中，就被送往哈尔滨，在中俄合办的"高等工业学校"读书（1938年该校与法政学院和商学院合并，正式更名为哈尔滨工业大学）。父亲在土木工程系俄文班，是班里的高材生，而且爱好文体活动。在读书的过程中，因家庭发生了重大变故，父亲曾中途辍学，所以断断续续于1940年才毕业于哈尔滨工业大学。

母亲叫邹玉瑛，出生于奉天省（今辽宁省）辽阳县。她的父亲是个小职员，家里的四个孩子都读了书。

母亲从奉天省教会女子师范学校毕业后，就随她做牧师的二哥来到哈尔滨，并与正在读书的父亲结了婚。婚后，在哈尔滨道外的太古小学校任国语教师。因为她就读于教会学校，所以她自然也就成了教会的信徒。每逢星期日，母亲就带着姐姐刘競和我到教堂做礼拜。由于我在唱圣歌时嗓音出众，被负责教会童声唱诗班的辅导员——一位英国的修女看中，吸纳我进了童声唱诗班，当时我只有五岁。在培训中，这位修女被我天生的一副甜美、醇厚、亮丽的嗓音所吸引，她非常欣赏我的条件，就对我母亲说："夫人的这个小女儿有着极高的音乐天赋，不仅音色动人，并有着很高的音乐悟性。是我所

第一章　启蒙

见过的同龄人中的佼佼者，音乐应该从小时候培养……"然而，当时的东北完全被日本帝国主义所霸占，局势动荡不安，中国人家家生活在精神紧张、经济困难中，确实无力在这方面投资。这种状况，英国修女也是心知肚明的，所以向母亲提出了一个建议，待她在中国教会任期满时，我的年龄也更大一些，她愿意带我去英国。那里的教会一定会伸出友谊之手，让我受到正规的音乐教育。并且还向母亲表示，她的话是认真的。我父母对她的想法自然是非常满意。自己无能力，别人要帮助，这本是求之不得的好事。于是全家整日盼着这一天的到来。不幸的是，七岁那年我患上了小儿麻痹，右腿致残。就这样，日夜期待的出国学习的愿望竟成了泡影。

1940年是日本鬼子在哈尔滨的黑暗统治最为残酷的一年。他们到处抓捕"反满抗日分子"，尤其是文化界人士，最容易被以这种借口抓走。所以这些人天天处于紧张恐惧、焦虑不安之中。而父亲就是在这一年勉强读完了大学。我们看着父亲的样子，好似一天也待不下去了。眼前的道路对他来说只有两条：一是跟随工大的一些进步同学投奔苏联寻找出路；二是回到珠河县（今尚志市）一面坡镇，那里有祖父留下的一所空宅院。而选择了第二条路是内心深藏着国仇家恨的父亲，永远也打不开的死结。那时母亲刚刚为刘家生下第一个男孩，也就是我的大弟弟刘钢。刘家终于有继承人了，这是父亲盼望多年的大事。对于弟刘钢，父亲是如获至宝，非常宠爱。所以在这个时候，父亲不可能让母亲一个人带着三个幼小的孩子，而自己选择出国谋生。所以考虑再三，万般无奈的情况下，父亲只能带领全家离开哈尔滨，迁回到珠河县一面坡镇刘家宅院里，暂避风险。

回到小镇上，大人孩子都觉得这里比哈尔滨安静。祖父的旧宅空空荡荡，很亮敞，前后四个院套，仅住几户刘家的亲属。于是，我们一家五口便成了这大宅院的主人。

歌声里的传承
——刘凯回忆录

母亲到镇上想要做的第一件事,就是联系她的工作。这里的学校是归镇政府管理的。负责人见到母亲表示欢迎,说会兴小学校就在我家附近。那里有一位正校长是中国人,副校长是日本人(实际上一切都是由那个日本副校长说了算)。他们希望母亲任第二副校长,母亲以不会日语为由回绝了,只要求做普通教师。这以后,我便随母亲每天去学校,她做教师,我做学生。

母亲要做的第二件事,是将最小的后院捐献给教会。后院有五六间房,将门窗打开,就是另一条街。有一个花园将后院和我们这三个前院隔开,这样打开花园的小门就可直接到教会了。一方面解决了她每周日做礼拜的事,同时也方便了我去教会唱歌。

父亲自己占了最宽大的书房。这是祖父留下的书房,四周都是书柜,中间放着像大镜子一样大的祖父的照片。我是第一次从照片上认识了祖父,他看上去完全是个新派的书生。父亲告诉我,祖父的名字叫刘晓堂。

开始一切都还算顺利,可过了不久,问题就显现出来了。第一件让父亲恼火的是,镇上派人来询问父亲这次回来是长住还是短留,如果长住,应当为镇上做点事。父亲问是什么事,对方说可以任保长。父亲立即回绝说,他是回来养病的,无论时间多长,他都不能工作。随后我们渐渐了解到,这个小小的、满以为是山高皇帝远的偏僻小镇上,竟也摆脱不了日本鬼子的影响。首先,从母亲的学校了解到,小学生一入学,就要学习日语课程,并且是由日本教师授课(这一条,在哈尔滨还没有实行)。从学校的重视程度上看,对中国学生来说日语比国语还重要。教师与学生之间早、中、晚见面时都要用日语问候。每周一学校要开全校朝会,先集体背诵日本天皇的诏书。同学之间要严格遵守上、下级关系,高年级学生可以任意管教低年级学生,若不服管教,就打嘴巴子。而且被打者不可以躲闪,要站直了挺着挨打,公开训教武士道精神。父亲听后非常气愤,认为这是进行明目张胆的奴化教育。

第一章　启蒙

日本宪兵队与中国伪满警察会以查户口的名义，随时闯入民宅，实际上是为了检查每家吃的粮食。据说早已贴出告示：中国人只能吃粗粮，不可以吃大米白面。如有违者以"经济犯"处之。父亲见此情况，整天满面愁容。在哈尔滨为了逃避"政治犯"嫌疑，躲到了一面坡镇，想不到这里又多了个罪名"经济犯"。最让父亲忍受不了的是，听说在这个镇上，日本人把在山里抓来的"土匪"（实为抗联的人）杀害后，将血淋淋的人头挂在街上示众。父亲日渐消沉，整天待在祖父的书房里睹物思人，活在自我指责与愤懑之中。有时晚上愿意一个人出外喝闷酒，还经常喝醉被送回家，嘴里说些外国话。这要是被日本宪兵队看见了，一定会被抓走，当"思想犯"处之。一次父亲很晚未归，母亲让姐姐和我到附近一家父亲常去的小饭店看看。我与姐姐刚刚走近饭店门口，抬头看见门前的电线杆上挂着一个人头，还在往下滴血呢。我俩吓得大声惊叫，把在店里喝得迷迷糊糊的父亲喊醒了，我们一起往家跑。从此父亲更加消沉，抑郁成疾，就在抗战胜利的前一年，病逝于刘家宅院，年仅三十八岁。

父亲的故去使家中如同天塌一般。在当时的社会，家中没有男人，要靠一个信教的弱女子，带着五个孩子（到一面坡后，母亲接连生了两个小弟弟）支撑起这六口之家谈何容易。当时最小的弟弟才七个月，而母亲在一面坡镇又是举目无亲。无奈之下，母亲只好将在阿城读国高的姐姐叫了回来，让她照看三个小弟弟，由我来掌管家务（包括钱的分配），母亲照常上班。我虽然腿有残疾，但我很能吃苦。在后花园里种上蔬菜，每天还去南山、西山挖野菜，像小根蒜、荠荠菜、婆婆丁（蒲公英），都是我家饭桌上常见的菜。邻居都夸我是家中的一把好手。我还学会做针线活，为弟弟用苞米叶做鞋，用灶里的草木灰洗衣服。生活再苦，每周日去教会领大家唱圣歌我从来不落，大家都叫我乐天派。

歌声里的传承
——刘凯回忆录

作者在故乡挖野菜归来

    1945年，日本鬼子宣告投降的消息传到了一面坡镇。这个平日里死气沉沉的小镇即刻变得家家门前挂起了红灯笼，人人脸上都露出喜气洋洋的神情。而我家当时不知是喜还是哀。因为父亲刚刚过世一年，我们心中的哀愁还没有平息下来就遇上了这么大的喜讯。我记得母亲一边落泪，一边高兴。她终于说出了闷在心里的话："你们父亲日夜盼望的就是这一天的到来，他相信会有这么一天，但他却没等到啊"。

第二节　在尚志中学

也就是在这一年的秋天,我上了中学。学校是一面坡镇上唯一的一所中学——尚志中学。

尚志中学成立时,正是国共两党激烈交战之时。当时国民党处于优势,号称有八百万美式装备的部队,要在三个月之内消灭共产党领导的解放军。

我们学校是在共产党领导下的。在那个特殊的历史时期,学校的教学任务就是要尽快培养党的青年骨干,宣传党的各项方针政策,团结一切力量,发动群众,支援解放战争。这时候尚志中学由一位哈尔滨派来的人任校长,校长的名字叫谭家贺。谭家贺是伪满建国大学毕业的高材生,中共地下党员。他不仅学识渊博,还具有马列主义和无产阶级革命理论修养,同时对抓学生思想教育、组织、宣传等工作有着丰富的经验。

我就是在谭校长的悉心栽培下,成为了学校里的一名骨干。他经常开导我的话语是:"不要为身有残疾而自暴自弃,要以自身具有的特殊才能而自信。你美丽动听的歌喉既可以自娱自乐,又可作为你生活、学习、工作的战斗武器。"

我在学校里进步很快,是第一批加入"毛青团"(共青团的前身)的。学校经常组织辩论与讲演比赛,我是积极参与者,并在讲演比赛中获得了一等奖。讲演的题目如"共产主义发展到最后阶段,是让人们都变成穷人吗?""是时势造英雄还是英雄造时势?"等等,都是当时学生与老百姓思

想中存在的各种疑问。

学校要组建学生自治会，我被选为主席。副主席是一位男同学，他帮我做许多我干不了的具体事务。

上任后，我首先考虑要建立校文艺宣传队。学校里没有音乐老师，我到各班教唱革命歌曲时就注意在同学当中挑选爱唱歌和有些文艺特长的人，很快宣传队就成立了。名义上是文艺宣传队，实际上什么事都管。在当时，出工挣的钱大部分都是以粮食兑现的，所以学生交的伙食费也都是粮食，因此学生的伙食中自然就缺少蔬菜。我们宣传队就组织一些同学搞生产自救。学校里校园空地很大，荒田很多，包括我在内每人分一些土地种菜。学校的伙食桌上有了我们自己种的蔬菜，反响很好。分配一些男同学到东山坡采摘托巴（桑葚）、野山梨、山定子、臭李子拿到街上去卖，女同学纳军鞋底。这些劳动得到的钱用来进一步改善伙食。谭校长看到我说："真没想到，你这乖巧的小女孩，还有做家务活的心计呀。"其实自从父亲过世后，苦难的生活已把我磨练得很能干了。

宣传队的任务不仅仅是在学校搞搞活动，还要走向社会，到群众中去。我们利用周日，到街头小巷，用演唱的形式宣传土改政策。没想到我的歌唱最受群众的欢迎，每场演出我的演唱都成了重头戏，压轴节目。不仅在一面坡这个小镇出了名，渐渐地，周边很多村镇都邀请我们去演出，后来听说尚志县文工队的演员们都跑来听我演唱。当时我每次必唱的歌曲是《在太行山上》，于是群众就给我起了一个绰号叫"太行山上"。

我们胆子越来越大了。大家都说我们应该到部队去，为换防休整的战士送上精神食粮，鼓舞士气，让他们多打胜仗；到伤病员医院去，让他们安心养伤，快点痊愈，重返前线。我是O型血，我告诉医院，需要血时去尚志中学找我。曾有过相隔不到一个月输过两次血的事，分别救活了两位重伤员。

输完血后，我还把医院给我的营养品捐献给了解放军战士。当时因输血过频，我头晕眼花，走不了路了，陪我来的同学借了个爬犁，才把我拉回学校。

　　尚志中学的全体师生们，人人都尊重谭家贺校长，说他是马列主义思想武装起来的无产阶级领导干部。他作为特使从哈尔滨来到一面坡镇尚志中学，面临的状况是：学生的思想极为复杂、混乱。因为大家刚刚从日本帝国主义奴役下解放出来，又受到国民党反动宣传的影响。谭校长发挥他的专长，团结、教育、改造、培养了很大一批学生，逐渐使学校面貌焕然一新，生机盎然。我个人就是其中受益者之一，但我又有不同的感受。在我心中，谭校长他既是我前进路上的灯塔，引导着我向前迈步，又像是我慈祥的父亲（他与我父亲年岁相当）。他对我的关爱和教导，亲切、温暖，使我走出了在伪满日本帝国主义的统治下，家里遭受到不幸的阴影。那些苦闷无助的情绪，仿佛烟消云散，在学校搞活动时，我也忘记了自己是个残疾人。

第二章 初到东北鲁艺

第一节　东北音工团

1948年春季，尚志中学为社会培养出第一批毕业生。当时正值解放战争时期，社会各行各业都急需人才。学校号召同学们可以根据自己的志愿去选择工作，给大家两个月时间，家远的可以住在学校，等找到工作后再离开。

学校建立在离一面坡镇最远的东山脚下，我家是在镇中心西山与南山脚下，来回得有两个多小时的路程，对我来说有些太远了。而且家里有三个小弟弟吵闹，影响我学习，所以我无论寒暑假都是待在学校里。学校和北山隔着一条河，叫蚂蚁河，河从校园内穿过，春、夏、秋同学们就在这条河洗漱。平时我都比大家起得更早，因为我洗漱完后还要练声、唱歌。记得有一年的寒假，宿舍里只剩下我一个人住了。冬天宿舍里的取暖，是需要去外面大地里拾干柴来烧炕的。当我抱着一捆柴往回走时，感觉手摸的地方冰凉，到宿舍里放下一看，原来是一条冻僵了的蛇。现在大部分同学都回家去自谋职业，我更愿意一个人留在这里，安静地思考自己的出路问题。这是我遇到的人生第一次选择，越想越无奈。谭校长也表示爱莫能助，他说工作对我是不成问题，关键都不是我所爱。正在我心情万分焦躁时，一天从学校传出同学的喊声："刘凯，有人找你！"我急忙到宿舍门口去迎接。见到来人时我愣住了，是位瘦小的男同志，我真的想不起来他是谁。对方看出了我的心思，马上自我介绍说，他叫刘谦，在尚志县文工团搞作曲工作。我听后立刻向他点头说不好意思，因为他的名字我很熟悉，他在这一带是有名的作曲家。同

第二章 初到东北鲁艺

时心里仍旧疑惑：他这么风尘仆仆地急着要见我，有什么事呢？刘谦同志说，他从县城特意赶到这里，是为了告诉我，哈尔滨组建了一个东北音乐工作团（简称音工团），正在招收合唱队员。他还说曾多次听过我的演唱，对我的印象极深。他们文工团的很多同志也都很喜欢我的演唱，知道我今年毕业，文工团的同志们希望我能到他们那里去工作。但他个人不赞成，一来县文工团的工作是在乡下，二来他对我今后的发展抱有很大的希望。最后他对我说，希望我马上就动身去哈尔滨报考。我当时听他讲的那些话，并没有太动心，只是想我不可以再去伤害自己，因为儿时患病致残没去成英国的事曾经深深地伤害了我。所以当他的话一停，我表示非常感谢他对我的热情关注，但我的自身条件不允许我有非分之想。他对我的拒绝，非常不以为然。他说已经将我的情况向在哈尔滨负责招生的王晶同志说明了，说如果我到他们合唱队，保证我一个人能顶他们好几个人。王晶同志是他的朋友，已经同意让我去了。信他已经写好了，要我带上。"相信我，快去吧！"直到今天我还清楚地记着他最后说的这句话。在这种情况下，我不好再推辞了。其实在我心里是多么渴望能到这样的岗位上工作啊。抱着试试看的态度，我决定孤注一掷，并且已做好了最坏的思想准备。

之后，我带着刘谦同志为我写的介绍信回到家里，见到母亲后，我向她诉说了早晨遇见这位贵人的全部过程。母亲听后非常感动，她说："上帝还是关怀可怜的人啊，见你受苦受难，他派人来拯救你。"母亲看完我手中的介绍信，又对我说："正好你把大弟弟刘钢也带去参加考试。"原来信中写着我不是考少年班，而是直接考合唱队。我这才知道东北音工团既招合唱队员，同时也招少年班。大弟生来就喜欢音乐，可惜父亲去世，家里没人注意这些事。我俩同去考试再好不过了，问题是母亲工作挣的是粮食，家里没有余钱，去哈尔滨的路费是个难事。这时母亲到父亲的书房里拿出了一套

歌声里的传承
——刘凯回忆录

原装《辞海》，说这是父亲留下的，是家里唯一值钱的东西。我抱着《辞海》立即返回到学校，我同桌的同学非常喜欢这类珍品，但他付给我的钱很少，只够我和弟弟单程车票钱。我当时也管不了那么多了，觉着我们俩只要有一个留下就行，坐上火车就去哈尔滨了。到站下车时才想起来，信封上只写着地址，而没说明往哪个方向去，无奈之下只好雇了个人力车。拉车的见我们俩是孩子，就在车站绕圈，等到了地方，身上的最后一点零钱也全都用光了。好在非常顺利地找到了王晶同志，他很热情地接待了我和弟弟，更加幸运的是他本人就是初试考官。看得出来，他事先得到了刘谦同志的介绍，所以他在考核时非常认真负责。听完我和弟弟的演唱，大加赞赏地说我们两个是到目前为止来这里报考音工团的考生中条件最好的，声音都很不错。但这事他说了不算，要我们先等等，他去请两位负责考试的主考官来。

来的两位，一位是刘炽同志，另一位是王卓同志。他们要求先听听弟弟，因为他们看得出弟弟很小，以为随便听听就行。没想到，弟刘钢才艺惊人，九岁刚刚出头，会唱、会演戏，还会拉二胡。问他还会什么，他说还会指挥。这些年来我住校不常回家，没想到他学了这么多本事。之后王卓同志说再考考姐姐。我已被王晶同志考了很多歌曲，等于把嗓子唱开了，现在可以随心所欲地唱了。我站稳后，先放松，然后说："我想唱《在太行山上》。"这是刘炽同志指挥的合唱歌曲，他俩以为我可能想先调整一下，没想到当我唱完，他们目瞪口呆，没经商议，王卓同志立即拍板："姐弟俩都留下。"当时我简直不敢相信自己的耳朵，心里一直念叨着：这怎么可能，我是不是听错了？可是清清楚楚地听到了"姐弟俩都留下"这六个字，没错呀。想想自己腿有残疾，弟弟年龄又小，我俩还能一同被录取，心里乱糟糟的。又听到王卓同志通知王晶同志去领取军装，这时我才回过神来。待王晶同志送我和弟弟去各自的工作部门时，我心里的石头才算落地。这时的心情就像刚飞

第二章　初到东北鲁艺

出笼的小鸟，感觉是那么轻松愉快，真是无法用语言来形容。

在路上，王晶同志再次向我和弟弟表示祝贺，他说，刘谦同志在信上秉公介绍了我的情况。看得出两位专家对我演唱的声音和饱满的感情都非常满意。我们姐弟俩无论从哪方面说，都是很优秀、出色的。弟弟虽然年纪小，但人很机灵，声音也不俗。在考核中，刘炽同志要求他表演一段《白毛女》中的反面人物——黄世仁，他很熟练地连比带划，出色地完成了表演。那股机灵劲，给人留下了很深的印象。

作者在音工团

王晶同志也简单地介绍了一下这个新成立的东北音乐工作团的情况，这个音工团和普通的音乐文艺团体不一样。这个音工团除了他之外（他是外调来帮忙的），其余全体干部都是延安鲁艺学院的。抗日战争胜利后，党中央一声号令，吕骥同志负责带领全校音乐系，张庚同志负责戏剧系，撤离延安后直赴东北。那时的东北正处在激烈的战斗中，敌强我弱的势头十分明显。在那种紧张的局势下，党中央要求开赴东北的鲁艺要配合解放军，做好宣传工作，同时发动群众来拥护共产党和人民解放军。所以，当时的鲁艺师生兵分几路，到东北组建了四个文工团，为党的政策宣传、党的胜利，也为党的后续文化建设提供了有生力量和保障。从王晶同志的介绍中我还了解到：刚刚从牡丹江鲁艺音工团调来的副团长寄明同志是负责少年班工作的。当时像我们这样姐姐在合唱队，弟弟在少年班的已经是有四对了，再加上一对兄弟，团里已有五对了。而弟弟刘钢在少年班里是年龄是最小的，九岁刚出头。少年班中再大一些的是傅庚辰，他是十三岁，最大的是李国滨，十五岁。

歌声里的传承
——刘凯回忆录

到了合唱队宿舍，我遇见了正在等我们的宿舍长。她自我介绍说，她比大家年长些，所以大家都叫她李大姐（很可惜，我到现在也不知道她的名字）。她告诉王晶同志，说她已经接到了上级的通知，要王晶同志放心地把我交给她。王晶同志听后很高兴，放心地离开了。李大姐人非常热情，她首先给我安排床铺，为照顾我方便，把我安排在床的靠边处（当时睡的是大通铺）。这些事都是我在中学里替别人想、安排别人的，我是从来都没把自己当作病号的。床铺安排好后，她让我先坐下休息，告诉我说，团里王卓同志嘱咐过她，说我是一位非常优秀的歌唱人才，不足之处就是腿有毛病，要她照顾好我。现在见面了，果真发现我人很好，很善良。"以后有什么困难就告诉我，我们是同志"她的这一句话，深深地打动了我。

然后，她开始向我介绍团里的情况，我们女高音部十几个人都住在这间屋子里，分上下铺，有些同志需要住在上铺。管理女宿舍的一共有两位女同志。一位叫雪楠（她因另有任务不久后就调离了），另外一位是蒋玉恒，她是延安鲁艺第三期学生。她的丈夫叫古元，是第三期毕业生，一位很有名的木雕家。负责合唱队的是刘炽同志，他是延安鲁艺早期毕业生，是作曲兼指挥。最年轻的领导是王卓，他是延安鲁艺作曲系学生，担任团秘书兼指挥。音工团的最高领导是吕骥同志，是我们团长。他是著名的作曲家、理论家，是湖南人，1937年在延安鲁艺学院任音乐系主任。这次他带队到东北来，在东北组建了许多文艺宣传队伍。音工团的副团长叫瞿维，他1933年在上海新华专业师范学习音乐和美术。1939年到延安，任鲁艺音乐系教员。少年班负责人寄明是他的爱人，两人都是作曲家。瞿维还是歌剧《白毛女》的创作者之一。李大姐还说，由于我们团是从延安过来的，并且处于内战时期，所以实行半军事化管理，着军装不戴军衔，一切行动听指挥。早晨要集体列队出早操、跑步，吃饭也都要集体列队去食堂。尤其是见到团领导时，一定要行

第二章　初到东北鲁艺

军礼。我听了李大姐介绍的情况后，感到有些为难，好些事情我是做不来的。李大姐看出我的心思，对我说，没事的，领导已经向她交待过，对我要特殊给予关照，不会有人难为我的。早晨出操时，要我和他们一起到外面，他们站队，我可以一个人在旁边散步，这样也是锻炼身体。另外吃饭，她可以在食堂为我打饭。

晚上躺在床上，白天的事情不停地在我大脑里闪现。一想起王卓同志那句"姐弟俩都留下"的话，我就按捺不住激动的心情，真不知该怎样感谢刘谦和王卓这两位同志，是他们改变了我的人生。可是又一想到李大姐介绍的团内纪律，觉着很多都是我无法克服的困难。原以为我弟弟这么小一定会给团里造成挺多的麻烦，现在看来我的情况要比弟弟更为糟糕。想到这些，我一夜都没睡好觉。第二天一大早出操时，我第一眼就看到了团长吕骥同志，来不及多想，我急忙把拐杖从右手换到了左手，然后用右手敬了个军礼。周围的同志们见我慌乱的样子，忍不住笑出声来了。吕骥同志也笑了，并且对我说："这个规定对你就免了吧。"我听后大大地松了一口气。心想，难关暂时是过去了。以后，那是个未知数！

参加东北音工团后，我很快就融入这个革命大家庭当中。因为在这之前，我受母亲的影响，接受"人人为我，我为人人"的道德观，又在中学里接受无产阶级思想教育，成为进步的青年学生，所以并不觉得音工团严格、紧张的生活艰苦。只是由于自己身体有残疾，最初对这里半军事化的制度感到困惑。很快从上级领导到团队同志们，都给了我热心的帮助，使我无忧无虑地渡过了所有的难关。我越来越感受到，对我们姐弟俩来说，音工团带给我们的更多是机遇而不是挑战。

因为音工团肩负着宣传使命，所以尽管建团时间很短，演出任务却接连不断。大型重要演出都是由上级指派的。全国铁路职工第一次代表大会在哈

歌声里的传承
——刘凯回忆录

尔滨召开，上级要求音工团为大会演出。这是全国性的大型演出。音工团接到此项任务，立即向全团宣布，要求全团要认真准备，齐心协力，共同完成任务。指挥刘炽同志为合唱队具体安排排练时间。从早到晚，除吃饭、睡觉外，都排得满满的。早晨分声部做发声练习，半个小时后，仍分声部做歌曲分段练习。各声部要经过抽查，要求每个合唱队员一定认真背诵。下午的排练是由指挥刘炽同志带领的，先是分声部演唱，之后刘炽同志领着大家将歌曲合起来。如果能顺利合成，则晚饭后两个小时再分声部练习。从识谱视唱到背诵谱例，无一不是非常麻烦、吃力、乏味的事。但对于我，因为从小参加教会童声合唱队，早已养成了接受磨练的习惯，所以不觉得什么。不过，在童声合唱队里更多的是练习基本功，没什么压力，而在音工团则是排练曲目准备登台公演，任何一个人演砸了都是要挨批评的，所以我能感觉到周围紧张的气氛。我在合唱队里是年龄小的队员，但我的合唱经验却比别人多，并且我时刻严格要求自己，牢记着谭家贺校长讲的话："为宣传革命的演出，是你用来战斗的武器"。一次排练休息时，指挥刘炽同志对我说："小刘凯，你到这里来，这么紧张的工作，你受得了吗？"我连忙回答道："我非常适应。因为我喜欢，所以我不感觉这是苦、是累，请指挥同志放心吧！"

为全国铁路职工第一次代表大会演出的任务顺利完成，我们的表现也得到了上级的表扬和群众的高度评价。经过多天的严谨排练，我对艺术魅力有了更深层次的理解。它是一种奇妙的感召力，感染别人的同时也使自己得到了最大的享受。

七月份，由我们团长吕骥同志主持举办了纪念人民音乐家聂耳逝世十三周年座谈会。会议在上午举行，吕骥同志做报告，介绍了音乐家聂耳的生平以及他的伟大精神。我认真地听着首长的报告，心里受到极大的鼓舞，决心向聂耳学习，学习他为人民作曲的精神。就在当天晚上，我们音工团以《聂

耳挽歌》为题，由刘炽同志指挥，在兆麟公园举行了大型音乐演出。并邀请社会各界人士来观看我们的演出。演出大获成功，在社会上引起了强烈反响，好评如潮。当时，东北日报专门用了一整版来报道这次演出的盛况以及所带来的社会反响，并在后续进行了跟踪报道。哈尔滨电台也分时段、分曲目地进行了播报。走在街上，就能听见人民群众都在热情地讨论。这一切都深深地打动着我的心，我不由自主地想起在中学时谭家贺校长经常鼓励我的那些话语："当你的演唱是为党、为人民做宣传鼓舞时，歌唱已不再仅仅是属于自己的所爱，它已成为了你的战斗武器。"我深以为然。仿佛一次次的演出任务，就是我参加的一次次的战斗；一个个的演出地点，也就是我的一个个战场。越是想起这些，就越是增加我的信心。为了这个目的，我孜孜不倦地奋斗，觉得自己在音工团每天紧张的排练，就是为了在舞台上、在这个属于我的战场上奋勇战斗。

重大演出任务之间，小型演出总是不断。对此，我都很高兴，很激动。因为这就是我日夜所盼望的：自己能到舞台上进行歌唱表演。

八月份，音工团又接到上级交给的一个重要演出任务：哈尔滨要召开第六届全国劳动代表大会。音工团要根据当时大会的内容，结合时代背景创作演出大合唱曲目。演出要反映时代特色，体现大会所要传达的精神。在当时看来，此次演出时间短，任务重，给团部造成很大压力，对词、曲作者来说是更大的压力。团长立即宣布，将此项艰巨任务交给词作者侯唯动、曲作者刘炽两位同志，他们都是延安鲁艺的重量级人物。任务就是命令，两位同志立即把自己关在房间里，夜以继日地开始创作，写出一篇就交到合唱队视唱。有人提出建议，说这样浪费人力，不如挑出人选与创作配合，写出一点就唱给作者包括团内领导听，随时研究修改。刘炽同志非常同意，并"让小刘凯来完成这个审查测试"。

歌声里的传承
——刘凯回忆录

我自考取音工团以来，除任主考官的王卓与刘炽两位同志听过我的演唱外，其他各位领导还没听过我的声音，这次让我视唱新作品，让全体领导审查，无疑是给了我展示自己的机会。我想我应当好好表现一下。平时在合唱队里，只能按指挥的要求，大家声音要协调、要统一，绝不能突出个人，所以包括合唱队的同志们谁也不了解我。我是一个大号抒情女高音，声音清澈亮丽，而且有金属般的穿透力，我可以演唱各种类型的作品。这次我出色地完成了任务，全团上下对我的实力也都一致认可。从此我在合唱队里脱颖而出，由合唱队员变为领唱、独唱。

经过紧张的排练，音工团在哈尔滨工厂街120号为全国第六次劳动代表大会开幕式专场公演，刘炽同志的《工人大合唱》放在最后压轴。由于团领导重视，全团努力认真排练，我们的演出大获成功。音工团受到上级表扬，全体合唱队员都非常高兴。我更是满心欢喜，暗下决心：多练基本功，迎接更多的新任务。

随后我团决定在纪念世界反法西斯战争胜利三周年之际，与哈尔滨市其他文艺团体举办联合汇演。之后为了纪念"八一五"抗日战争胜利，我团专门举行了大型音乐演出。那段时间才是真正的紧张啊，大家像加满了油的机器一样，连轴转。整个音工团从领导到演员，上下一致，全身心地投入到排练、演出之中。当大家看到现场观众络绎不绝，剧场门庭若市的时候，都认为这一切的辛苦是值得的。

在参加有关抗日题材的演出中，我经常是触景生情，感慨万分。因为我本人就曾生活在被日本人统治最猖獗之时的东北。正是由于日本鬼子的残酷统治，我童年失去了祖父，少年失去了父亲。这十四年的亡国生涯中，我曾目睹鬼子屠杀中国的抗日联军，将血淋淋的人头挂在电线杆上的情形，祖父的被害，父亲的抑郁病逝，这一切又都显现在我眼前，使我内心激动，所以演唱时慷慨激昂，有时甚至落泪。原本是想通过歌声感染观众、教育观众的，到最后自己也是受益者，越发地感觉到今天的生活来之不易。

由于音工团在哈尔滨建团后做了大量的宣传工作，影响逐渐在扩大，演出的任务越来越多，所以音工团的领导班子也需要充实。于是就从兄弟团体调进一些骨干力量，潘奇同志就是其中一位。我们听说她的资格最老，是北京师范大学音乐系毕业的，之后去了延安并担任鲁艺声乐教师，又搞音乐又搞理论很厉害。她爱人张水华，是上海复旦大学搞法律的，后改行做戏剧导演。他大名鼎鼎，像《兄妹开荒》《白毛女》都是他参与指导排练的。她的到来，为我带来了新的契机。她进团不久便找我谈心，让我从家庭情况开始谈起，一直谈到我和弟弟怎样考取音工团。在我还没开始介绍前，我的内心就有了不寻常之感：自打我考进东北音工团，工作了这么一段时间，还没有一个人问起我的家事。我原以为革命队伍中，是不可以谈论个人私生活问题的。可能同志们大都有这种想法，所以人人只谈眼前，不谈过去，也无人敢破这一先例。因此当潘奇同志问起我的家庭时，我真的是控制不了内心的激动与酸楚。激动的是原来革命队伍里不是我想象的那样；酸楚的是我又想起了家中曾遭受到的种种不幸。正在我难以自制时，我立刻想起了中学时谭加贺校长对我讲的话："遇事要冷静，要坚强，更要自信。"于是我平复了一下心情，用不到一个小时的时间，从伪满日本鬼子的统治说到我祖父因支援掩护赵尚志的抗联部队而被日本人杀害，又说到我父亲从哈工大毕业后，怀着国仇家恨，带着我们母女回到一面坡镇，仍是处处见到鬼子血腥镇压中国人民的场景，心中异常苦闷抑郁地患病而终，从此我们五个孩子的生活全靠母亲一人负担。直到打败了日本帝国主义，我上了中学，受到了党的好干部谭校长的教育、鼓励。最后说到我带着不满十岁的弟弟考取了东北音工团。向潘奇同志谈我家庭情况时，我怕耽误领导同志更多时间，所以尽量长话短

歌声里的传承
——刘凯回忆录

作者与弟弟刘钢

说,但从潘奇同志的态度上,我能感到她是那样的亲切,而且对我深表同情。最后她对我说:"今后,你的一切由我负责。"我当时没搞清楚,这是组织上的安排还是她自行决定的。不久,她就通知我,让我与弟弟刘钢一同到团里黄奎弟老师那里去上小提琴课。学习时间不长,因黄老师被调往中央乐团,团里便安排少年班的傅庚辰、弟刘钢、胡增城一起到哈尔滨苏联高等音乐学校小提琴专家特拉赫金伯尔格那里去上课。而我因为身体原因,不能长时间站立,无奈只好放弃学习小提琴。之后,潘奇同志又安排我与少年班里年龄最大的李国滨一起,由她负责排练二重唱《对花》。练熟后,她与电台联系,带我和李国滨到电台做现场直播演唱。我们的演唱受到了电台领导的表扬,据说听众反响也很强烈,希望能经常听到类似的节目。潘奇同志很高兴地对我们说,今后我和李国滨就可以利用业余时间排练此类节目。她还说这是团长吕骥同志提出的建议,他希望加快对我的培养,让我能发挥更大的作用。我能得到上级领导如此的关爱,心里真是觉得很温暖。想起刚报考音工团时我对自己都没什么信心,同时还带着一个不到十岁的弟弟。没料到遇上了王卓同志,将我和弟弟全收下。从我进入音工团的那一天开始,我就得到了上级领导无微不至的关怀与帮助,锻炼我,扶持我,培养我,使我不断进步,使我的未来充满希望,这一切都是因为有了共产党。在当时,思想质朴的我已将党所培养的干部看作了党的化身,对他们充满着感激与热爱。

第二节　东北鲁艺实验音工团

1948年11月，沈阳解放了。

1948年末作者与弟弟刘钢在东北鲁艺学院

东北音工团也在哈尔滨完成了它的历史使命。次月12日，我们姐弟俩跟随音工团的大部队一同进驻沈阳。音工团一到沈阳，立马就加入了校址位于原中正大学的东北鲁迅文艺学院。将东北音工团改名为东北鲁艺实验音工团，不久后又改名为鲁艺音工团。全院大会上宣布了吕骥同志为鲁迅文艺学院院长，同时还兼任鲁艺音工团团长。紧接着潘奇同志向我传达了团里对我的分派命令："经院长吕骥同志批示，从即日起，刘凯同志到鲁艺学院音乐系全面学习，但不能离岗，有重要演出必须参加。"同时，潘奇同志还告诉我说，音乐系她已经帮我联系好了，我必修课的两位老师她已打好招呼了。

歌声里的传承
——刘凯回忆录

一位是音工团的声乐教练、现学院声乐系主任唐荣枚，她最喜欢我；另一位是我弟弟的领导，现学院钢琴专业主任寄明，也是我最喜欢的，她们两位都是我最熟悉的。第二天一早，我就得去见她们两位，好安排我上课的时间。其他共同课原则上我都应当上，但前提是不要影响音工团的工作任务。我可以灵活酌情选择，音乐系也不会算我缺课。我睁大了眼睛，吃惊地听完潘奇同志所传达的消息，难以掩饰激动的情绪，几乎控制不住自己的心跳了。潘奇同志传达完后走到门口，又回过头来对我补充了一句："这件事情暂不要外传"。我明白她的意思，组织上害怕同志们知道了这个消息，都会向组织提出申请要去学院学习，那麻烦就大了。所以我立刻答应："请领导放心"。其实潘奇同志很了解我，从来组织上让我做什么事，我都是不会张扬的。另外，在合唱队里没有人与我攀比。

晚上大家都入睡后，我回想起午后潘奇同志向我传达消息的那一幕，想着自己从明天起就要上学了，又高兴得心跳加速起来，心脏仿佛要蹦出一般。当初刚刚考取东北音工团时，我觉得已经找到了自己喜欢做的事情，改变了一生的命运，这就足够了。然而到了音工团之后，几乎每天都有新鲜事发生，触动着自己的神经，超越着自己的想象。而今天这个消息的出现，好像我的人生又有了重大的变动。那一夜我没睡好，急切地盼着天明，盼着自己就要过上的既作为一名演员，又作为一名鲁艺学院学生的生活。当时我心中对鲁艺真是太崇拜了，因为它是在烽火中建立、在战斗中成长的革命的文艺摇篮。是延安唯一的，在中国共产党领导下建立的革命文艺学院。在音工团生活的一年多里，我发现身边所有的领导都是从那里过来的老革命家，我从他们身上仿佛看到了延安鲁艺。他们年轻时心中怀着对革命的无限向往和忠诚，奔赴延安这个红色的古城，他们的举止言行都带有在这个革命的大熔炉里锤炼过的印记。他们是反帝、反法西斯的代表者，是为争取全世界和平而斗争的勇士。我信仰他们，羡慕他们，更是从心里喜欢他们。喜欢他们不仅仅是因为他们对我好，对我有恩，更是因为他们都有一个共同的特点：大公无私，为革命事业奉献。

第二天一大早，我就来到了鲁艺学院教务处。教务处的同志们对我都很热情，非常顺利地将手续办成了。他们给了我一张早已印刷好的课程表，有政治理论课、文艺理论课、视唱与基本乐理课、民间艺术课，还有主修与副修专业课。其中政治理论课第一学期我决定不去上，因为这个课的内容是社会科学概论，我们音工团一直都在学。文艺理论课我是一定要学习的科目，因为开学就讲1942年毛泽东《在延安文艺座谈会上的讲话》，我很需要了解这方面的知识。其他基础理论课我都想学，尤其是民间艺术课，听说学院都是从当地请来优秀的民间艺人为我们上课。领导要求我更多地掌握民族、民间演唱风格，以便我更快提高演唱水平。这门课程我是一定要去学习的，并且还要学得好。

看完课表，办好入学手续后，我想先去见的是声乐主修老师唐荣枚。她原本是我们音工团合唱队声乐指导，排练时她将我们合唱队分成小组，用上大课的方式指导。当时她就发现我的发声方法有别于其他同志，所以她让我做她的助手，帮助女高音声部每天练声，做呼吸操。晚上临睡前，大家一起做伸出舌头喘气的动作，每人数数，看谁一口气做的次数多、时间长。她的爱人向禹对我也很好，开始他是想让我跟他学习作曲。我也写过一首给他看，他说："你很有这方面的才能，但团里更需要你成为歌手。"我除了对这二位感情比较深以外，我还很羡慕他们进延安鲁艺之前，同是上海音乐专科学校的学生，在学习期间，都是跟苏联专家学习的。我理解潘奇同志对我的一片好心，将我的声乐主修交给唐荣枚老师，目的就是让我打好声乐基本功，所以我满怀敬意，信心十足地先去见唐老师。

歌声里的传承
——刘凯回忆录

我找到唐老师时，见她正在给学生上课。当学生离开后，唐老师热情地接待了我。并对我说，之前她总想对我说，我的喉咙是非常适合演唱更宽广的西洋歌剧之类的作品，但组织上偏重培养我成为民族歌唱演员。当然她并不反对这一点，她只是希望别误了我的条件。现在既然让她来教我，她就要按她的意愿，先给我打好基本功，然后扩展音域，掌握好科学发声法，我可以利用它去搞洋为中用。听了她所讲的这一番话，我被她的真诚、坦率所感动。这要在平时人多的场合下，她是绝不会对我说这些话的。我记住，并决心按她的希望去好好学习。之后她又对我说，我的课是自由的，什么时候我要上课，打一声招呼就行了。

我怀着感激的心情离开唐老师的琴房，又来到我的钢琴副修课老师寄明的教室。对于寄明老师我是再熟悉不过的了，因为我一来到音工团，就将弟弟刘钢送到少年班，而寄明老师正是少年班的负责人。是寄明老师热心地关照还不到十岁的弟弟，并第一批送弟弟到团外黄奎弟老师那里去学习小提琴。我们姐弟俩对她一直怀着感恩之心。我见到她的第一句话就是想说声谢谢。她的爱人瞿维同志是我团的副团长，在团里整天都会遇见他。他是南方人，在他身上有着南方人那种特有的温柔，无论是谁见到他都不会感到害怕和不安，因为他十分平易近人，见到他仿佛是见到多年的老友。他们夫妻二人都是从上海音专毕业的，既是钢琴家，又是作曲家。他们俩是我心中最尊敬的同志，现在我要以学生身份去见她了。寄明老师见到我就说："我很了解你，你是一个勤奋好学、刻苦努力、积极向上的人，组织上对你也是寄予了极大的关切与希望，希望你成才。但是钢琴是不比其他乐器的，这是需要花费大量的时间与精力的。况且你年纪越来越大了，一天琴也没摸过，就算你有天大的本事，组织上不给你更多的时间，还要求你参加重要演出，这不是给你和我都出了个难题吗？"我听完寄明老师的话，知道她是着急了。等她停下

第二章　初到东北鲁艺

来时，我连忙对她说："没关系，我可以利用早、中、晚饭后时间抓紧时间练琴，雷打不动。就算有重要演出，结束后回来我都要练习。"寄明老师同意我的办法，但是她又补充了一句，琴房练习时间是有规定的，晚十点必须熄灯。其实我心中已经做好了打算：我可以提前起床，中午不休息，晚饭也尽快解决。每天争取两个小时没问题。

对话结束后，寄明老师叫我伸出双手，她看后说我的手就像我的嗓子一样，条件很好。之后，她拿出一本《哈农》教材，让我回去自己先练习慢动作。我当时心想：看来这个僵局就算是打开了。

回到团里，听说晚上林彪总司令要来，全团要做好演出的准备。组织上传来命令：要求所有的团员中午要休息好，晚上要打起精神，为林总司令演出。团里下了死命令：演出必须成功。可我刚刚对寄明老师许下利用一切休息时间练琴的承诺，不能失信。于是我不去理会，照自己原来的设想，飞快地吃完午饭，就到琴房去练习"哈农"。一个小时后赶紧去参加午后的排练，一直忙到晚间，即使是这样我表演得也十分出色。

之后女作家丁玲来沈阳鲁艺学院参观，并为学院做报告。接着又有重量级人物——鲁迅的夫人许广平，带着儿子来鲁艺考查并做报告。总之，这些活动一个接着一个，简直就是家常便饭。我就按既定方针，努力完成我的学习规划，期中考试各科都给我评的是优。尤其是民间艺术课，外请的几位民间老艺人都说我学得快、学得好，说我要是在他们团队里一定会是台柱子。

现在，鲁艺的老同志们提起当年的往事，还是"小刘凯，小弟刘钢"地叫着，把我们姐弟俩放在一起说。但我总觉着那个阶段很愧对弟弟，因为我当时实在是没有时间照顾他。那时我既要参加团里的排练、演出，又要在学院里上课。而弟弟刘钢随团一起到沈阳后，就和少年班的全体小同志们成了鲁艺文艺学院的学生。学院特地请了我在前面提到的特拉赫金伯尔格，以

歌声里的传承
——刘凯回忆录

讲学的方式每周到沈阳来一次，给他们上课。所以我和弟弟都非常忙，很少能聚在一起，有时只能在琴房相遇。记得有一次，弟弟见到我，跟我说他想吃家乡的特产——凉拌粉皮。这可真的把我给难住了。在沈阳没见过，也不知道什么地方可以买到，但我不能扫了弟弟的兴。弟弟在家里是长子，而且上面还有两个姐姐，那可真是父母的掌上明珠、心头之肉啊，一直是娇生惯养。但他那么小就跟我到音工团后，从不提什么要求，也不说想家、想母亲的话，团里的同志们都喜欢弟弟，觉得他是个既懂事又勤奋学习的乖孩子。这次他一定是太想吃家乡的东西了。于是我第二天就带着弟弟挨家挨户地到老百姓家里去打听。终于，有一户人家会做。她们看我和弟弟年龄小，又是外乡人，于是就免费做给我和弟弟吃，我俩吃了都觉着不错。临走时，我掏出钱，要付给这户人家作报酬，可她们挥了挥手说不要钱。我坚持说，这是团里的规定，是纪律。这户人家才勉强收下很少的钱，嘴里还一直念叨，真是好孩子。

第三节 第一次文代会

1949年的5月，东北鲁迅艺术学院收到来自党中央的通知，要求鲁艺音工团七月份进京，参加全国第一届文艺代表大会演出。这是一个重大的演出任务，学院院长吕骥同志指示音工团要提前做好准备。鲁艺音工团立即贴出排练日程。我特别关心这件事，一看日程表，时间排得满满的。算了算除了能勉强找空去上主修课之外，其余的全上不成了。更让我糟心的是，在这时潘奇同志来找我，又给了我一个任务。原来，学院聘请的民间艺术老先生们反映我是这门课的优秀学生，学得快，学得好，演唱得也非常好，所以李劫夫同志想请我演唱他的一首作品《歌唱王二小》，经组织同意后，让潘奇同志通知我。但这并不是进京的演唱曲目，这么紧张的时刻，我实在是有些为难。潘奇同志看出了我的心思，对我说，她想了一个能让我更好地掌握作品风格的方法，去鲁艺音工团说唱队找东北大鼓教练刘桐玺老师，拜他为第三位主修老师。潘奇同志认为我今后要唱民族民间的作品，老师应当选择有创造性的民间艺术家。她还对我说，我在学院学唱的各种民间小调的基础就是从大鼓说唱形式衍化而来的，学习大鼓对我当前表演带有民族风格的作品是有很大帮助的。

刘桐玺是一位著名的民间艺术演员，他思想进步，1947年就参加了革命队伍，在当时的鲁艺第三文工团。他能自编自演，随团以轻骑兵的形式到战地演出。他把自编的《爆破英雄董存瑞》说给战士们听，战士们都非常受鼓舞。

他属于江北派即哈尔滨派。我对他带领的民间说唱队的几名队员是很熟悉的，因为他们都是从我们合唱队分出去的。他们每天演唱的调子不光是我很喜欢听，合唱队中很多人也都愿意听，并且也跟着唱。觉得这个唱腔很流畅，容易上口又质朴亲切，叙述故事，刻画人物都很有生活气息。从这一点上也可以看出东北大鼓是能受到群众欢迎的。我认真地思考了潘奇同志的话，觉得自己现在学习民族民间演唱很顺利，如果再学学东北大鼓，一定对我的演唱大有益处。所以我立即向潘奇同志表态，愿意接受这个任务。

潘奇

潘奇同志已经同刘桐玺同志打好招呼了，我只需找空去学就行了。我明白潘奇同志对我的一片诚意，而我也有信心能在短时间内学会刘桐玺同志的这个拿手好戏，因为平时我就跟着民族演唱队的同志们一起哼唱过。如果能把东北大鼓的技巧运用到演唱叙事曲中，对我的确是一件好事，所以尽管正值排练关头，时间很紧，而且鲁艺学院的各门主修老师对我看得也很紧，哪一门课我都不能放松，但我仍挤出时间，在音工团谁也不知道的情况下，学会了刘桐玺同志的这个曲牌，并且受到了刘桐玺同志的肯定。在演唱《歌唱王二小》这首曲调短小的叙事曲中，我运用了大鼓的说唱技巧。潘奇同志亲自为我安排了民乐队，在学院的礼堂里试演，效果很好，得到了师生的热烈掌声。

到了六月下旬，天气渐渐转热，团里领导开始对全团进行动员，让我们做好准备，中央可能要求我们提前进京。一来，这次演出不容出错，需要提前进京与其他文艺团体联合排练，熟悉各个团体的演出流程及节目安排，以

第二章　初到东北鲁艺

确保演出的顺利进行；二来也是为我们演出团队着想。因为鲁艺音工团大部分是东北人，而北京六、七月份天气炎热，中央担心我们演员受不了，影响演出质量。全团同志们听说要提前进京，都非常高兴，都希望赶快进京，而团内领导却不那么想，我们明显能感受到领导内心有压力，思想上有些负担。

这期间负责女宿舍的蒋玉恒同志常常到我们女宿舍，来了解大家的身心状态。在与我们聊天时，她提起鲁艺音工团的女干部情况，她说基本上都是成双成对来到这里的。首先从她个人说起，她本来不是干这行的，在延安是抗大也就是现在的国防大学的学生，由于经常看鲁艺演出，她产生了兴趣，就从抗大转到鲁艺来学习。她到鲁艺学习已经是最后一期了，也就是第五期学员。她爱人是美术系的，搞木刻。之后她谈到了向隅与唐荣枚，谈到了瞿维与寄明，谈到了潘奇与张水华。这里，张水华同志的年纪最大，资格也最老。

有一次，她又问我们，有谁知道鲁艺学院最初发起人之一是毛主席。我们这些队员基本上是1947年建团考来的，没人知道这些，于是都聚精会神地听她讲述这段往事：抗战时期，根据当时的严峻形势，中央决定在延安办起各类学校，主要是以国防为重心，培养军事人才抗击敌人。后来大家认为还应当建立一所大学，培养文艺宣传工作者。这个建议正合毛主席的心意，于是在1938年，毛主席提议以中国文豪鲁迅的名字为校名，开办鲁迅艺术学院，专门培养优秀的革命宣传工作者。学校建成后，党中央领导也高度重视并密切关注。有一次同志们为排练一个重要作品，一直到深夜还没停，周恩来同志亲临现场，并不时对演员做出指示。说到这里，蒋玉恒同志露出了自豪的神情，我们宿舍里的人都听得很来劲。后来大家又问起鲁艺是怎么来到东北的。其实，这也是我最想知道的。蒋玉恒同志又像讲故事似的娓娓道来：

1945年刚刚入冬，此时延安的太阳仍然有一丝丝暖意，每个人都沉浸在

歌声里的传承
——刘凯回忆录

抗战胜利的狂喜之中。大家都想在今年搞个特别的春节活动，与延安的百姓和党中央领导一同欢庆。但组织上突然接到党中央命令，让鲁艺与其他延安学校一起立即退出延安。党中央要求鲁艺全院师生一同出发，分地点到东北，去帮助正在与国民党反动派紧张战斗的解放军，做好文艺宣传工作，共同消灭敌人。得到这个命令，全体学员非常兴奋，因为大家从来没有参加过艰苦的战斗，都盼望能去前线锻炼，拿出抗战的精神与国民党较量。就在出发前，毛主席与周恩来同志特意一同来到鲁艺师生的驻地亲临指示。周恩来同志说："到东北必须要生根开花，必须要联系当地群众，要按照那里百姓喜闻乐见的形式进行文艺宣传。对于延安的文艺工作经验，可以总结，可以参考，但是绝不可以照搬。"随后，周恩来同志又单独给张水华、潘奇夫妇下达指示：去的地方冰天雪地，条件艰苦，形势紧张，但那里是革命的必争之地。党中央交给你们的任务就是争取那里的青年，办起大学。要注意安全，一旦发现有什么不对的地方，事不宜迟，说走就走。"我们的两条腿就是飞机嘛。"周恩来同志的这句话又掀起了同志们高涨的情绪。鲁艺就是这样带着党中央的嘱托，踏上了去东北的征程。

蒋玉恒同志在我们女宿舍，关心我们的心理健康，回忆讲述过去的往事，使我们大家了解到了很多不知道的事。因为她不是代表组织讲话，所以我们宿舍的同志们非常自觉地不去外传。此时，我才搞清楚为什么团内领导同志对进京汇报演出心事重重，负担那么重，原来是怕没有完成好临别延安时党中央领导的委托。我也明白了，为什么潘奇同志花费那么大的力气培养我，以及所有的领导都无私地关注我的成长，他们都有一个共同的愿望，要按照党的指示，在东北培养出骨干青年。

进京的时间到了，我与全体音工团的同志们一起乘火车来到北京，下车后照例是合唱队长马炬同志为我找来人力三轮车，我跟随大队后面直接到了北京艺校礼堂。为了抓紧时间排练，只休息了一个小时，指挥刘炽同志就召集起大家排练。首先排练的是《黄河大合唱》，在沈阳排练时，刘炽同志就宣布这次女声独唱《黄河怨》由杜学玉同志来演唱。因为北京的舞台大，我无法走到台中央（过去我唱时都是在合唱队里向前迈一步）。可是这次到北京的第一次排练，指挥首先点到我，让我来唱。我当时一愣，不知道出了什么状况，我往旁边看看队员们，他们都默默地点头，好像都在示意让我好好演唱。这时我想起，当鲁艺音工团跑步进入北京艺校时，我们的装束是女同志穿着白布长上衣，扎着腰带，下面穿着黑短裙，男同志是穿着黑长裤。在我们自己看来是很整齐的，可在北京艺校师生的眼里，是非常土气的。当然，我们看见她们没上台就浓妆打扮，我们也不太习惯，出于礼貌我们并没有表现出来，可她们却表现出来了。在我们准备排练时，艺校的学生们各自回到琴房大声练唱。这是在显示？还是在震慑？所以我很快反应过来指挥同志的意思了，应当向她们挑战，做出革命英雄主义的架势来。我按着平时刘炽同志执导的，特别认真地演唱。不料我这么一亮相，各个琴房里的声音都停止了，并且她们都主动出来观看我们的排练。我们合唱队在刘炽同志的指挥下，齐心协力，就好像是在舞台上表演一样，情绪激动，斗志昂扬。事后大家都心照不宣地说：她们（指北京艺校的师生）没想到土八路也能唱出这种声音来。之后，刘炽同志说，他是担心大家被这种学院派涣散、骄傲自大的作风给吓住，所以才让我们与之抗衡。这是我们团队下火车的第一天就遇到的思想意识里的较量。

到演出场地熟悉舞台时，我能明显地体会到东北鲁艺代表队的行为作风与众不同。其他的文艺团体，都或多或少地带有学院派的作风，自由散漫、骄傲自大、我行我素。相比之下，我们虽然服装上过于简单，上台也不化妆，但我们的队伍井然有序，步调一致。尤其让我引以自豪的是我是延安老鲁艺

歌声里的传承
——刘凯回忆录

培养出的文艺战士,是组织亲自带出来的文艺工作者。而那些老鲁艺的同志用他们自己的来话说,他们是毛主席、周恩来同志亲自领导,亲自带出来的革命文艺工作者。我们是一切行动听指挥,有着心往一处想、劲儿往一处使的默契。这一点,对于其他代表队来说,是很不可思议的。正因为我们的鲁艺音工团代表队拥有这份常人难以做到的默契,所以我们在演唱时能与指挥进行良好的配合,声音自然、顺畅、流动、统一。在我们演唱《黄河大合唱》"风在吼,马在叫"时,就好似身临其境,大家齐心合力,刚柔并济。因而每次演唱都能得到观众与业内人士的热烈掌声。大家都牢记指挥同志一再提醒大家的话:"要想打动别人,先要打动自己。"我对此深有体会。

1949年鲁艺音工团在沈阳街头庆国庆演出,合唱左一为作者

我们音工团在北京的最后一场演出,是在怀仁堂为中央首长表演。演出之前中央先招待我们吃一顿。当时我们团全体领导都在场,看到他们我们就

第二章　初到东北鲁艺

好像回到了自己的家里一样。在延安时，对于中央领导同志我们团领导是经常接触，彼此都非常熟悉。但此刻能看出，团领导心里还是有着紧张、不安与担忧，害怕为首长表演时出差错，怕我们的演出不能使首长满意。于是刘炽同志对大家说："你们少吃点，吃多了上台唱不出声啦。"我们这些人就像孩子一样，并不理会，还是照吃，一边吃一边说："北京的饭菜太好吃了，许多东西咱们都没见过。"好在并没有影响演出的质量，我的领唱仍然是得到了一致好评。几十年后，何少卿同志（原辽宁省人民艺术剧院的歌唱演员，当年和我们音工团同台在怀仁堂为中央首长演出）回忆当年的情景时说："刘凯唱歌在当时出类拔萃，所以这么重大的演出（指1949年在怀仁堂为中央首长的演出），领导让她挑重担，担任领唱。这个小姑娘用她独特的嗓音征服了在场的所有观众。观看演出的周总理也不禁啧啧称赞，使劲儿为她鼓掌。"

随后，周总理接见了我们所有的演出人员，一开始就对刘炽同志开玩笑地说："刘炽同志，你在东北，那儿天气寒冷你受得了吗？等国庆过后，把你调到南京去。"总理向他表示祝贺，并对老鲁艺的全体同志在东北的工作成绩给予了肯定。刘炽同志这才觉着松了一口气，说："这下好了，大家可以睡一个安稳觉了。"

鲁艺音工团终于圆满、顺利地完成了全国第一届文艺代表大会的演出任务，喜悦的表情挂在每个人的脸上。

大会发给音工团每人一枚奖章。在返回的路途上，领导们都很高兴，于是建议让全体成员从大连回沈阳，这样可以让参加演

1949年作者在北京参加全国第一届文代会归来

歌声里的传承
——刘凯回忆录

出的人员好好放松几天。

到大连后,在与大连文工团的联欢会上,我演唱了几首不同类型的歌曲,受到热烈的欢迎。他们演唱队的同志向我们团里领导请求,要我留在大连几天,教教他们,给他们上上课。我赶紧对大家说:"我还是个学生,只能唱,不会教。"之后,我将自己身上唯一的奖章摘下来,留给大连文工团,作为纪念。

从大连返回沈阳的途中,我认真地回想起这次活动,觉着对我来说这是历史性的一幕,是我生平第一次代表鲁艺进京参加如此大规模的演出活动。这是一次高水平的汇演,从业务上来说我长了许多见识,看到了著名艺术家的表演,对比之下,深感自己还很不成熟。我暗自下定决心,回沈阳后好好学习业务。而从思想上,我很清晰地观察和感受到,从延安鲁艺来到东北的老革命艺术家们与其他代表的不同。我所接触的这些老革命,个个思想觉悟高,领导能力强,平日里严于律己,宽以待人,低调做人,高标准做事,他们的一言一行都让我感到无比钦佩。真是庆幸自己刚刚迈进文艺队伍,就能幸运地接触到这样精练的干部队伍。

回到沈阳后,团里立即投入到迎接十一国庆典礼的准备工作中。这是我们建国的庆典,团里当然是特别重视。团领导让我们做好思想准备,等待沈阳宣传部下达任务。在这个空当里,我赶紧抓紧时间补学院里的课程。过了不久,上级下达了我们这次国庆演出的任务:走出剧场,到沈阳市街头表演,与市民们一同欢度国庆。要求排练的节目要大规模,要群众化。这就将重头戏放在了舞蹈队和腰鼓队,而我们合唱队是属于伴唱,没有独唱与领唱任务。我得知后,简直是太高兴了,这样我就会有许多补课的时间了。白天到音乐系上小课与共同课,晚间可以到琴房练琴,我真的是从来都没有这么宽松过。

忙完了十月一日的演出。鲁艺音工团与鲁艺学院公布：全体工作人员和全院师生放假三天。潘奇同志找到我，对我说："你想不想回家去看望母亲啊？"因为假期短，我原来想都不敢想要回家的事，既然领导开了这个口，我就向潘奇同志提出："能不能多给几天假，因为我弟弟刘钢已经一年多没和母亲见面了，他心里一定很想家。"潘奇同志当场答应放我俩一周假。

歌声里的传承
——刘凯回忆录

第四节 返乡

经过一天多的路程才到达尚志县一面坡镇。我俩很快找到了母亲的新居，一所宽敞的房子，离她上班处只有几分钟的路。弟刘钢见到母亲，像个小战士似的给母亲行了个军礼。母亲见到我俩真是太高兴了，第一句话就说："你俩是共产党培养出来的，共产党是我们家的救星，千万要记住饮水思源。"我明白母亲的心思，孩子们的健康成长是她的精神支柱。

一年多没和母亲见面了，好像有说不完的话。从母亲的言谈话语中我了解到了母亲这一年多里的状况。母亲是小学里的国语教师，思想开阔，所以她很快就能看明白共产党是为人民谋利益的。当地二十三军驻防时，母亲主动将刘家宅院倒出来让给军队住，而且不收分文。只提出来给她找一个离她上下班近的地方，她可以方便地照顾两个小弟弟。她在镇上算是文化程度最高的教师，在政府眼里是个思想进步的工职人员。政府召开各种大会，她每次都出席并代表妇女讲话。我看见母亲心态很平和，就放下心了。可就在我要离开的前一天晚上，母亲对我说，我们三个大孩子都已经找到了自己的出路（大姐先我离开家，在哈尔滨读会计专业），并且前景都很光明，她非常欣慰。现在还有两个小弟弟，一个四岁，一个七岁。母亲要为他们俩的前途考虑了，决定带他俩离开这里。当听到母亲说要离开一面坡镇时，我有点吃惊，赶紧问："妈妈，你要去哪呀？这里不是咱们的家吗？"母亲见状，便开始讲起刘家的往事。

第二章　初到东北鲁艺

我的祖母生下父亲后，便患上了肺病卧床不起，她要求祖父一定要把她唯一的儿子培养成才。所以父亲后来便被送往哈尔滨读书。祖父的上辈在珠河县（今尚志市）跑马占荒圈了两千多垧荒坡地，传承给了祖父。所以在祖母过世后，祖父变卖了在吉林所有的房地产，带着续弦的妻子及随妻子而来的两个女儿，来到了一面坡。因为祖父本人是个教书先生，干不了开发荒土坡的事，所以他动员了吉林的几位亲属一块儿来一面坡帮他做这个事。祖父说，这个地方四面环山，中间一条蚂蚁河，是个宝地。然而，新宅刚刚筑成，九一八事变，日本人侵占了东北三省，将大片荒田占为己有。他们引进日本平民，每户给两百垧荒田，日本平民雇用中国农民为他们开垦，成为他们的雇工（佃户），他们成为地主。这些荒田里就有祖父想要开垦的那两千多垧地。日本人发下通告，要求中国的荒地主人交出地契，每垧土地可付两块银元。祖父是个明白事理的人，他宁愿毁了地契，也不当卖国贼。据留守的亲属们讲，在此期间，祖父又教起书来。还经常与抗联的赵尚志往来，赵尚志多次留宿在祖父家中。祖父还帮抗联战士躲避日本鬼子的追杀，从前院藏到后院，然后从后门溜走。后来被鬼子察觉了，便利用祖父患感冒的机会，佯装给祖父看病，用慢性毒药将祖父杀害。祖父一死，他那个续弦的妻子卷了家中的细软，带着两个女儿消失得无影无踪，只剩下一所空荡荡的刘家宅院了。父亲本不愿回到这个既悲伤又危险的地方，但他让日本鬼子逼得没路可走了。只好无奈地回到刘家的空宅，万没料到在这里他仍旧失去了生命。母亲在叙述刘家往事时，我就像听故事一样。可当她提起父亲时，她心酸了，我也想大声哭出来，但我俩不约而同地转过头去，看着正熟睡的三个弟弟，便极力控制住感情。母亲又转了话题，谈起了她自己。母亲在教会师范学校读书时有位男朋友叫李建中，当时他在读高中，后考入北京大学读中文。可当他毕业后来到哈尔滨，找到随二舅一起在哈尔滨的母亲时，母亲已在二舅

歌声里的传承
——刘凯回忆录

的主张下嫁给了父亲，于是他就在当地的一所国高当了教员。解放后，他们两人又有所联系，现在他一个人带着女儿过。母亲出于对自己后半生的考虑，出于对两个小弟弟的前途考虑，她决定带着两个小弟弟，回哈尔滨和他一起生活。我听了这件事，真的是太高兴了，举双手赞成。我觉得母亲在刘家一直默默地做贡献，没有享受过一天安宁的生活。作为有五个孩子的母亲，她一天也没有离开过她的工作岗位，为培养我们她付出了太多太多，我们没有理由不支持母亲的选择。我想大姐知道了也同样会支持的，会为母亲祝福的。母亲听我这样说，心里很踏实。随后她问我在一面坡还有什么事需要她替我办的，以后我们都没有机会再回到这里了。其实我心里一直有两件事放不下，第一是想知道谭家贺校长现在何处，他是我心中永远不会忘记的思想开导者；第二是刘谦同志，虽然与他只有过一次的接触，但他是我前途命运最重要的引路人。我这次一回到一面坡就到处打听，但他们两位都早已离开。我只好请母亲在哈尔滨帮我寻找他们的下落。还有一件事，就是关于刘家宅院的问题。母亲说，这点她早就想好了。在让给二十三军驻防时，她就决定永远不再回到这个充满灾难的大院了，她也不希望她的孩子们再回到这里来。以后怎么办，就顺其自然好了。我完全同意。事隔多年后，听说房改时一面坡政府曾到处找刘家的后代，但我们无人过问此事，谁也不愿意提起那些伤心的往事。

告别了家乡，永别了尚志县一面坡镇，我和弟弟顺利地回到了鲁艺音工团。

这时大家已经开始忙于迎接1950年新中国建国后的第一个春节演出了。音工团在沈阳声名显赫，工作日益增多。我除了要参加演出还须忙于学习，所以比别人加倍紧张。当时迎贵宾的演出不计其数，我们作为演出人员，只管表演，谁也不问每天为谁演出。但是1950年二月份的一场演出大家都知道

是为谁了,因为这个演出真是太非同小可了。毛主席与陪同他的周总理从苏联签订中苏友好协议回国途经沈阳,我们的这次演出是给毛主席和周总理看。从鲁艺学院到音工团,上上下下一齐动员,挂帅并亲临指挥的是东北局文化宣传部部长刘芝明同志。我们演出队也做了一些调整,指挥派新培养的史介棉同志担任,独唱与领唱由我一人担任。刘芝明部长还特意提到,曲目要选具有东北特色的作品。潘奇同志嘱咐我,学院即将放假,我应当安下心来,全力以赴,完成好这次重要的演出任务。我向潘奇同志表态:"请领导放心,我一会认真练好自己的表演。"

第五节　1950年在沈阳为毛主席演出

我们演出地点在励志社。据说这地方以前蒋介石住过,楼下是剧场,楼上是接待室与卧室。演出那天,演员是从励志社的后门入场的。我从双幕的缝中往台下看,除了毛主席与周总理以及随同人员的座位是空的,其他参加陪看的观众早已入座,整个剧场座无虚席,看样子今晚的确是一场别开生面的演出。我们大家的心情又激动,又紧张,当然最紧张的是我与史介棉同志了。一般来说,以往的演出我是有信心的,但这次不知为什么,是因为专为毛主席和周总理演出,自己责任重大?还是因为来到了这装饰华美的剧场?总之和往常是不一样的。但我自信,只要我一开口演唱,一切顾虑就会烟消云散。演出开始后,随着剧场里响起一阵阵热烈的掌声,我逐渐放松下来,看到毛主席和周总理都很高兴,在不断地点头。这是党中央对他们派到东北来的延安鲁艺干部的充分肯定。演出结束后,毛主席和周总理面带笑容走上台来接见我们全体演出人员,总理说:"今天看到这么有质量的演出,我们觉得很高兴也很满意。愿大家再接再厉。"待我们退场后,周总理留住了几位作曲家,为他们指出了今后的作曲方向。据丁鸣同志(作曲家)后来回忆当时周总理说的话:"你们今后的创作方向,一定要有地方特色与民族风格。要写出人民群众喜闻乐见的作品,让大家听懂了既受教育又愿意听,就像今天那位女演员所演唱的,感情饱满,声音动人。"

事后,我听团里领导说,台下的观众一致认为这次演出非常成功,十分

符合主席和总理的口味。对于我个人的演唱，评价说是这次演出节目中的一大亮点，让整个演出活跃了起来。何少卿同志回忆这次演出（她当时是陪看的观众）时说："在沈阳的励志社，还是小姑娘的刘凯同志用高昂嘹亮的歌喉、用充满感情的歌声打动了包括毛主席等首长在内的每一位观众。"沙青同志（作曲家，何少卿同志的爱人，时任辽宁省人民艺术剧院院长）事后回忆说："当天观看了由刘凯领唱、史介棉担任指挥的合唱演出。当看到台上这位年纪轻轻，一张嘴就能让人眼前一亮的小姑娘演唱时，刘部长（刘芝明同志）当时就对身边的人惊呼'这小姑娘唱得可真好听！'"。

1950年的春节演出告一段落后，学院又开始上课了。我的学习和演出安排像往常一样，该上课时我就去上课，该演出时我就参加演出。但是这种平静的生活没过多久，四月份，我的任务又布置下来了。组织让我尽快去联系词作家、诗人胥树人和曲作家丁鸣两位同志。

左为沈阳音乐学院院长丁鸣，右为作曲家胥树人

歌声里的传承
——刘凯回忆录

他们新创作的《森林之歌》交响合唱中女声独唱部分由我担任。我对两位同志是比较了解的,其中胥树人同志更熟一些。胥树人同志的笔名是何莫,他是四川成都人,毕业于延安鲁艺文学院,在东北成立鲁艺学院时他任教员。他创作了许多作品,其中《东北好地方》(王卓作曲)、《工人大合唱》(刘炽作曲),我都参加了演唱。丁鸣同志我虽没有直接打过交道,但我知道他是鲁艺学院出名的才子(他于1979年担任沈阳音乐学院院长,作曲获第六届中国音乐金钟奖,终身成就奖。《千山乐话——丁鸣音乐文选》等获文化部、东北人民政府文化作品奖)。他是山东莱芜人,原名叫吕守科。可以说,这两位都是十分著名的人物。当接到组织上通知后,我先去要来总谱。这个交响合唱曲目共有六个部分,分别是:

序　　曲——奔向古老的森林(器乐　合唱)

第一乐章——森林里的传说故事(女高音独唱)

第二乐章——森林里的战斗(齐唱　混声合唱)

第三乐章——愉快的劳动(齐唱　合唱)

第四乐章——混声合唱

尾　　声——小树快长大(声乐　合唱)

读完全部合唱总谱后,我认为这是一部非常新颖、有创意的优秀作品。之后我反复推敲我所担当的演唱部分,即第一乐章《森林里传说的故事》。这个乐章是用较长的篇幅展示了一个创奇的故事。这个故事的主人公是一位普通农夫,由于天灾,田地颗粒无收。为了生存,他一个人独自启程,历经千难万险,翻越千山万壑,来到长白山寻宝。直觉告诉我,这次的任务对我是一个极大的挑战。全篇那么长,让我一个人来完成,我开始对自己的能力产生了质疑,担心万一演砸了,可不只是自己丢面子的问题,而是会对后面几个乐章产生很大负面影响的问题。紧要关头,我又想起了谭家贺校长给我

打气的话："无论遇到什么困难,首先要以积极的态度面对,要多想自己的优点,利用自己的优势去战胜困难。"现在我应当争分夺秒地全面布局,还有不到二十天的准备时间,先研究自己差在什么地方。在技术上我应当是自信的,因为从幼年开始,我就接触发声技能训练,到音工团及鲁艺学院都有导师培养,所以应当说声音及音域是可以胜任的。在民族语言及风格上,我觉得也不成问题,因为自打1949年初鲁艺学院成立,我就随班级上各类民族民间艺术课,长时间从民间艺术家那里学到了很多说唱手法。总体来看,这些民间演唱家的共同特点就是"字正腔圆","声情并茂",而在训练的手段上,他们各家各派都提倡"千斤白,四两唱",运用京白与韵白这两种方式作为熟练掌握咬字与吐字的重要手段。那么唯一面临的问题是运用美声唱法民族化,还是以民族民间为基调,借鉴西洋发声方法。美声唱法在我是占优势的,我的主科老师唐荣枚一再对我说:"你是个演唱西洋歌剧的材料。这若是在我老师(舒什林)那里,他早就应当给你歌剧片段了。"最后我自己果断决定,用美声唱法,但要"土"着唱。这个方针确定下来后,自己便有了信心。我先去找胥树人同志请教。他告诉我,他与丁鸣同志为了写这部作品,到伊春体验过生活。当时伊春还没有铁路,也没有电灯。晚上工人们用大木头燃起熊熊火堆,非常热情地在火上为他俩烤蛤蟆吃。作曲家丁鸣同志不断地记录森林里的劳动号子,倾听工人们讲述解放前的一些故事。这些都激起他俩的创作热情。胥树人同志让我先好好读全篇歌词,熟悉自己所要演唱的人物。背熟后再去唱谱,千万不要先唱谱后再添词。我听他说得有道理,所以回来后,天天念歌词。

在从前,有个人,名叫李三。

庄稼地,不收成,连年灾荒。

他出门,求生路,渡海又飘江,来到这长白山上。

歌声里的传承
——刘凯回忆录

三天里他吃了一个喇喇蛄。

满山上,他寻找森林的宝物。

到后来他遇见一个朋友,他两人结拜成干兄弟。

他干哥本姓王,大他一岁。

他两个一年一年踏遍山冈。

有一天下大雨,迷失了道路,两个人的心里都惊慌。

他两人一个前山,一个后山,大声叫喊,叫也叫不应。

到后来,他两人双双饿死在这深山老林。

人传说,他两个变成小鸟,前山后山到处高叫着,

飞过森林,飞过山冈,飞过河流,还是找不到。

到后来,工友们大批开进森林,

火车、汽车在那林中奔跑。

王干哥,看见了一面大红旗,把他引到黄花松树上。

王干哥找到了李三。

他看见森林里到处哎咳,哎哟开出道路。

他们歌唱,一齐歌唱,歌唱森林自由地方。

多少人寄托了他们的梦想。

梦想如今开了花,开遍这长白山上。

我念背歌词,同时结合汉字单音节的特点,每个字分成三个部分:字头,字腹,字尾。字头吐字要快,准确,艺人老师称其为喷口,然后要快速无疑地过渡到字腹,这是延长声音的重要部分。我注意到,字腹发音时要稳,要均匀。到字尾时,要注意它的韵律,所谓一定要归韵,收声。这样就达到了"字正腔圆"的效果。我苦练了三四天的时间,终于把歌词背得滚瓜烂熟了,我便开始考虑乐谱了。唱时既要谨慎地运用西洋发声法,控制呼吸,

稳定喉咙，保持头腔高部位，同时按着我国民族传统对唱腔的要求——腔随字走，字领腔行，以字带声，以声传情。我每天就像着了迷似的，心里想着《森林里的传说故事》，嘴上还不停地按字头、腹、尾叨叨着，耳朵还要注意听自己的声音效果，就这样废寝忘食地磨炼了十几天。

演出的时刻到了，我的心里一直是上上下下安定不下来，和平日里习以为常的登台演唱似乎不大一样。铃声响后，大幕徐徐拉开，我情不自禁地往台下第一排座席上看。按规定，台上的学员是不可以随便往台下瞭望的，但由于我自己对这次的演唱没有把握，所以不希望有太多的外来宾客观看演出。可第一眼我就看见了东北局文化宣传部刘芝明部长，他在辽宁省人民艺术剧院沙青院长陪同下，早已到场就座了。还有许多我不认识的人，其余几乎全是鲁艺的领导和师生们，剧场里座无虚席。很快，音乐响起，序曲《奔向古老的森林》开始了。乐队与合唱队一起把森林中各种奇异壮观的景象展示出来，充满朝气的音乐渐渐变得强劲有力，引起了台下观众的共鸣，大家都不约而同地集中精力欣赏着大自然的美景。我也被序曲中热情奔放、描绘祖国大好河山的音乐所感染，情绪被激发起来，忘掉了担心与顾虑。开始紧跟着音乐进入到了我所演唱的曲目——第一乐章《森林里的传说故事》。

对于乐章的前一小部分，即"在从前，有个人，名叫李三。庄稼地，不收成，连年灾荒。他出门，求生路，渡海又飘江，来到这长白山上。"我根据词意，选择西洋歌剧中宣叙调与朗诵调的演唱方法，用抒情甜美的声音，挖掘中国语言的特质来形成强烈的戏剧效果。给观众一种身临其境的感觉：暴风雨过后，静静的森林中出现一位少女，她用生动、感人的歌声讲述着这里曾经发生过的传奇故事。正当全场观众听得入迷时，音乐突然改变了节奏型，加快了速度，出现了下边这段"三天里，他吃了一个喇喇蛄。满山上，他寻找森林的宝贝。"改换速度后的第一个字"三"，比前段开头要高出五度，

歌声里的传承
——刘凯回忆录

我的鲜明的音色变化、清澈透明并带有金属般色彩的声音和熟练的民族语言，以及充分体现了声、字、情、气的紧密配合的表演形式，立刻"抓住"了台下的观众，他们都不约而同地从座位上向前抬起身子鼓起掌来。这种效果是我事先没想到的，我一直担心"三天里，他吃了一个喇喇蛄"这几个字的声音连不成线条，高音唱得不够集中丰满，把第一乐章演砸了。现在看来不仅没唱砸，反而成为很大的亮点。后面的音乐起伏动荡，使我越唱越有信心，终于胜利地完成了这个长长的第一乐章。在音乐会结束时，全场观众向我表示祝贺，我自己也为这次成功的演唱感到欣慰。而更让我兴奋的是，在散场时我听到了文化部长刘芝明与沙青院长的对话，刘部长说："今天这个小女学员唱得太棒了，真是叫人听不够。"随后沙青院长说："她是弟刘钢的姐姐。"

沙青

这几句话当时对我比什么都重要，因为从1950年初，弟弟刘钢与鲁艺少年班一起调到了辽宁人民艺术剧院，我一直担心弟弟的新领导是否也能像鲁艺那样重视培养他，现在看来我可以放心了。

2014年，我为写回忆录的事，与哈尔滨歌剧院艺术指导贺欣同志（1950年时是鲁艺的学生）通过一次电话。提起当年《森林之歌》的演出时，她仍旧记忆犹新："我当时听完你的演唱，特别激动。被你的歌声所吸引，就感觉那声音像小号一样带有金属的脆亮，同时又圆润和宽厚，真是听不够……"

刚刚完成《森林之歌》的演出后不久，我又接到组织为我安排的新任务，让我尽快准备演唱鲁院作曲家李劫夫同志的新作品《常家庄鼓词》。我立即到李劫夫同志那里取来总谱，读完全篇之后，我感觉有信心完成这项任务。

第二章 初到东北鲁艺

然而就在这个时候,朝鲜战争爆发了。鲁院接到文化部通知,要求东北鲁艺学院与音工团停止当前一切工作,撤离沈阳,搬迁到哈尔滨。也就在此时,学院人事也有了大的变动。听说,鲁艺学院院长吕骥同志要带领一大批从延安支援东北的领导干部离开这里。其中,吕骥同志调往天津,组建中央音乐学院(后迁往北京)。向隅同志与爱人唐荣枚同志调往上海音乐学院,向隅同志任上海音乐学院副院长,唐荣枚同志任声乐副教授。瞿维与寄明同志调往北京,瞿维同志任中国音乐家协会副主席,寄明同志从事电影音乐。张水华同志与潘奇同志到北京搞民族音乐,不久潘奇同志又调到中国音乐家协会任秘书长。刘炽同志到民族歌舞团任副团长。学院的人事变动,真的是牵动了我的心。调离东北的这些同志,在他们心里是早有预料,而对于我来说,这几位同志尤其是吕骥同志和潘奇同志,是我心中最崇拜的人,我是他们一手培养起来的。我对他们的感情太深了,所以得知这个消息,我心里感到空落落的。接着学院正式宣布,东北鲁艺学院院长由安波同志担任,副院长由李劫夫同志担任。以往都有迎新送旧的习俗,这次他们却是默默地离开了。

吕骥 　　　　　　　　安波 　　　　　　　　李劫夫

第六节　跟随东北音工团来到哈尔滨

我们鲁艺学院很快离开沈阳来到了哈尔滨。让我高兴的是，母亲与两个小弟弟早已定居在哈尔滨，与李建中老师组建了新的家庭，双方共同抚养三个孩子。他们在南岗区文化街10号院内居住，离母亲上班的学校——文化小学很近。在哈尔滨我可以常常回家去见母亲了。

我们学院与音工团到哈尔滨没有专业业务活动，而是搞"四清"，即清思想、清政治、清组织、清经济，要人人过关。紧接着就是动员参加抗美援朝，同志们都积极报名到朝鲜前线去慰问演出。然而这个时候我却感到十分被动，觉得自己欲积极而无力，不能上前线，就不能参加排练，所以经常往母亲家跑，向母亲来诉苦。母亲突然提出一个想法，她说："你小的时候，不也是因为腿有病而没能去成英国学习吗？现在哈尔滨有苏联开办的很多音乐学校，你不用出国就能学习外国音乐。你弟弟刘钢不早就跟苏联专家学习了吗？"母亲这样一说，提醒了我。其实我们团女高音杜学玉和男高音郝玉林早就被组织安排到苏联音乐学校学习了。只是我整天总忙于完成领导交给的向民族民间学习的任务，又忙于演出，似乎已忘记了小时候就喜欢学唱外国歌曲。现在希望我成为民族演唱家的人都已调离了，可恶的朝鲜战争又搞得人心惶惶，弄得我闲起来没事干，也该是我认真考虑自己的爱好与发展前途的时候了。我应圆自己儿时的出国梦。现在对自己有利的是不用出国，外国人就在自己的家乡。我越想信心越大，但是我不敢向新的领导谈自己

第二章　初到东北鲁艺

的想法，家里人替我想了一个办法：让母亲到音工团帮我请个病假，我先在家详细了解这里的办学情况，然后再做出去留的决定。母亲到鲁艺音工团驻地——道里区地段街182号，见到了新负责人晓星同志，很顺利地为我请好假，我于1950年11月13日正式在家"养病"。我先从李建忠老师那儿了解有关苏联侨民的情况。他像讲解历史一样，从沙皇俄国入侵中国说起：当年，沙皇俄国与其他入侵中国的一切帝国主义一样，都是对中国这片沃土垂涎三尺。日俄战争后，沙皇俄国虽然被打败了，失去了对辽东半岛的控制，但其仍不死心。为攫取中国东北资源，称霸远东地区，于1897年8月开始修建中东铁路（中国东方铁路的简称）。沙皇俄国借修建中东铁路为理由，引进各种工程技术人员和大量修筑工人，这些人基本上都是带着家属过来的。随之而建的是商店、银行、学校、医院、教堂……俄侨在哈尔滨的数量剧增。有统计，在20世纪20年代时，哈尔滨有37万人口，其中俄侨就占到了19万。俄国人喜欢音乐，用他们的话说"哪里有人群，哪里就有音乐"，于是哈尔滨又不断涌进各类艺术人才。许多有很高造诣的艺术家来到哈尔滨发展自己的业务，成立交响乐团、歌剧院、舞蹈团等各类专业艺术团体。并建立起大小艺术学校80多所。这样，对我们哈尔滨乃至全中国发展西洋音乐都起到了影响与推动作用。

王 卓 　　　　　　潘 奇

王国忱 　　　　　唐荣枚 　　　　　向 隅

刘 炽 　　　　　　寄 明 　　　　　　瞿 维

鲁艺音工团老领导

第三章 在苏联高等音乐学校

第一节 选择

随后,为了满足我想了解苏联人开办的各种音乐学校的情况的愿望,李老师很快请来他的一位老朋友,一个熟悉外事的同志,为我进行详细的介绍。所谓80所学校,其实真正能坚持下来的或者说业绩突出的,也只有四所:

第一所是哈尔滨第一高等音乐学校,建立于1921年。首届艺术委员会主席是 Д. Г. 卡尔波娃。她毕业于圣彼得堡音乐学院钢琴专业,享有"自由艺术家"称号。这是政府规定的,必须持有这种称号的人才能有资格领头开设音乐学校。第一高等音乐学校是按俄国皇家音乐学院的课程设置,学制六年。除预科班外,分初级、中级、高级班,每级班为两年。主修声乐的学生一定要副修钢琴。器乐班到了高级班时要参加合奏课,才能获得毕业资格。共同课设有外国音乐史、音乐欣赏、乐理和声、视唱练耳。学分制,考试不及格可以再参加考试。学校聘用的教师首先要求其必须是表演艺术家,要有演出实践经验,之后才是音乐教育家。用学生考试的成绩来评价教师的水平。办学到了1931年,经过十年的时间,学校聘用的教师中才有三十四名校方认为称职的教师。在这期间,学校共举办了十八场音乐会,演奏肖邦、贝多芬等人的作品。正是由于这所学校实力雄厚,相对比起其他学校要稳定。二十几年的时间里,总共培养了两千多名学生,但获得毕业的学生仅有三十八人,其中声乐学生只有五名。这个学校里我认识的特拉赫金伯尔格,在1948年曾教授我弟弟刘钢小提琴。后来他任该校艺委会主席。

第三章 在苏联高等音乐学校

第二所是哈尔滨格拉祖诺夫高等音乐学校。它建于 1925 年,校址在哈尔滨市道里区通江街 86 号(原校址至今还在)。学校的校名是以苏联著名音乐教育家、圣彼得堡音乐学院院长格拉祖诺夫的名字命名。这所学校的发起人之一戈尔德施京是著名的小提琴家。他毕业于圣彼得堡音乐学院,后来又去了德国柏林音乐学院深造。另一名是他的夫人迪龙,她是犹太人,毕业于德国莱比锡音乐学院。20 世纪初,他们夫妇俩组织了音乐艺术家演出团,在俄国高加索地区从事高雅音乐的传播。后又去基斯洛沃茨克、皮亚蒂戈尔斯克、叶欣图克等地做巡回演出,影响巨大。之后他们又被请到了南高加索的巴库,创办了音乐学院,名声显赫,成了著名的音乐家和音乐教育家。在这一带活动的七年中,他们举办了二百多场音乐会,为当地音乐事业的发展起到了重大作用。1922 年,他们又回到苏俄各大城市做巡回演出。从 1923 年到 1925 年,主要演出地是在莫斯科、圣彼得堡。在莫斯科还开设了夏里亚宾音乐学校。直到 1925 年 7 月,到哈尔滨与大提琴家施贝尔曼合作,三人共同创办了格拉祖诺夫高等音乐学校。因为他们三人都是以艺术表演见长,所以他们的教学大纲除按俄国皇家音乐学院课程设置外,还特别强调教学要与艺术实践紧密结合,强调学校的教师要轮流登台表演,曲目要求是世界经典作品。这项要求一方面提高了教师的专业水平,同时也是向学生和家长展示学校的强势阵容。1925 年到 1930 年,学校聘请了声乐教师舒什林,他毕业于圣彼得堡音乐学院,毕业后曾从事歌剧表演,是表演艺术家、声乐教育家。1930 年被上海国立音专聘用。1930 年到 1931 聘请的钢琴教师中有一个是原该校毕业生 Г.А. 多布罗特沃尔斯卡娅·阿恰依尔。

第三所是与教会合办的哈尔滨音乐训练班。建立于 1927 年 10 月 20 日。这所学校的创始人是 Г.Г. 芭拉诺娃·波波娃。她毕业于基辅音乐学院声乐专业,享有"自由艺术家"称号。她与东正教哈尔滨圣伊维尔教堂神父尼·沃

歌声里的传承
——刘凯回忆录

兹涅先斯基（教名是季米特里·拉甫罗夫）、东正教哈尔滨教区主教梅列基一起为该校监护人。这所学校是得到哈尔滨行政教育部门批准的第三所正规音乐学校。刚办学时，学校的实力不是很强，以招收女生为主。就在最缺乏资金的情况下，还为贫困生留有20％的名额。在初期，学校只开设三个专业：钢琴、小提琴、声乐。由于治学严谨，艺委会与教师们齐心克服困难，学校在1928年举办了一次极其成功的音乐会，受到社会各界与学生家长的好评。当时礼堂里座无虚席，学校也得到了一笔可观的收入。继而购买了教学用琴，并返还了借用的钢琴，不断聘用有经验的教师，增设了更多的专业，招收的学生数量也是不断地增加，这样学校渐渐地发展起来了。毕业的学生大部分被聘到哈尔滨交响乐团及歌剧团，也有的人去上海发展。

第四所学校是1929年建立的，校长是钢琴家柳鲍芙·鲍里索芙娜·阿波捷卡列娃。学校请到的声乐教师是索菲亚·阿列克谢耶芙娜·巴都利娜，她是哈尔滨歌剧团里的主要歌剧演员。其他一些教师都是从第一高等音乐学校请来兼课的。

20世纪30年代时，由于日本人占领了哈尔滨，所以组建格拉祖诺夫高等音乐学校的戈尔德施京夫妇俩到美国发展去了，学校便解散了，教师基本上都并到第一高等音乐学校里了。而到1946年苏联红军进驻哈尔滨后，另外两所音乐学校也兼并到第一高等音乐学校里了。这样就在1947年3月以第一高等音乐学校为核心成立了苏联高等音乐学校，并得到驻哈领事馆的批准。学校体制按苏联教育部章程，受苏联教委会领导，将原第一高等音乐学校六年制改为十年或十一年制。初级、中级班为七年，多数为器乐学生。高级班三到四年，其中声乐专业要读完四年大学本科。对学生来说，已不再限制国籍，一律通过正规的考试录取。经费问题，由过去基本上靠收取学费支付学校的一切开支，改为领事馆和外侨办共同与中国外事处协商获得，这样学校就宽

松了许多。据说过去很多中国学生想要进校学习,一是学校不愿意收中国学生,二是即便是收了,学生也会因学费昂贵而无法入学。当时每月规定中国学生的费用是十块银元,绝大部分中国学生对此是望而生畏的。苏联政府接收后,规定每月学费10元人民币(对于这一点,我觉得能承受得了)。授课时间上,考虑大部分是学生与上班族,所以学校将正常上课时间安排在午后三点到九点(对于这一点我也非常满意)。在我决定请病假时,母亲就已同李老师研究好了:如果我真的要到苏联学校学习,那就必须在哈尔滨找份工作。李老师与他所在的第八中学校校长谈了关于我的情况,校长与教导主任都表示欢迎我到他们学校任音乐教师。学校每周可给我六节课,住有宿舍,吃有食堂,甚至连工资都说好了,每月49元钱,试验期为一年。知道了这些,我心里就有底了,看来我一边打工,一边学习是不成问题的。

接下来我就要进一步了解哈尔滨的文艺状况了。几所高等音乐学校建全后,俄国人又在哈尔滨逐渐地成立了与音乐学校相配套的各种文艺团体。比如"哈尔滨交响乐团(简称'哈响')""哈尔滨歌剧团""轻歌剧团""舞蹈团""杂技团"等等。在他们的带动下,中国人也成立了一些业余剧团、剧社等。正是由于这些事业的日渐兴旺,才不断地吸引着世界各地的音乐家们来哈尔滨举行音乐会,甚至他们认为能到哈尔滨开音乐会是自己的荣耀,将这座城市称为"音乐之城""东方小巴黎"。这种状况也促使各所正规的音乐学校不断提升,要求聘用的教师既是音乐表演艺术家,同时也得是经验丰富的音乐教育家。而他们培养出来的学生大部分成了文艺团体的后备军。通过对这些情况的了解,我对哈尔滨,对我的出生地产生了眷恋,我决定留下来,在这里圆自己小时候出国学习西方音乐的梦。

我选择了苏联高等音乐学校。理由是这个学校的校长之一特弗拉基米尔·达维多维奇·特拉赫金伯尔格在当时是一个造诣很高的音乐教育家。他

歌声里的传承
——刘凯回忆录

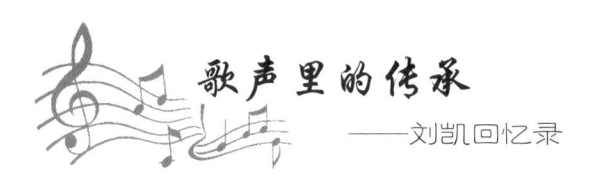

哈尔滨苏联高等音乐学校校长特拉赫金伯尔格

1884年在乌克兰的基辅出生。1904年入基辅音乐学校并于1908年毕业，后又入圣彼得堡音乐学院，在奥尔大师班学习小提琴。1912年毕业后在雅罗沃夫里城任音乐教员。1915年参加俄军乐队，担任歌剧指导。1920年退伍到赤塔音乐学校任教。俄国十月革命后，1922年他来到哈尔滨第一高等音乐学校任小提琴高级教师，兼任合奏课老师。以后，又被选为艺术委员会主席。1930年任"哈尔滨交响乐团"首席小提琴演奏员。由他和另外三人组成的弦乐四重奏曾闻名中外。1947年担任哈尔滨苏联高等音乐学校校长职务。

我写这本书时，从收集的材料中看到，特拉赫金伯尔格在音乐教育界名声显赫，培养的人才数不胜数。国外弟子中许多人蜚声乐坛，其中就有"神童"托利亚·卡缅斯基（在美国演出一举成名）和赫尔穆特·斯特恩（后来成为德国爱乐乐团的首席小提琴家）。而他也为中国培养出了大量的小提琴家。他们中有：原北京全国总工会文工团小提琴演奏家犁平（他是特拉赫金伯尔格最早的中国学生）、原中央乐团副首席小提琴家兼作曲家杨牧云、副首席小提琴家范圣宽、小提琴演奏家黄奎弟（我和弟弟刘钢曾拜他为师）、原中央音乐学院小提琴教授王隆、原辽宁人民艺术剧院小提琴家兼作曲家刘守义、高英、中央乐团后起之秀、首席小提琴家许述惠。1946年中国人民解放军第四野战军派盛志山特来哈尔滨拜特拉赫金伯尔格为师。1946年延安鲁艺迁到哈尔滨后，吕骥同志与向禹同志立即派学院的学生郝汝惠（后成为小提琴演奏家）和王卓等一批新中国第一代音乐家拜他为师。原北京中国歌剧舞剧院交响乐团首席小提琴家王丹、原中央乐团的宋文秋、原长影乐团的靳延奎、

第三章 在苏联高等音乐学校

朝鲜的白高山等人都曾在 1947 年前后拜他为师。1948年经中共中央东北局宣传部批准，在哈尔滨成立了东北音工团，团里派少年班的弟刘钢（我弟弟）、傅庚辰、胡增成到苏联高等音乐学校拜他为师，直到 1948 年底，东北音工团迁往沈阳，成立了东北鲁迅文艺学院，仍请他到学院任教。后来，弟刘钢调到辽艺，又请这位专家到辽艺施教。弟刘钢长期师从于他，直到 1957 年苏联高等音乐学校解体后他离开中国去澳大利亚为止，

弟弟刘钢，特拉赫金伯尔格的学生

足足学习了九年。弟刘钢常常对家里人提起他的这位导师对他讲的话："你是我所教的学生中年龄最小、天资最聪颖、进取心最强的，以后一定大有作为。"弟刘钢就是在特拉赫金伯尔格长期严格的培养、指导下，十四岁就登台为外宾演奏，终于成为辽宁省歌舞团里一名优秀的小提琴演奏家，被指定为终身首席小提琴演奏员。特拉赫金伯尔格在中国的资格最老，教授中国学生的时间最长，影响面最广，备受中国音乐界爱戴。

弟弟刘钢独奏　　　　　　　弟弟刘钢，辽宁省歌舞团小提琴首席

第二节　拜师阿恰依尔

我选择苏联高等音乐学校的另一个重要的理由，就是这个学校有一个在哈尔滨声乐界很出名的声乐教师阿恰依尔。她是俄侨在哈尔滨的第二代，全称是佳丽·阿波罗诺夫娜·阿恰依尔—多布罗特沃尔斯卡娅。阿恰依尔是她丈夫的姓，按照俄国人的习惯，女性结婚后要改姓丈夫的姓，所以大家都叫她阿恰依尔。她大约是1910年出生的，毕业于哈尔滨基督教青年会中学。1925年考入格拉祖诺夫高等音乐学校，学习钢琴与声乐。这所学校的教师队伍很强大，钢琴教师有迪龙，声乐教师有舒什林。所以比第一高等音乐学校对她更有吸引力。

1930年，阿恰依尔毕业后被学校聘为钢琴教师。与此同时她随丈夫经常往返于日本，并在日本拜了一位意大利著名声乐家为师。由于她具有超众的声乐天赋，所以受到意大利导师的赏识。她的声乐歌唱技巧也日渐提高，成绩斐然。她被导师推荐在日本乐坛上参加表演活动，很快便崭露头角。1931年，她辞去了钢琴教师的职务，加入了哈尔滨歌剧团，并于1931年到1932年间，随歌剧团到日本访问演出。在导师家上课时，导师认为她从钢琴转行到歌剧表演是英明的选择。说她天资聪慧，能理智地接纳正统意大利学派的精髓，在学习声乐技能和技巧方面，控制力都非常适度。这当然跟她从小就学习钢琴是分不开的。导师介绍她参加日本的各种排练和演出活动，并且录制了很多唱片。

第三章　在苏联高等音乐学校

阿恰依尔作为一个抒情女高音，音色亮泽而浑厚，音质优美且有力度，兼备地掌握了高超的声乐技巧及超凡的艺术表现力。她的导师认为她可以胜任多种类型的角色，是不可多得的声乐人才、未来的歌剧表演艺术家。阿恰依尔表演的歌剧有格林卡的《伊万·苏萨宁》、里姆斯基·格萨科夫的《雪姑娘》、柴可夫斯基的《高跟鞋》等。1933年在俄罗斯文化节中，歌剧团上演了多场俄国歌剧《金鸡》《高跟鞋》，1934年上演了《伊万·苏萨宁》，1935年上演了《黑桃皇后》《伊万·苏萨宁》。在这些上演的剧目中，阿恰依尔都是主要演员。1936年到1937年间，她随歌剧团到菲律宾、斯里兰卡、印度、朝鲜等地巡演，获得了极大的荣誉，知名度大大提高，评论界视她为20世纪30年代歌剧明星。1939年到1940年歌剧团排练并上演《霍夫曼的故事》《叶甫盖尼·奥涅金》，与此同时阿恰依尔还经常参加"哈响"乐团及以特拉赫金伯尔格为代表举办的上百场独奏、独唱音乐会。这些活动都是以施展个人的专业水平为目的的。

1941年至1942年是歌剧演出最活跃的时段，公演了大量歌剧。其中歌剧《浮士德》中女主角玛格丽特是由阿恰依尔演的。她连续演出了几场，反响极其强烈。1942年阿恰依尔又随歌剧团赴日本的东京、神户、名古屋演出，返回时到中国沈阳、大连、长春巡演。对她的表演从普通观众到业内人士都给予了高度赞誉。1941年阿恰依尔与沙亚平这对成功的搭档，又被聘到迅猛发展的哈尔滨轻歌剧团队之中，并成为团队的骨干演员。其实轻歌剧是备受广大观众青睐的，比起严肃的正歌剧更容易被观众接纳。而且轻歌剧不断更新，使观众更加喜爱。由于阿恰依尔的加入，剧团马上排演了《火的祭祀》。1942年又上演了《风流寡妇》等三十多部歌剧。1944年初，东亚俄国歌剧团来哈尔滨与轻歌剧团联合上演了俄罗斯经典歌剧《沙皇的新娘》《沙皇萨尔坦》《鲍里斯·戈都诺夫》《美人鱼》《叶甫盖尼·奥涅金》等十七部歌剧，

歌声里的传承
——刘凯回忆录

同时还上演了西欧经典歌剧《卡门》《阿依达》《茶花女》《蝴蝶夫人》《托斯卡》《波希米亚人》《塞尔维亚理发师》等十七部歌剧。这些上演的歌剧，阿恰依尔都参加了表演。

阿恰依尔在多年的歌剧演出中，尽情地展示了她的声乐表演才华。在不断的排练和艺术实践中，她的艺术修养逐渐成熟。评论界以及业内人士一致称赞这位抒情女高音的表演戏路极其全面，演绎各类角色都很完美、无可挑剔，发声技能达到了具有创造性的程度。如：高度地控制呼吸、掌控喉咙的稳定、全声区完美统一、重视高部位的头腔共鸣位置（这样才能使声音柔美而带有光泽）。俄侨同行们和评论界说，阿恰依尔完全掌握了十八—十九世纪意大利美声学派的发声技能与演唱风格。听众认为她的歌声不仅美妙动听，而且听起来有种诗情画意，给人以最大的艺术享受。

就在阿恰依尔的歌剧表演处于鼎盛时期的1937年，她又重返回教育工作中，明显是效仿她的钢琴导师迪龙和声乐导师舒什林（迪龙是先登台演奏后任教师，舒什林是先做演员再一边演戏一边教学），有了丰富的艺术实践，教学自然是得心应手。她这次选择的学校是教会参与合办的哈尔滨音乐训练班。这所学校要求被聘用的教师要在艺术实践上具备很强的社会影响力，这正适合阿恰依尔的条件。由于她在社会上的知名度极高，所以她的到来，促使了来校就读的学生日益增多。学生家长普遍反映：孩子在她班上进步最快，能正确地找到声音的位置，并且没有换声区的干扰。为吸引更多的学生来此校学习，校方在招生时，会挂上阿恰依尔的照片。

俄侨歌唱家、声乐教育家
阿恰依尔

1946年阿恰依尔随该校一起兼并到第一高

第三章 在苏联高等音乐学校

等音乐学校并更名为苏联高等音乐学校。

在了解阿恰依尔的同时,自然也就了解了她的声乐老师,在中国声乐教育界大名鼎鼎的舒什林。

В.Г.舒什林,犹太人,1896年出生。男低音歌唱家,歌剧表演艺术家,声乐教育家。八岁时就以优美的童声歌喉誉满圣彼得堡,有"空中云雀"之美称。他十五岁进圣彼得堡音乐学校学习小提琴与钢琴。十九岁考入圣彼得堡音乐学院,主修声乐与歌剧表演,师从意大利外教埃弗拉迪,是其得意弟子。1919年毕业后,舒什林被圣彼得堡歌剧院聘为独唱与歌剧演员。1924年随同苏联音乐家协会组织的访问团为哈尔滨铁路修建员工巡演。看到俄侨在哈尔滨的艺术事业不断崛起,他很感兴趣,决定留下来,在这里发展事业。起初他到歌剧团任歌剧演员,并与著名歌剧演唱家沙亚平做搭档,演出了大量歌剧,与此同时他还应聘到格拉祖诺夫音乐学校任声乐教师,一边教学,一边演歌剧。他参演的歌剧有《卡门》《沙皇的新娘》《萨特阔》等。1927年随哈尔滨歌剧团出访日本,上演了《浮士德》《拉克美》《霍夫曼的故事》《塞尔维亚的理发师》《叶甫盖尼·奥涅金》,非常受欢迎。1929年随团去爪哇、菲律宾、马尼拉等地巡演,在返回途中路过上海,被萧友梅看中,萧友梅认为像舒什林这样才艺雄厚的音乐家,是当前中国最需要的人才。于是在1930年,舒什林受聘于上海音乐专科学校(上海音乐学院前身)任声乐教授。我的老师唐荣枚就是在上海音专跟舒什林学习后,到延安鲁艺学院任教,之后又从延安来到了东北鲁迅文艺学院任音乐系声乐主任的。1949年我从唐老师那里学到的意大利传统的声乐训练方法,这是她从她的老师——俄籍意大利学派舒什林那里学来的。因此说我正规学习美声唱法,应

俄侨歌唱家、声乐教育家舒什林

歌声里的传承
——刘凯回忆录

当从那时开始。

（从收集的有关材料中得知，从1930年到1950年这二十年里，舒什林在上海教过的学生有：黄友葵、满谦子、胡然、杜刚、斯义桂、曹岑、郎毓秀、唐荣枚、魏鸣泉、沈湘、高芝兰、李志曙、周慕西、温可铮、周仲南等。他所教授的学生大部分是中国开创西洋声乐的先导者，是中国发展西洋声乐的精英。这些人其中有的到国外深造后又回到中国，如黄友葵，出国后回来仍到舒什林那里去上课。据唐荣枚老师提供：舒什林于1950年回到苏联，任莫斯科音乐学院声乐教授。他晚年还很想念中国。他的思想属于"左倾"，在上海时，他家中挂着斯大林的照片。）

作者就读哈尔滨苏联高等音乐学校

了解完学校和教师的情况后，我便决定去报名了。事先我已打听好了，学校是随时报名，随时考试。初级班不用考试，报考中级班或高级班的要考试，考官是学校全体艺委会及有关教师。对于校艺委会的专家们来说，考试是严肃认真的，这是为了保证学生的质量。但考试也是不厌其烦的，即对报考的学生不设任何条件，这是为了学校的生源，尤其是这些年俄侨移民外流，学校需要有更多的中国学生就读。

陪我去报名的是第八中学的俄语教师赵老师，这是李老师帮我请来的。下午三点我们到学校的办公室找到了负责人，是一位个子高高的女士。她叫图托娃，是本校钢琴教师，兼管办公室工作。她拿出表格让我填写。上面有文化程度，报考的专业，考生的通信地址等。她告诉我，自己可以写上想选的老师，但是老师也有权拒收，然后由学校统一分配。最后她还叮嘱我，考试那天别忘了自带乐谱。报名的整个过程不到30分钟，这方面很顺利。但回

第三章　在苏联高等音乐学校

到家后，我就为师生双选而担扰了。听说阿恰依尔收学生的门槛很高，一般她都拒收。她能选中我吗？为此事我整夜都没睡好。第三天，接到通知，要求下午五点准时到考场，可以带陪考人，我便让姐姐陪同我去。这次是要唱给外国人听的，所以一定要用洋唱法，而且曲目要大，因此考试的曲目我选了《黄河怨》。

我与姐姐一同进到学校的小礼堂考场外等候，没多久就听到叫我的名字了，我又与姐姐一同走进考场。说是小礼堂，实为一个很大的教室。一进门，就看见考官的位置上，坐着满满一排穿黑西装的外国人，一脸严肃，足有十来位。我一眼看见了弟弟刘钢的导师——特拉赫金伯尔格，他是校长，所以坐在正中心。常听弟弟讲，他的导师没有头发，严格可亲。可我现在看他一点都不可亲。要不是我经常登台表演，真会让这种场面给吓住了。我定了定神，觉得自己安静下来了，才将手中的谱子送到伴奏手中。回过来，我站稳后便向伴奏示意：可以开始了。我想在这种场合下我不能打退堂鼓，要尽全力展示自己。我用歌曲此起彼伏的旋律打造成一种戏剧性效果，这样可以彰显出我的声音色彩。反正他们全是外国人，只是想听我的声音。结果我真的成功了，从他们的表情和眼神可以看出，他们全体考官都被我响亮而圆润的歌声惊呆了，只见一位女教师当即举起一只手。当我与姐姐往场外走时，坐在一旁的图托娃笑着向我点头示意，我明白了，这位举手的女教师正是阿恰依尔。我太激动了，这是我平生第二次考试成功，第一次是1948年报考东北音工团。而这两次考试都是我心中缺乏信心，却通过考试得到了满意的结果。

考试联系人图托娃通知我于第二天午后三点

苏联高等音乐学校校长奥克萨科夫斯基

歌声里的传承
——刘凯回忆录

去学校报到,并有两件事要做:一是与主科教师见面;二是到办公室研究副修课、伴奏课及共同课的问题。另外报到时要带十元钱,交十一月的学费(十一月就剩这么几天了,还要一整月的学费。这点学校做得不太合理)。

我和姐姐回到母亲家中,大家都为我能顺利入学而高兴。母亲说:"你父亲在天有灵,他会祝福你的。要记住,你父亲在哈尔滨求学,费尽了十五年的辛苦才获得毕业。你要好好学习专业,好好学习俄文,继承父业。"

我还是请赵老师帮忙做翻译,于第二天的下午三点到了学校。找到阿恰依尔的琴房,她正在等我。见我带着翻译,她很高兴。我这是第一次和她近距离接触,看她高高的个子,既像演员又像学者,言谈举止很是大方。她请我俩坐下后,第一句话就问我学过几年声乐。我便把从小在教会唱诗班接受声音训练,以及后来在鲁艺学院正规学习声乐的过程简单地向她介绍了一下。并特意告诉她,我在鲁艺的声乐教师唐荣枚是在上海音专师从舒什林教授的。她听后很高兴,但并没有说什么。紧接着,她又问我:"你们鲁艺音工团早就派杜学玉、郝玉林到我这里来进修,那你为什么不来呢?"我告诉她,我们一切都是由组织安排决定的。组织上是培养他俩学习西洋美声,而培养我向民族、民间传统唱法学习,想要我做一个民族歌唱演员。阿恰依尔听后立即摇摇头说:"你没感觉到吗?昨天你在考场上,我们所有的评委都被你精彩的演唱打动了。大家一致认为你有学习西洋美声最好的条件。大家还都为你腿有残疾而感到可惜。我认为你虽然不能表演歌剧,但作为独唱音乐会歌唱家照样大有前途。所以我非常有信心地接纳了你,不过你一定要坚持学习。"我被她的话感动,并且暗下决心,绝不辜负老师对我的期望。接下来她又说:"我看见你填写的表格里,是准备长期在哈尔滨学习。能有这个决心,非常好。因为学习声乐像学习器乐一样,是要花费长时间,一步一步地学。心急快步是学不成的,拿不到真功夫。"谈到这,她想听听我的发声。

我也想趁着有赵老师做翻译,多听听她讲些什么。她用"a"母音从三度到五度再到八度。我按照她的要求做了,她频频点头说:"你的音质很纯净,色彩明亮而厚实,音域宽大并带有金属性。方法也不错,很顺畅,没什么大毛病。昨天听你唱中国作品,发觉你的字咬得有点过头,狠了些。估计这与你唱民族风格的作品有关,慢慢我会通过练习改变你的听觉。"看来阿恰依尔对我的声音条件,以及发声方法都很认同,只是对咬字上有点不同的看法。而我对她的发声要求,也觉得不难做到。很可能是因为我原来的授课老师唐荣枚与她的方法同属一个派系的缘故,这样我更加有信心了。之后,她又提到,在这所学校里,她是唯一的意大利派,我应当很好地学习她的方法。但是苏联高等音乐学校要求的是要严格遵守学校的教学大纲,学生汇报时一律要演唱苏联作品。她的意思我听懂了,就是向她学习意大利发声技巧,用来演唱苏联作品。关于业务方面她谈完后,便告诉我每周四她要到长春去上课,其余时间任由我选。我选的是周二和周五三点,她说我可以两点来,这样后边还可以上其他的课程。

我和赵老师辞别了阿恰依尔,去往学校办公室见图托娃。路上,赵老师对我说,外国人对时间看得非常宝贵,阿恰依尔今天能对我讲得这么详细,说明她对我非常重视。我也感受到阿恰依尔对我格外地关照,我从内心深处对她产生了信任与尊重。我和赵老师到达办公室时,见图托娃正在等我们,她对我说,今天有两件事必须定下来。首先是学校规定主修声乐的学生,要副修钢琴,而且要一直学习到毕业。随后她又说,她很愿意担任我的副修老师。我听后太高兴了,因为我这些天一直在接触她,有关报考的一切事情都是由她指导,觉得格外喜欢她。另外,我在了解俄侨开设的学校时,对她的情况也做了些了解:她是生在哈尔滨的俄侨,毕业于第一高等音乐学校。因她的成绩优异,所以被留校任钢琴老师。她教出很多成绩优秀的学生。现任苏联

歌声里的传承
——刘凯回忆录

高等音乐学校钢琴主修教师，并兼职做校办公室工作人员。我觉得她能主动教我副修课，那我真是偏得了。我用俄语直接对她道了谢。之后她又提到了第二件事：从报考的材料中获知我在沈阳鲁艺学院已读完大二，但高等音乐学校不允许插班就读，所以只能从头开始。不过按学校的规定，我可以在必读的四科共同课中，免去一科，并且是由我本人决定。这些科目是：外国音乐史、音乐欣赏、和声学、视唱练耳。

青年阿恰依尔

我立即决定免掉和声课。她又补充一件事，钢琴伴奏课与语言正音课同是一节课（在合伴奏的同时，由钢伴老师纠正俄语歌词的发音）。每周除要上两节声乐主修课外，还要上一节钢琴课和一节钢伴课。她为照顾我方便，把这两节课分别加在声乐课之后。这样我上完声乐课，就可直接上下面的课了。关于共同课，这是很复杂的。涉及到外请翻译的问题，所以中国学生必须要十人以上才能开课，恐怕要中级班与高级班合并开课。因此一时定不下来，要我等通知。

我和赵老师总共用了两个小时，一切问题基本定下来了。就这样，1950年11月23日，距离我在东北鲁艺音工团请病假仅仅十天，我正式成为哈尔滨苏联高等音乐学校高级班声乐本科学生。整个过程，是我意想不到的顺利。

第三章　在苏联高等音乐学校

第三节　在第八中学校

苏联高等音乐学校规定声乐本科生是四年制,而且学校采取的是学分制,有一科分数不及格就毕不了业。所以在这所学校就读的时间只能长不能短,至少要读四年。因此我下一步要立即做的三件事:一、让母亲到鲁艺音工团找新的领导班子成员晓星同志,向他说明我的情况。母亲去了,结果是带了一张退职证明回来了。虽然我事先也做了这方面的考虑,但真的成为事实时,心里还是有点不舒服。不过为了上学,我也就认了。二、我必须跟随李老师去道外第八中学见见校长,把工作问题敲定下来。三、前两件事完成后,我一定要向远在北京的老领导汇报全部过程,因为在我心中他们永远是我最信赖的人。

第二天一早,我便随上班的李老师一同到了第八中学。当我迈进校长办公室时,我简直是惊呆了——看见原东北鲁艺音工团调往北京中央乐团的战友张丕思正坐在校长的对面。校长见此情景说:"你们互相熟悉?"我俩异口同声地说"何止是熟悉",我又对校长补充说:"我俩是1948年在哈尔滨一起参加革命的战友。"校长说:"这也太巧了吧。"是太巧了,我们俩一个是从北京回来的,一个是从沈阳鲁艺来的,一个是因为工作安排不称心,一个是为了提高西洋美声唱法的技术,都要到苏联高等音乐学校学习,都想要在第八中学当音乐老师,边工作,边上学。校长非常高兴,来了一对儿建国前的"老革命",又都是演员,这是学校开展文艺活动的新生力量。校长说:

歌声里的传承
——刘凯回忆录

"我们学校原来没有女老师宿舍。现在既然你俩都是单身，就在学校大楼内腾出个房间吧。一来是方便你俩练琴，二来你们上学互相有个照应。"

就这样我们俩从第二天起，正式成为第八中学的音乐老师了。张丕思还没与苏联学校联系，学习的科目也没确定。她在鲁艺合唱队时，是女中音部的。1950年5月，中央从东北老解放区调一些能做思想工作的骨干力量到北京充实文艺团体。但中央乐团要求来的人要业务水平高，便把她分配到民歌队了。她有情绪，于是辞掉了工作。回到哈尔滨是想请她的弟弟张丕基（作曲家）帮忙，找张丕基原来的小提琴导师特拉赫金伯尔格为她安排导师。我了解了这些后，向她介绍说，这事不是校长说了算，而是要根据实际情况，学生与教师双向选择。我答应下次到学校上课时为她联系。结果，阿恰依尔听后，认为她程度太低，不收她。我又去找图托娃，她勉强收下，安排在钢琴初级班从头学起，并说初级班不用考试。

一切事情都定好后，我俩便开始同吃、同住、同学习的生活了。很快第八中学的同事们就调侃我们俩是"白天一对小先生，晚上一对小学生"。学校对我俩的工作表现都很称赞。其实我俩都没做过教师，幸好张丕思的四舅是搞文艺宣传工作的，我俩利用没课的时间去她四舅家（她四舅是原哈师大手风琴教授李元的四叔），向她四舅学习教学法、即兴弹琴法，等于现学现卖，整天是紧忙乎。

现在便是我认真做第三件事的时候了，我必须把最近所发生的一切，向我的老上级潘奇同志汇报。不管是批评还是支持，我都应当向关心、培养过我的人讲出实情。潘奇同志离开东北后，我们之间一直保持着联系。但多数情况下就是一两句话，似乎没法写信，于是我就请在北京的表妹（我老舅的女儿）传话。我给表妹写信时，把要对潘奇同志说的事也写上，表妹向潘奇同志传达完后，再把潘奇同志的意见用回信传给我。这次我很快便得到了

第三章　在苏联高等音乐学校

回信，潘奇同志不但没有指责、批评我，反而表示非常支持。可能是她们进京后了解到，国家需要有真本事的人，单凭干劲是站不住脚的，张丕思就是很好的例子。潘奇同志还建议说，阿恰依尔是中国当前很有影响的教师，我应当脱产学习，学成后去北京，她与吕骥同志都会帮助我。我想这种学习方法对我是不实际的，我没家，没经济来源，靠什么活着呀。之后，我又告诉她，我在中学工作一点也不影响我的学习，干的工作不重不多，发给我的工资不少，足够我吃饭、交学费的了。请领导放心，我一定能学好。

我与张丕思相处再合适不过了，因为我俩心中所追求的是同一个目标：提高自己的本领，为党、为祖国做更大的贡献。我俩每天吃、住、上学、工作都在一起，非常开心。虽然我们可能不会久留在这里，但干起工作来却是很努力，很自觉。这不能不归功于延安老革命家的影响和教育。

我在阿恰依尔那里上课，丝毫没有不适应的感觉。反而觉得越唱越轻松。记得我们第一次见面时，看得出她有担心和顾虑，怕我在鲁艺既学美声又学各种风格的民族民间演唱，弄得声音很杂。这在她们的观念里是不可以的，是违反专业性的。现在通过正式上课，在训练中我都能顺畅地完成她的要求，看来她的担心是多余的。一般我们之间不用讲什么话，唱对了她就连连点头，不合意的她就摇摇头。渐渐地，课堂上很少见她摇头了，我们两人上课能达到心照不宣的程度。这样我就先将额外开设的俄文课往后移，把更多的精力放到副修的钢琴课上。我想起在鲁艺学院刚上钢琴课时，寄明老师就认为我学钢琴年龄大了些，还对我说练琴是需要时间的。所以我在图托娃这里，尽量自觉地多多花费时间。三个月后，主科声乐进行小考，不唱歌曲，考唱《孔空》1—5条，抓阄。参加考试的是学校所有的声乐学生（人数并不很多），考官是这些学生的老师。考完后阿恰依尔告诉我，我的成绩最好，学校艺委会通知她，要她尽快培养我在半学期之内唱出成品，准备参加每周日学校举

歌声里的传承
——刘凯回忆录

办的商业性音乐会演出。这种演出的收入，学校用来补充校方的开支。演出的质量关系到学校的名声，同时也是评价教师的标准。因此刚刚进校的学生是没资格参加商业性演出的，到了三、四年级才有可能参加。不参加这种演出的学生，每年都必须参加校内举办的汇报性质的演出，全体学生都要到场观摩。而我只通过小考，就免了参加学校举办的校内音乐会，直接参加在秋林俱乐部举办的商业性演出。阿恰依尔老师对我说，我是她唯一的中国学生，能在这么短的时间内参加社会公演，对我来说是一个非常好的舞台艺术表演实践机会。她要我努力，时刻准备有演出任务。她还对我说，今后上课的曲目也要做些调整。但也不能为了演出而改变循序渐进的教学原则，那样对我是不公平的。我听懂了她的意思：我能上台参加社会公开表演，是为教师争得荣誉。但成功的经验告诉她，学习声乐不能急于求成，她不肯为了自己而损害我的发声基础训练。我为她的师德而感动，我与老师进一步加深了感情。

秋林俱乐部的场地是学校租赁的，音乐厅是个小二楼，能容纳八百人。而自从我被选上参加校方周末的社会公演后，我的时间就显得有些紧张了。外国人的生活习惯是睡得晚，起得也晚。每次演出都安排在晚八点开始，最早也是七点半。张丕思不放心我一个人走夜路，所以每次去演出时她都陪着我。幸好我们不用等音乐会结束后再走，只要我唱完了就走，所以也不用太长的时间。有一次，我和阿恰依尔老师的另一位男学生（他是俄侨）表演一个歌剧的片段，演完往回走的路上，张丕思对我说："我每次在剧场的二楼等你时，都能看见一些从外地来哈尔滨攻读俄文硕士的中国学生。今天我听到他们议论你，说你是苏联人，还有人说你肯定是混血儿。我实在忍不住了，就跟他们搭上腔了。我说你们谁也没猜对，她是地地道道的中国人，哈尔滨人。和你们一样，是向苏联老师学习的，学声乐的，那个弹伴奏的就是她的声乐老师。他们都很惊讶，并说'那她的俄文怎么唱得这么好？'我

第三章 在苏联高等音乐学校

说你根本不懂俄文，是老师一句一句教的。"张丕思说完这些，突然放低了声音，笑着对我小声地说："我看这些人是叫你给迷住了。你可小心，别叫他们把你抢跑了。"我说："你开什么玩笑，我没毕业，哪都不去。"

没过几天，我又要去演出。张丕思对我说："对不起，明天我要回课，琴还没练好。这次你就一个人去吧，回来时我去接你。"我想我应当自立，别总依赖别人了。现在是六月份，哈尔滨算最好的天气了，不冷不热，我自己去没关系。我这次演唱的是柴可夫斯基的艺术作品，是老师帮我处理的，又是她本人弹的伴奏（我每次演出都是老师弹伴奏），当然会不错。所以演出非常成功，许多俄侨上后台向我和老师表示祝贺，我俩都很激动。

我向老师道谢后，便一个人拎起服装往外走了，准备坐有轨电车回道外八中。这时迎面向我走过来一个年轻人，着装像个大学生，长得很英俊，张口就叫我"刘凯同志"。我一时不知该怎么处理了。因为"同志"这两个字，已经有半年多没听过别人这么称呼我了，只有在鲁艺才可以听得到。而我现在是在中学，无论是教师还是学生都称"刘老师"。我想可能是前些天张丕思提起的，外地来哈学习俄文的研究生。又一想，他们年龄都很大，都是工作后出来进修的，即便有个别年岁小的，也不可能称我为同志啊。正在我心里犯嘀咕时，他自我介绍说："我叫郑金山，是哈尔滨市公安局一处的。"我听后更糊涂了，公安局的找我干什么呢？他笑了一下，接着对我说："你别慌，你不认识我并不奇怪，因为我从没公开与你见过面。你认识张玉梅吧。"我开始答话："是啊，她是我在哈尔滨音工团的战友啊。"他告诉我说，他和张玉梅同是各单位派到全市集中搞四清运动的成员，他们之间处得很熟。通过张玉梅，了解到我的情况。接着，他像背书似的把张玉梅的话复述了一遍"刘凯是个好同志。她既没有经济问题，也没有政治问题。是我们鲁艺音工团的尖子。如果说她还有什么缺点，那就是她平时与群众来往少了一些。

歌声里的传承
——刘凯回忆录

作者丈夫

这是我们全团一致的看法。不是说她群众关系不好，而是她把时间安排得太紧了"。说到这里，他转了话题："我知道今天你的小伙伴没来陪你，那就让我来陪你回道外学校吧。"我听他说的话都很真实，既不是外地来哈读俄文的研究人员，也不是坏人，是保卫国家安全的公安人员，那我就放心了。反正今天我是头一次一个人往道外去，有个人陪着也挺好。

我以为他会与我一同去搭有轨电车，他却让我站着等他，不一会取来了他的自行车。我想我一只手提着演出服，另一只手拿着一个小拐棍，怎么坐啊（这时，我已经不挂大拐了。自从到秋林俱乐部演出，我的老师就介绍我做了一个外科整形支架。穿上支架后就不用挂拐了）？他很快就把我的服装包放到前面的车把上，告诉我坐在后座上用一手扶着车座即可。然后他用双手推着自行车走。走到道外八区体育场时，他说："咱们休息一下吧。"我想他可能是累了，于是就同意了。我们找了一条长椅坐下了，他对我说："你苏联老师是俄国沙皇时期的贵族。俄国十月革命后他们来到中国。到现在并没发现她有什么问题，只是她的丈夫阿恰依尔（哈尔滨著名诗人，原哈尔滨俄侨青年文学小组"丘拉耶夫卡"组织者之一）在1945年被苏联红军押解回国。他的问题全部由苏联情报机关所掌控，我们哈尔滨公安局只负责监控。这里外国侨民很多，人员较为复杂，我们的任务就是保卫国家安全，不漏掉一个坏人。"随后他又补充道："我不是抓像小偷一类坏人的，我是抓国际情报敌人的。"我听明白了，不过我觉着他是还对我有所保密，我认为这是对的，所以不再提起此事。但他好像没说完，又接着说："从你离开鲁艺音工团进到哈尔滨苏联高等音乐学校开始，这半年多，你

第三章　在苏联高等音乐学校

就是我跟踪的对象，我要尽一切办法了解你。这是我的职责，请你不要生气。现在一切已经搞清楚了，你与这件案情一点关系也没有，并且查明你是一个非常好的同志。所以我要见见你，讲讲清楚。本来这是公事，可我想来想去就想见到你。"说到这里，他看了看表说："我们该走了。"这次他不是推车走了，而是骑上了车，骑得很快。当我感叹他带着我还能骑得挺快时，他告诉我，他曾经带过四个人，照样能骑得很快。要到学校时，我说："谢谢你了，别往前送了。"对我来说，这只是初次见面，可却有一种说不出来的感觉，也许这就是一见钟情吧。我感觉这不会是最后的辞行，便不自主地问了一句："以后见到你，怎么称呼？"他说："你就叫我小郑同志吧。在公安局从首长到同志都叫我小郑同志。"

和他分手后，我刚一进学校的门，就听见张丕思与值班老师说："别去找了，她已经回来了。"回头又对我说："你可把大家急坏了，我以为就这么一天没陪你去，就出事了。以后我绝不能让你一个人出去了，有多大的事我都得放下，和你同来同往。"我对她说："不用了，这样挺好的。以后就别卖一个还搭一个了。"张丕思觉得很怪，说："你今天怎么了？是不是生我的气了？"我说："你扯什么呢，我说的是真心话。"当晚我没告诉她演出完所发生的意外之事。

从那天见面后，小郑同志经常"遇见"我。在我没有共同课时，他知道我肯定晚上五点前离开音乐学校，是我一个人回道外，所以有时他在我们学校附近等我。

一次，他约我到八区广场见面。一见面他就问我跟没跟母亲谈。其实我心里明白，但嘴上却问："谈什么？"他说："谈咱们的事。"我摇摇头，心想：也不能见了几次面就算谈恋爱了。你对我调查了半年多，而我认识你仅仅不到半个月，我什么都不清楚，怎么和母亲谈？这时他从兜里掏出一件

歌声里的传承
——刘凯回忆录

礼物送给了我，让我打开看。是一块手帕，一看就是从锦旗上剪下来的，四周不但是毛边，而且还有意抽掉几根纱线，也许这在他看来更漂亮些。面对这么"好"的礼物，我真是哭笑不得，不过我还是收下了。接着他对我说："你昨天中午怎么就吃了一个馒头？平时你都是吃两个啊。"我觉着他可太神了，怎么说得那么对呢。我好奇地问他："你怎么知道的？"他说："这还不容易，我在你饭厅的窗前走过两次，就都清楚了。"我听了他的话，笑了。我这个人平时不太注意周围都有什么人，而且他为了工作上的需要，经常化装，就是注意了，我也认不出来。

作者丈夫因公化装

这次他着重谈了他的家庭出身，说他家是贫民，家里有好几个弟弟和妹妹。因为他是家里的长子，所以送他去上了学。读完伪满国高二年级，他就参加了人民解放军。因为他在部队里算是有文化的战士，所以在北安被司令员王化成看中了，当年就带他来到哈尔滨。王化成任哈尔滨市公安局长后，送他到公安干部学校学习，结业后，分配他到市公安局一处，职务是国际侦察员。他负责对俄侨嫌疑人员进行监控。这时他才说出我老师的丈夫在伪满是为日本人搞情报的，而我的老师作为家属，必然是属于监控对象，包括我在没调查清楚前都是属于特嫌。结果他越查，对我的印象越好、越深。在秋林俱乐部里，他发现有些人已看好了我，这就促使他赶紧与我正式见面，快点做出决定。他认为再拖下去一定会失掉机会。所以让我家里人快点表态，他好向上级组织提出对我的正式外调，只有上级组织同意了，他才可以公开，

才可以向组织提出有关我俩下一步的问题。他的话语中口口声声不断地提到组织、上级、领导。我想他的上级就是公安局长王化成同志吧，与我当年在鲁艺音工团一样，我的上级就是吕骥同志，而直接领导我的就是潘奇同志。因为在我心中十分珍惜我的那段经历，所以我听了他的话倍感亲切。他能直白地讲出他的真心话，我很感动。我决定将此事对我母亲讲，对我的好友张丕思讲。

临分手时，我把手里一封别人写给我的信，撕碎扔在八区广场了。等我们又见面时，他拿出上次我扔掉的信，粘得好好的，送到我手上。我太惊奇了，他怎么这样细心。但我还是一五一十地告诉他："我母亲坚决反对。她并不是反对你的家庭，也不是反对你的工作，而是听我介绍说你长得很漂亮。母亲说'男人长得太出众，不是好事。尤其是对你（指我）。一旦他变了心，有你苦头吃'。"他听后没说什么，只是将他的批件递给了我。上面写着"经组织与组织之间做了详细外调，刘凯同志是个清白的好同志，没有任何问题"。上面有王化成局长的批示"同意"。但批件下面的内容，我觉得接受不了：如果两人谈恋爱，刘凯同志要做到以下几点。第一，不可以接触与学习无关的外国人；第二，不可以与她的老师有私人交往，要保持上课来，下课走；第三，不可以学习俄文。他对我说，这是公安局的底线，是原则，谁也动不了。这次见面我俩心中都很纠结，一个是母亲坚决不同意，另外就是公安局长下了让我无法接受的死规定。我俩都担心这事不会有什么结果，担心我们有缘无分。

就在这期间，张丕思告诉我，从外地来哈读俄文的研究生果真没出她所料，其中有人对我产生了好感，派一位女生代表，来到八中找到她，恳求她帮忙，做个中间介绍人。说他们同学中有两位喜欢音乐，也非常喜欢听我唱歌。一位是上海人，姓吴，二十七岁，工作单位是农业科学院。另一位是马来西

歌声里的传承
——刘凯回忆录

亚华侨，姓金，在云南农业科研所，比吴大一岁。张丕思让他们直接去我家，找我母亲谈。据说我母亲倾向于北京的吴同学，希望我下周回家一趟。我听完很生气，对她说："这事你为什么事先不对我讲？你这不是给我添乱子吗？"张丕思毫不在意地说："你现在与那位公安局的小郑同志正热恋着，要是别人找上门来，那你肯定是不假思索地把人家拒之门外啊。我想先让你妈妈帮你挑选一下，有什么不好？反正决定权在你自己手里。"我听她说得有道理，便决定下周回家看看。

在家中我遇见了那位姓金的同学，好像跟他没什么好谈的，便借口苏联学校有共同课，先告辞了。从此我不想再回家了。张丕思从李老师那里听说，那位姓金的同学见我对他是如此的态度，觉着我不像是一个搞文艺的演员，倒像是个简单直爽的大学生。母亲向他解释说，我很像我的父亲，求知欲望强，个性也很倔强，尤其是从小就生活在革命队伍中，家庭观念很淡。即便是这样，吴、金两位同学还是坚持经常来我家与母亲聊聊。之后我再见到小郑同志时，便将全部情况都讲给他听了，同时我还建议他也应当到我家里，去见见我的母亲。我告诉她，我母亲是个善良的人，好与坏她都不会脱口而出。之后，小郑同志也到我家见我母亲了，有时帮我母亲干点活。我母亲对小郑同志的印象是：年轻，很帅气，人品也不错，是个有作为的青年。但是对我们之间的事，母亲依然坚持认为不合适。这话母亲说了不下二十余次了。这种僵持的状况持续了三个月。在这期间，我们有时会约在八区广场见面。后来我才知道，多数情况下，他都是躲在暗处悄悄地看我，而我看不见他。

有一天快下班时，他突然很急地约我到八区广场会面。一见到我，他立即说："今天早上我已经向公安局长——我的上级打了报告'请组织批准我调离公安局'"。我一听真的急了，脱口说道："这不可以！你怎么能因为我做出这种选择呢？"他的这种牺牲精神使我深受感动。他肯为我丢掉大有

第三章　在苏联高等音乐学校

前途的工作，而我为什么就因为公安局不允许我学习俄文，就不肯退让呢？事实上，我入学以来没有开设俄文课，但也没有影响我的业务进步和技术的提高呀。想起张丕思对我讲的话"反正决定权在你自己手里"，我马上就对小郑同志说："快去禀报你的上级，公安局对我提出的三条要求，我全部接受。今晚你回去赶紧撤销你的申请报告。"我说完这些话，满以为他会高兴地跳起来。我侧身仔细看看他，正相反，他好像支持不住了，神情恍惚。我奇怪地问："你怎么了？"他用双手紧紧地拽着我的手说："你真的是不知道，几个月来，一件件事几乎将我逼得走投无路了。而当我暗中看到你时，你还是整天高高兴兴地忙着学习和工作。你哪里会了解我，公安局下的是死命令，你又不表态，你母亲坚持反对意见，再加上外来户穷追不舍。他们的条件我无法竞争，他们是学俄文的，对你有帮助。逼得我无路可走了，只能最后孤注一掷了。万没料到你竟会如此果断。高兴得我，乐不起来了。"说完他的苦衷，他开始活跃起来了。对我说："咱们十月一日就去登记吧，正好是建国三周年。"看得出他被逼迫得再也不肯拖下去了，我同意了他的要求。当我向母亲汇报这件事时，母亲并没有责怪我，之前她就是尽到做母亲所应尽的责任，她尊重我的个人选择。后来，母亲主动把吴同学介绍给我的大姐刘竞，两人见面后互相都很满意。1952年吴同学毕业后回到北京，大姐作为家属也调入北京，在中央水利部任会计。她家就住在我老舅家附近，这以后大姐就成为我与北京的老领导潘奇同志的联络员了。

母亲对我的婚事持积极的态度，问我，她能为我做点什么事。我说什么也不要，我只需要钢琴。因为我成家就离开八中宿舍了，就没处去练琴了。母亲立即答应，并且说这事只能求助于她娘家的老弟——我的老舅了。老舅邹振民是北京设计院高级工程师，学的专业和我父亲一样，是土木建筑。母亲说老舅也是挣工资的，孩子们又都在上学，要我买便宜一点的琴。我想到

歌声里的传承
——刘凯回忆录

我在苏联学校的钢伴曾对我说过，她要离开中国，家中的一切物品都要出卖。我便去跟她谈，她同意五百元人民币卖给我。最后老舅拿出五百元作为送我的结婚礼物。

小郑同志借用了他在马家沟文营街10号蹲点的房子（不到三十平），再从单位借个木板床，买两个旧沙发，我俩将各自转业带回的被，套上新罩。一切就绪后，我们便到马家沟派出所登记。往回走的路上，我又问他："现在我该叫你什么？"他说："还是叫我小郑呀，将同志两个字去掉。"我想这挺不错，比叫金山好多了（从此以后，"小郑"就成了他的名字，我们单位的同事都这么称呼他。他当了处长后，当了局长后，同事们跟我说话提到他时，还是称呼"小郑"）。随后他又问我："那我叫你什么呀？"我说："去了同志就叫刘凯呗。"他说："你这名是个男人的名字。"我说："对呀，这是我上中学时自己起的。我父亲为我起的名叫刘淑娟（都叫我小娟），母亲为我起的名字叫刘敏儒，我都不喜欢。我喜欢向着胜利进军，凯旋归来，所以我就起了这么个名字。随后我大姐从淑媛，诚儒也改名为刘兢。父亲管大弟叫大宝，我给起名叫弟刘钢。随之二弟叫刘毅，三弟叫刘成。"小郑听后对我说："你是家中的领头军。"

第四节　成家

我和我的战友，好朋友张丕思差不多同时结婚。她的爱人是八中的语文老师，叫李宗仁，北京人。她搬到她母亲家住了，在道里秋林附近。第八中学女宿舍又恢复成原来的学校小仓库。我俩只能在班上见面了。

我刚刚新组建小家，发现有诸多的生活不便。主要是我过惯了集体生活，什么事也不用我操心，生活上有困难总会有人帮助，晚上回到宿舍后都会有人。而我跟小郑仅仅相处三个来月，他是个农民的儿子，在部队里长大，是一个丝毫不会"嘘寒问暖"的硬汉子。尤其是他肩负着特殊的工作任务，没有上下班，起早贪黑，所以我整天抓不着人影，见到他还不准问到哪去了（这是公安局对所有侦察员家属的规定），若要出点急事真是没处找他。我这可是在蜜月里啊。我对张丕思讲这些牢骚，她说："是你自己选的，'是个好同志，是国家公安人员。'结果现在你自己倒没有安全感了。"

哈尔滨每年从十二月份到第二年的三月份，整整四个月的时间天寒地冻，是我行动最困难的时候。我自己的家在马家沟，工作单位在道外，苏联学校在南岗。当时的路面都是用石头铺的，非常滑。每天从早到晚，我一个人独来独往，在街上跌倒我都习以为常了。那时候年轻，跌倒了再爬起来，不在乎。一次，苏联学校共同课临时改在晚上，我下课已快到九点了。我家住在苏侨居民区，而他们的每户都有一个庭院，几乎是家家养着一只护院的大狗。这条路漆黑，我一个人急急忙忙往家走。突然从四面八方跑出好几条大狗，一

歌声里的传承
——刘凯回忆录

边叫着一边向我奔来。我当时想，这算没命了。我左肩挎着书包，右手拿着小拐棍，就像个钉子似的站在原地，一动不动地等死。奇怪的是，它们没等到我身边，全都自动撤回各个大院了。我长长地出了一口气，慢慢地走回家中。进门与往常一样，房间空空的。掀开锅，觉得还有点热乎气，我猜想小郑一定是回来过，做好饭又走了。照往常，我吃完晚饭还要再复习功课一两个小时，八点以后，我很自觉地不练琴了，因为苏联房子不隔音。这次就太晚了，我刚想关灯睡觉，小郑突然撞了进来，手里还拿着手枪。我急忙问他怎么了，他放松地笑着说："我试试你的胆量。"我告诉他说："今天我差点没让狗咬死。"他紧张地追问："出什么事了？"我把事情的经过讲给他听，结果他说："你还行。在狗面前你不软不硬，站那不动，它们就会退去。如果你拿起拐棍，它们肯定全上来与你打斗。"我说我是吓得动不了啦。我当时对他的反应不太满意，觉得他怎么连一句安慰人的话都没有。但到第二天，他的行为表明了他对我更加的关心和照顾：他早早起来点燃了苏联式的大火炉，屋里立刻就暖和了（苏联的房子都是火墙，外面做饭，室内取暖）。饭做好后，他不熄灭火，而是在上面压上煤，然后盖上炉盖子，用灰封住。并且教给我：晚上回来后，不用重新点火，用炉钩子在下边钩出一些灰，火就会慢慢重新燃起，就可以做饭取暖了。他的这一招，我还真不会。我小时候在一面坡镇是烧木头，用废纸点燃。另外他走时还叮嘱我："以后不要贪黑走路，学校串课你就不上。南岗的路最滑，你过马路要慢点走。你注意看，那些苏联女人都穿着毡底鞋，那既防滑又暖和。我给你买块毡底，你粘到鞋上就不滑了。反正过了十二月份就放寒假了。到明年三月份，路就不滑了。"他说话的口气，像是对孩子说的，但我心里觉着很温暖。

有好些时候我没去见母亲了。因为要见她都是星期天，而周日对我来说正是弹琴、复习功课的大好时间，我不愿意用这个时间去做别的事。另外，

第三章　在苏联高等音乐学校

我知道大姐与吴同学处得非常好，我也怕在母亲家遇见他们不知说些什么。母亲学校离家很近，而我家离母亲家只有十五分钟（别人走十分钟就到了）的路程，于是我找了一个刚下班的时候，这是除母亲外谁也见不到的时候。母亲见到我非常高兴，第一句话就问："你的日子过得挺好吧？"我说很好。看样子母亲什么都知道，因为张丕思那张快嘴早已将我所谈的烦心事告诉了李老师。后来我才知道，母亲对此却很满意。因为她是最了解我的，我是一个典型的好强好胜、追求完美的人，可事实上我自己本身就不完美。强项很强，但弱项也很弱。所以当年我患病腿残后，母亲哭了三年，她知道我将来的日子不好过。但现在的情况比她预想的好得多。现在问题不是出在别人身上，而是她自己女儿的身上。她认为我还没意识到自己身上存在的问题，缺乏自知之明。所以母亲很理性地对我说："你现在不能一味地追求学习、提高业务。应当加进一个内容，提高生存能力。学习怎样过小家庭的生活，学会呵护丈夫，别总是依赖别人的照顾……"我在母亲家仅坐了四十分钟。母亲的话给了我很大的启示：我应向我的生活挑战，主动多干点家务。别让小郑感觉我在生活上是个废人。我决定让小郑负责买东西，我收拾（打扫）房间，做饭做菜由我来干。小郑对此半信半疑，表面上点头，实则准备看我的笑话呢。一次蒸馒头，小郑开我的玩笑说："馒头面粉是白色的，放进锅里拿出来变成黑的了。面粉和成后是软的，出锅后变成硬的了。"这个玩笑我俩记了半辈子。

过不多久我发现我怀孕了。但我仍坚持上班、上课、参加苏联学校周末的商业性演出。一切活动我都独来独往，一心追求自己有独立生活的能力。但是肚子越来越凸出，我觉着是个问题。张丕思告诉我，用粗布紧紧地将肚子围起来。我让小郑买来白粗布，每天他帮我围在腰上，真灵！谁也看不出来我是个孕妇。快到产期了，小郑需要外出。我说："你放心地去吧，我没问题。"信心满满的。这段时间每次上完课后，阿恰依尔还为我与另一男生

歌声里的传承
——刘凯回忆录

排练"二重唱",准备10月19号晚八时参加公演。10月18号早上,我照常去道外上班。走到有轨电车站,刚一抬腿要上车,人就支持不住了。正巧李老师也坐这车,他马上扶我坐在道旁,回家去喊来我母亲。两个人叫来人力车,把我送往道里市立第一医院。还没等到产房,孩子便生在病床上了,医生说太危险了。

我先想到的是:明天就是19号了,我有演出任务。我请李老师赶紧到班上去通知张丕思,让她千万在演出前见到我的老师阿恰依尔。张丕思19号晚见到阿恰依尔时,看到她正在发火:"刘凯怎么快到开演时间还不见人来?"张丕思赶紧说:"刘凯来不了啦,她住院生孩子了。"阿恰依尔大感意外,情急之中,居然用中文问道:"大产,小产?"张丕思说生了个七斤重的大儿子。阿恰依尔听后,高兴地笑了。她大概是想:这么大的事刘凯都不说,而她一次课都没落过,交给她演出任务也不推。奇怪的是她将肚子里的孩子藏到哪去了呢?事后她真的这样问我了。

第二天,小郑不放心地赶了回来。到市立第一医院,见到我先伸出大拇指说:"我可真的服了你。"第三天就将我接回家中。母亲早已为我安排好了,从农村请来一个小保姆,十九岁的姑娘,叫广芬,我拿她当小妹妹看。为她在厨房隔出一个小屋。做饭、洗衣、打扫卫生,每月只需十元钱,我俩的收入完全够付这笔钱(小郑比我工资高,每月八十九元,我四十六元)。我生个男孩,母亲特别高兴,她说:"农民家庭对生儿生女特别在意。你知道我在刘家,第一胎生的是女孩,他们很是不满。而第二胎又生了你,更让他们失望。所以你与我都是不受重视的人。现在你为郑家生了个儿子,起码第一夫人你是站住了。"母亲也开起玩笑了。我说:"妈妈,你可猜错了。郑家前几个都是儿子,他们喜欢女儿。"对我来说这都是无所谓,现在家中有了小保姆,才是我最开心的。因为今后我又可以不用每天拿出两个小时做家务了。

第五节　在第九中学校

在我休产假期间，家里召开了一次家庭会议。主要商量明年（1953年）我的工作调转问题。我家在马家沟，八中在道外，两头都是有轨电车终点。来回的路上需两个小时，这样就没法给孩子送奶。而第九中学离我家近，不用坐车，上班走不到二十分钟，并且从九中到苏联学校也近了一半的路程，里外能节省三个多小时。李老师提出，由他去教育局人事部门进行商议，然后再去九中与那里的王陶校长具体谈，结果一切顺利。1953年第一学期，我开始正式报到。不久，李老师也调入九中任高中语文老师。

哈尔滨市第九中是重点校，规模很大。楼层高并有地下室，一切影响教学的设施都放在宽大的地下室，如体育活动室、音乐教室、托儿所。地下室肃静、宽敞，不怕声响，我可以尽情地练声、练琴，这对我真是太方便了。学校领导很重视教师的教学质量，鼓励教师参加业余教师进修学习。所以当我向王陶校长说明关于我在苏联高等音乐学校学习的事时，他很热情地表示支持。在谈到具体问题时，他是这样说的：中学是要求教师坐班的，但根据我的特殊情况，可以自行处理。因为只有一位音乐教师，每周十节课是无法变动的，一般音乐课都是在下午，但我可以与教务室商量，调节上课时间。同时他还告诉我，将我四十六元的工资调到六十二元。学校还添置了一架新钢琴，将破旧钢琴放到教研室备课用。我带着这些好消息回到家中，等小郑回来后，赶紧都告诉他了。他听后说学校对我很够意思，本来调换工作是为

歌声里的传承
——刘凯回忆录

了上下班方便，没想到换来这么多好处。他仔细为我计算时间上的安排：过去从马家沟起点到道外八中终点站，来回需两个多小时，从八中去苏联学校来回一个半小时，这消耗在路上的三个小时就节省出来了。学校要求每周要上十节课，可以每周用四天时间上一节课，从午后一点到两点，然后就可到苏联学校上课去了。再用两天上三节课，下课是四点，可以参加教研室与学校的会议。这样学校会议不耽误，还有两天参加坐班制。这全部都用下午时间，每天上午的四个小时全属于我自己。晚间六点以后全属于我们家庭的，可以跟孩子在一起享受家庭的温暖。太好了！这是我有史以来，时间最宽松，条件也是最好的工作了。

我的学习已经是第三个学年了。按学校的教学进度规定，练声曲由初级的《A．B．T》《孔空》现加进了德国的《吕根》。上课的进程由原来的小步慢走逐步进入到中步略加快速。选择的歌曲程度也加深了，并开始唱欧洲歌剧片段。这样考试的项目自然也就增多了，很多苏联学生就是在这个阶段掉队的。对于我，主修和副修都不存在这些问题。只是共同课，由于人员经常变动，凑不够十人就得暂停（比如我自己休产假，就会影响班级的课程）。所以时间对我来说，太宝贵了。1953年5月份，秋林公司被国家收为国有，包括俱乐部。苏联学校失去了这个可以容纳八百名观众的演出场所，停止了多年的商业演出活动。我再也不必为演出贪黑走路出危险担心了。可是这在我的老师阿恰依尔看来非常不好，她说这对学习声乐的人来说，是（她指我）失去了艺术实践的机会，是一个很大的损失。

我在九中既有充分的学习时间，又有方便的教室用来练习发声。每天八点到学校，先练声，练歌两个小时，到体育活动室锻炼身体15分钟，再回来练琴到十二点。

第三章　在苏联高等音乐学校

作者在练琴

我把给学生上课当作是艺术实践的舞台。我从不担忧学生因为不爱上音乐课而不守纪律（这是中学音乐老师最为头疼的事）。他们都愿意上音乐课，实际上他们是愿意听我唱歌。这个消息很快传到由教育局组织的全市音乐教育研究中心。我就是在这时认识了研究中心的领导之一王国忱老师。他对我说，他从1948年我在东北音工团工作演唱时，就知道我，也听过我在秋林俱乐部的演唱。他现在跟我同在苏联学校，他是学习小提琴的。为提高中学音乐老师的演唱水平，王国忱老师提议，由我带头做公开教学示范。我做了两次公开教学，博得中学音乐教师的一致好评，也为九中争得了荣誉。全市中学音乐教师掀起了学习声乐的热潮，大家向教育局提出应重视对音乐教师的培养。我跟王国忱老师商量，应当让苏联音乐学校接纳中学音乐教师进修，一切费用由教育局出。经多方努力双方最终达成协议，中学音乐教师进校学习，收费由十元改为七元，每人可以拿收据到自己学校报销，我个人当然也包括在其中。

我的名声很快传到了黑龙江人民广播电台。电台文艺部的荣战军同志出面到九中与王陶校长谈，电台为了普及全省群众的音乐生活，准备创建每周

歌声里的传承
——刘凯回忆录

一歌节目。经讨论，大家认定最好的人选，是九中音乐教师刘凯。她是演员出身，又是音乐教师。能独唱，还能教唱。希望学校大力支持。王陶校长满口答应，但由于是利用每周日半天时间录制，需要本人同意，所以便把我叫到校长办公室，征求我的意见。我当场毫不犹豫地说："可以。"王校长说："你先回家与你爱人商量商量。"我说："不用！他会支持的。"我敢这么果断表态的理由有三个：第一，为人民歌唱是我的责任，我绝不会拒绝；第二，我的老师正为我没有艺术实践感到遗憾，这是个非常好的"舞台"；第三，我对电台录制程序非常熟悉，因为我从1948年就常在电台录制演唱，没有任何困难。至于让我同家人小郑商量，我相信他只能支持，不会反对。因为他自己从没有节假日休息的概念，怎么会反对我呢。荣战军同志见我这样爽快，而且是信心满满地接受此项工作，很是高兴。最后他当着校长的面说："外人给电台工作是有报酬的，独唱一首歌是五元，教唱一首是五元，每次十元。这钱应当到本人手中，但不知学校是什么态度，所以我要当面说清楚。"王校长立即说，这是我利用休息时间的劳动所得，报酬归个人，学校没有意见。对我来说，事先并没考虑这些，而现在是公家规定的要给报酬，对这种意外的收入自然心里很高兴。回到家里，就对小郑说："现在我比你的收入高了，你每月挣八十六元，我一百元。"

我的校外活动日渐增多，但家庭并未受到影响。广芬小阿姨年轻能干，除了料理家务，孩子管理得也很好。我们准备明年送孩子进九中托儿所，由广芬接送，家里的一切也全部交给广芬，这样小郑就全部解放出来了，我也可以全身心地投入到学习与工作中。

我在省电台录制节目很顺利。每周日早八点半到电台录音室，那里老荣早已安排好了。我先是与伴奏合几次，然后等录音灯亮后我就开始录制，不到一小时就能完成。休息十分钟后，开始教唱。最初有些麻烦，他们请来的

第三章　在苏联高等音乐学校

几位演唱的人不够专业，容易出错。后来我提议，由我自带演唱的人。我找几位学校里的文艺骨干学生，事先练习好了，录音时就省了不少时间（这些学生里就有后来考入哈尔滨艺术学院的杨丽君，她后来在哈师大任声乐教员）。据老荣说，我做的这个节目，全省收听率最高，听众都喜欢听我演唱。电台收到两百多封表扬我的信件。好多歌曲都要求重播。我婆婆跟我说："乡下人可喜欢听你唱歌了。一听到广播大喇叭里播放你的演唱，大家都来咱家喊'快去听你们老郑家大儿媳妇唱歌了'。听你唱的'不忘阶级苦，牢记血泪仇'大家都掉眼泪了。"

1954年夏天，我接到大姐从北京传来的口信说，我的老领导潘奇同志要我速去北京。因为她见到了她的老战友李凌同志，向对方介绍了我的情况，李凌同志说他要和严良堃同志一起听听我的演唱。当时正值暑假，九中和苏联学校都没有课。我将电台的节目录制完后，便起程去北京了。我先是到音乐家协会秘书长办公室见到潘奇同志，她对我说："我只与李凌谈了你的业务和在苏联学校与阿恰依尔学习的情况，没谈你有爱人。你先别跟他们说这些。"潘奇同志打电话，约好下午三点到中央乐团。是姐姐陪着我去的，到那里时见李凌与严良堃两位同志和伴奏正在等我。我演唱了一首《夜》，另外又唱了格林卡的歌剧选曲《我悲伤啊，我痛苦》。他们两人听了我的演唱，异口同声地说："实在太好了。"他们认为哈尔滨的阿恰依尔算得上中国一流的声乐教师了。我补充了一句："我的老师还是钢琴家，还是歌剧演员。"这时为我弹伴奏的女孩对我说："怪不得你的伴奏合得这么好，原来你的老师会弹琴啊。"严良堃同志问我什么时候能到北京来，我说我还没参加毕业考试呢。他俩合计了一下，然后对我说："你什么时候准备来，直接与我们俩联系就行。以后就不必通过音乐家协会与我们打招呼了。"我说了声谢谢，就赶紧回老领导那汇报情况了。潘奇同志听后非常满意地对我说："我就知

歌声里的传承
——刘凯回忆录

道他们听了你的演唱，一定不会拒绝。但是你要说出你已经成家了，并且你丈夫是公安局的，那他们连听都不肯听了，因为他们没有能力调动这类家属。现在通过他们对你歌唱水平的鉴定，我心里就有数了。等你毕业后再想办法吧。"我想无论事情能否办成，我都应当感谢我的老领导潘奇同志，事隔那么多年她还惦记着我的发展前途问题。在京时她告诉我说，吕骥同志出差不在北京，等他返回后她会把乐团对我的评价告诉他。这说明他们都在关心我，也许他们都后悔当初离开东北时没把我带走。可我当时是唱民歌的，尽管不会像张丕思那样被甩出来，但也好不到哪儿去。这次潘奇同志给我创造了让中央乐团鉴定能力的机会，他们对我的赏识，对我的老师阿恰依尔的肯定，为我增添了信心。我觉得能否进北京工作并不重要，重要的是我能在我老师身上学到真本事。

我很快就急急忙忙地返回哈尔滨了。一来是这次北京之行得到的肯定让我更加珍惜我的宝贵时间，我不能丢掉每一节课；二来当前我在电台录制播放的每周一歌，也不容忽视，因为这是我目前唯一的艺术实践；再有就是我很看重我的家庭，我能感觉到每当我与北京的老领导联系时，小郑都很敏感。在回来的途中我已想好，不提他调转有困难，就说是老领导关心我，想请专家鉴定一下。不过我心里也很清楚，他是做侦查工作的，轻易蒙骗不过他。

没想到我到家后，他却给了我一个意外惊喜。他告诉我说，就在我去北京的第二天，他接到了上级的通知：王化成局长终于在他第三十个请调报告上批示"同意郑金山同志调离公安一处。从即日起到哈尔滨量具刃具厂任保卫科长，专职保卫苏联专家的安全"。我在听他讲述事情的经过时，就好像是在听故事一样，感到这个事情有点传奇色彩。我从未听他提过向上级打报告之事，居然都打了三十个了。而且在我离家去北京的仅三天时间里，他既离开了公安一处，又提升了官职。我转过话题问他，这么大的事，怎么一点

消息也不透露给我。他赶紧说:"我们成家了,又有了孩子,可我依然是整天不着家,你克服了很多困难,却毫无怨言。我于心不忍,决心离开公安局。在事情没办成之前,告诉你有什么用?我就盼着能在你遇到烦心事时,让这个消息起到一点平衡心态的作用。你不是总希望我手里不要拿枪吗?现在距离这一天已经越来越近了。"他接着对我讲,我们当前急需解决的是住房问题。因为我们现在住的是公安局的蹲点房,必须马上腾出来。我立即想到,我在学校看到几位老师,就住在院内,我决定第二天去见校长。因为是在假期,所以我必须到他家里去谈。结果很成功,王校长对我们的处境深表同情,并大开绿灯。实际上学校并没有教师家属宿舍,只是为了照顾一些老教师,而且还得是男老师,在教师单身宿舍腾出几间不足二十平的房子。没有做饭的地方,大家自己想办法在走廊里放个小铁炉。要求是短期使用,不收房租。王校长答应可以特殊照顾我,而且还帮我找了个长期借用的理由:每周有一个晚上是学校开展课外文艺活动时间,要我指导并要使用音乐教室。学校给了我这样的厚待,我十分的感动。回到家里,我学给小郑听,他非常高兴地说:"我可真是服了你了,整天就知道学习、工作,不与任何人打交道,可是别人处处给你开绿灯。"他接着说:"我们还有一件事,就是广芬怎么跟她说?还是你去跟她谈吧。"这事我也很为难,她在我们家里干得好好的,帮了我们不少忙,真是不好张口。赶巧她也在为难,因为她在哈尔滨已找好了对象,正觉着不好开口说离去。结果这事是皆大欢喜。

很快我家住到了九中院内,不仅方便了我和孩子,小郑上下班也很便利。九中与亚麻厂相邻,而量具刃具厂就在亚麻厂对面。下班的路上,顺便买了菜也用不上十分钟就到家了。从此我家的生活琐事,全归小郑,用他的话说,这点事在他是举手之劳。他也不再早出晚归了,倒成了家中的"里里外外一把手"。我则是彻底摆脱了家务事,专心投入到学习之中。

歌声里的传承
——刘凯回忆录

我到苏联学校上课时，告诉阿恰依尔老师，北京很认同她的教学，她听了非常高兴。其实她很了解，知道我的上级都是北京文艺界比较高级的领导干部。过去她就露出想让我帮她联系去北京工作的想法，我因为她的社会关系复杂，从不敢牵这个线。现在我看到中央乐团对她的教学持一种肯定态度，我就试着向潘奇同志提出了这件事。不久回来的消息说："当前国际关系变化复杂，音协没有权力往北京调入外国人"。这些话我没对阿恰依尔讲，就当什么事也没有发生过，我仍然照常上课。她为我准备了一套参加毕业考试的曲目，从艺术歌曲到歌剧选曲，全部是俄罗斯的作品（这是苏联学校教学大纲的要求）。老师说，照我现在的声乐技术水平，完成这些作品，考试肯定能顺利通过。目前上课围绕这个范围，不再增加新的作品。她要我在心理上不要放松，随时准备迎接考试。对老师的话我就如同接到上级的命令一样，恪守执行。

1955年，是我在苏联高等音乐学校最为烦心的一年。由于中苏关系发生了一些微妙的变化，反映到社会中，就是俄侨不断外流，这直接影响到苏联学校的人事变动。我个人因为是有课就来，下课就走，从不注意周边有什么改变，而现在要涉及我的毕业考试问题了，所以我才开始打听学校的变动情况。其实从1953年国家收回了秋林公司，学校停止了对外演出活动时，校艺委会主要成员之一特拉赫金伯尔格，就在那年的冬季调往沈阳任小提琴教授了。据说他当时拿到最高工分（八百分），这样就吸引了很多苏联专家，如沙亚平等也去了沈阳。1954年末，我的钢琴老师图托娃辞职去了沈阳，她也是学校艺委会的成员之一。因为她也主管办公室，所以我从入学考试到成为她的学生，一切消息都是从她那里得到的（她是生长在哈尔滨的中国通，会讲汉语）。她临走时对我说，我的钢琴副修她已为我结业了，她走之后我不用再找任何教师上课了。每天坚持练习，不可中断。等着听学校通知好了。

当我问起我什么时候才能参加考试，她说这一切必需由负责管理教学的委员会统筹安排。关键是学生的成绩要全面达标，有一点问题都不可以参加毕业考试。而我是没有问题的，我只要注意观察学校的告示就可以了。我知道外国学校都是这样，进来容易，出去难。没办法，只能等着了。

九月份，我突然得到一个最坏的消息：我的老师阿恰依尔辞职了。在我即将毕业之时，这个可怕的消息是多么令我悲观失望啊。我赶紧到办公室找负责人，得到的答复是，我的老师自己办学校了，她走之前将我的学习情况交到 Ф.Е.奥克萨科夫斯基（即第一校长）那里，他是艺委会一把手。我又去找我的钢伴老师，她对我说，阿恰依尔临走前让她转告我，按照老师给我布置的声乐考试作品，每周与钢伴合一次伴奏。要我不必再找其他声乐老师，待毕业考试完了，到她家里去上课，不用交学费。还让我把声乐主修改成钢琴主修。让我去见 Н.К.福尔金娜·希多罗娃。听了这些，我心平静多了。同时我也非常感激我的老师阿恰依尔，把所有后续的事情都安排好了，她竟是这么看重我，这么对我负责任。但我还有一件担心的事：考试时，我的老师不在，其他的考官会给我公平打分吗？紧张了一下午，回到家里，看见孩子已被爸爸接回来了，他俩正欢喜地等我回家吃饭呢。我从头至尾把苏联学校里的事对小郑讲了一遍，他说，苏联学校在中国已经走到尽头了，大家都忙着给自己找生活出路，这不足为奇。我的老师在哈尔滨是名人，她不用出走还可以生存，这对我是件好事。小郑最后安慰我说："你就安心地等待考试吧。"我听他说得很有道理，便信服地对他说："行，我今后一切都听你的。"

10月末，我去学校合伴奏，看到了考试通知，上边有我的名字。参加副修毕业考试的有十多个人，各专业都有，定于11月份之内（通知上写着详情请关注下次通知），地址在哈尔滨道外区第二十八中学礼堂。我高兴极了，

歌声里的传承
——刘凯回忆录

终于盼到这一天了。看来学校没有条件举办独唱、独奏毕业音乐会了。现在是没地点，没人听，也没这个必要了（学校已不需要扩大名声了）。所以租用一个最便宜的中学礼堂，组织学校合格毕业生一同考试。我看这样挺好，免得紧张。最好还像我当年入学考试那样：只坐一排校艺委会的成员及有关教师就得了。现在可不是当年的我了，那时候顾虑重重，怕不被录取，怕选不上我想要选的好老师。经过这五年的严格训练，我是信心满满地迎接这个毕业考试。

我得到正式考试的时间是1955年11中旬。当我走进考场时，见旁听的人很多，其中就有我熟悉的戴丹和王双印（他们俩当时都是哈尔滨歌舞剧院的主要声乐演员。而由王双印后来作曲的《大海航行靠舵手》这首歌，在"文化大革命"中唱响大江南北），我与他们点点头便坐到我的座位上。我发现中国学生就只有我一个，顿时感到有点紧张。我的考号排在第三位，我抓的音阶是降A大调、e小调。由于心里有些慌，所以出了点小错，弹到车尔尼练习曲（第十一条）时，心情就平稳了，接着下面的G大调奏鸣曲（贝多芬）也没出错，最后得到的成绩是五减（5⁻）。我看那些俄侨学生，四分的多，五分的少，心里也就平和了。因为三分是及格，我算是中上等吧。坐在主考席位上的是学校的第一校长（艺委会主席）Ф.Е.奥克萨科夫斯基，他是钢琴家教育家。来中国之前，曾先后就读于圣彼得堡大学和圣彼得堡高等音乐学校。考官的席位上还有后来成为我钢琴主修老师的别洛诺什金娜。学校让这些学生准备主科考试，具体时间等待通知。

第六节　毕业考试

在毕业生副修考试时我得知，声乐毕业生就我一个，而且是中国学生，所以学校绝不会为我举办独唱音乐会了。我觉得这样更好，没有竞争，也没有比较。我按着我老师阿恰依尔为我准备的第二套综合性音乐会（毕业考试）曲目，从练习曲到艺术歌曲，再到歌剧选曲，每天练习，我觉得很有把握。十二月中旬，我接到了通知：学校定于1955年12月23日下午2时进行毕业考试。地点在哈尔滨第二十八中学礼堂。要求参加考试的人员要服装整齐。十一个学生分别用三天考完，前两天分别考四个人，第三天考三个人。我是排在第二天，即12月24日，顺序是第三名。第一位是小提琴，第二位是大提琴，第四位是钢琴。

我每天在九中的音乐教室练唱，外边听的人越来越多，我知道这是下课的时间，爱好音乐的学生们都在为我毕业考试鼓劲。我在苏联学校与伴奏老师合作得也非常好，每次练习老师都说没问题。我只有一点担心的是，考试时我的老师不在场，他们能给我打公平分吗？能让我毕业吗？伴奏老师摆摆手说，多数艺委会成员还在，一般是不敢作弊的。尤其是毕业考试，学生家长都旁听，那都是为公平做见证人的。我觉着她讲的话有道理，稍微放了点心。

12月24日，我的考试日期到了。我上身穿的是红色短绒衣，下边穿黑色长绒裙，外面穿上棉猴（一种带帽子的长款棉大衣）。我那个棉猴可厚了，记得有一年冬天我穿着它去北京，舅妈见着我的第一句话就是："你把你家

歌声里的传承
——刘凯回忆录

棉被披来了?"临出门时,小郑嘱咐我多穿点,别冻着了。我提前二十分钟到场,以为会像上次一样,有旁听的观众并且这次应该比上次还多。谁知一进学校礼堂的门,就看见有人在门旁看管。我明白了,这是不准外人随便入场的。大厅里,已坐着好些衣着整齐的俄侨,我当时心想:坏了,这是开音乐会的架势。看见与我同场考试的那三个人,全穿着黑色礼服,只有我一个人,脱掉棉猴,身上穿的是短绒衣,幸好下身穿的是黑色长裙。因为我是唱歌的,又是中国人,他们就不太在意。不过我自己觉得穿得有点厚,有些闷,心里怪小郑还让我多穿点,我都要成怪物了。不多会儿,评委十几个人一起到了考场,他们脱掉外套,全部是一色的黑西服,坐在台下第一排,前边临时摆上桌子。这与我上次副科考试的安排不一样了,倒像我1950年报苏联学校的入学考试一样,坐一排考官面冲考生。他们既是听众,又是考官。开演之前,工作人员让学生抓阄,免得到台上抓影响会场秩序,同时给考生造成心理压力。我很幸运地抓到了我平时最喜欢唱的《吕根练习曲》(第十二条),心里松了一口气。其次是艺术歌曲,要求是四首中自选两首,歌剧三首自选两首。五首要连续演唱,一气呵成。事先已告知考生要自报歌曲、乐曲名称。开场之前,一位考官发出话语声:"请来宾保持安静,不要鼓掌,表演之间不要出入,以保证考生正常发挥。"主席台有人摇了一下铃,表明正式开始了。第一位是小提琴考生,是俄侨的男同学,跟随他一同上台的钢琴伴奏也是男老师。我发现他站得离考官很近,离钢琴远了些,我想我上台后,一定要靠近钢琴站着。听前两位考生报曲目时声音很小,估计最后一排的观众都听不见他在说什么。不到一个半小时,该我上场了,我热得满脸通红,但心里很平静。我是唱歌的,出场之前必须调节好自己的心态。记住中国老艺术家的话"候场的时候,要始终保持气息往下落"。我不慌不忙地走上台,站到了我预先安排好的地方,按着考官要学生自己报幕的要求准备开口了。这

第三章　在苏联高等音乐学校

是一个极好的机会，第一，与观众交流能松弛自己紧张的心态；第二，坐了这么长时间，需要开开声，活动一下各个发声器官。其实说话就是练声，我想这时候我应当多说几句，以达到练声的目的。我突然灵机一动，想把要唱的五首作品一起报出来。反正声乐考生就我一个，与别的器乐考生不一样也不足为奇。我用好呼吸，稳住喉咙，向上提提软口盖，开口说："演唱者，声乐学生刘凯。我演唱的第一首，声乐练习曲，选自《吕根》第十二条；第二首，艺术歌曲，俄罗斯民歌《啊，你，花园》；第三首《夜》，普希金词，鲁宾斯坦曲；第四首，歌剧选曲《黑桃皇后》丽莎的咏叹调，柴可夫斯基作曲；第五首，歌剧选曲《伊凡·苏萨宁》安东尼达的咏叹调《我悲伤啊，我痛苦》，格林卡作曲"。当我报幕完毕，看了看台下的俄侨观众，虽然我说的是中国话，他们可能听不懂，但发现他们听得很来劲，都表示出很欢迎的样子，这是因为我用准了发声位置，做到了"说的比唱的还好听"。之后，我一动不动，等待着观众的情绪稳定下来（这一招是我在中学上课时，组织教学的一种手法，用眼睛看着学生，意思是请大家安静），我向伴奏轻轻点一下头，用我的眼神告诉她，我已经准备好了。她开始按照我的老师阿恰依尔平时的要求：伴奏与演唱者同时进入角色，甚至伴奏在开始时，要比演唱者更加集中，用精练的琴声将歌者带入音乐之中。整个演唱过程我与伴奏配合得天衣无缝，看到观众与考官们眼神都凝视着我，安静地聆听着一个中国学生表演唱他们最熟悉的不同作曲家风格迥异的作品。而我则把这五首不同类型的作品融合成一个大型组曲。在考官中，有些人在五年前我报考时就了解我了，用我老师阿恰依尔的话说"所有的评委都被你精彩的演唱打动了"。五年以后的我，已经变成另外一个人了，无论从演唱技艺到表现风格，都能让他们不约而同地连连点头。这是阿恰依尔的功劳，是她的杰作。从建立苏联高等音乐学校以来，还没听说过有任何一位中国学生从这所学校毕业。很

歌声里的传承
——刘凯回忆录

快全体考官举牌亮分,全部五分。我抑制着自己激动的心情,向我的伴奏行礼,然后向全体考官恭敬地、深深地行礼表示感谢。在我的老师不在场的情况下,大家能秉公对我评价,对我肯定,这让我十分感动。

我与伴奏老师没听最后的钢琴学生考试,先行退场了。在回来的路上,我问钢伴老师什么时候发证书。她说过去校艺委会人员齐全时,学校说了算,因为是分数决定一切。现在学校好像没这么大的权力了,学生家长也信不过学校的印章,希望能得到苏联驻哈办事处认同并盖上政府的印章。让她这么一说,就比较麻烦了,还得去办事处。还有就是阿恰依尔不让我在学校另选老师,毕业考试完后到她家去上课。课我是肯定要上的,但要到她家里,是不是违背了我对公安局的承诺了?这算不算私人交情?这些日子为迎接考试我都将此类问题搁置不想,而现在到我必须抉择的时候了。我准备回家向小郑讨教。

我回到九中宿舍,见小郑与儿子正等待我回来吃晚饭。小郑特意做了我最喜欢吃的红烧肉和凉拌粉皮,我们一家三口高高兴兴地吃了晚饭。临睡时,我把所有的问题都对小郑讲了,问他怎么办。他非常有条理地对我讲,我去阿恰依尔家里上课没有问题,因为她的案子在公安局里是属于小郑具体负责的,他已为此做了结案报告。她只是一个家属,不知情是正常的。就像当年小郑没离开公安局一处时,在外边做什么事都不跟我说是一个道理,尤其他丈夫是为日本人做情报工作的。阿恰依尔出入日本向意大利老师学习,是借了她丈夫的光,其实是她掩护了她丈夫的身份。如果她有什么问题,早被苏联红军逮捕了。至于我,小郑当时是查清了才去公开找我的。我抢着问他:"那为什么公安局还对我提出三不准的要求呢?"小郑说是因为他提出要和我结婚,公安局长是他的老上级,领导为了他好,以防万一,才出此之策。我这才明白,原来是他们领导为了保护他不犯错误,不惜严加管控我、损失我的

第三章　在苏联高等音乐学校

个人利益。但事情已经过去几年了，为维护这个家，小郑已尽了他最大的努力，我不想再提这些事了。接着我又问他："如果苏联学校真的像我伴奏老师讲的那样，将我们毕业生的档案送往苏联驻哈领事馆了，只有我一个中国学生，我该怎么办。"小郑果断地说不去办理。我问为什么。他告诉我，这会对我造成太多的麻烦。起码在我的历史上会留下一笔：没出国的海外关系。一旦国家搞什么运动，我便成为待查或可疑对象。那个东西（毕业证）放在领事馆是最安全的，永远都不会丢。知道自己在苏联学校以优异成绩毕业，自己心里满意就行了，千万别张扬不去办理毕业手续的事，也不要对伴奏老师和阿恰依尔说。到阿恰依尔家上课，还应像以前一样，少谈与上课无关的事。她不提她丈夫的事，我也不要问。我更不能向她谈我丈夫的工作问题。我觉得毕竟小郑是搞公安工作的，问题看得远，我很信服他，便决定照他说的办。几天后我到学校，第一眼就看到告示：我与其他十位苏联同学都获得了毕业。并被要求本人携带户口及一切证件到苏联驻哈办事处办理毕业手续。我想，反正我也不去办手续了，这事到此为止了。我到校办公室提出我要继续学习，改钢琴主修，选别洛诺什金娜老师，事先我已求我的声乐同学金继成（男高音）与老师谈好了。别洛诺什金娜老师正值中年，教学经验丰富，会讲汉语。在苏联高等音乐学校里，所有学习钢琴的中国学生都跟她学。现在只剩下一件事了，就是找到阿恰依尔老师的家，继续跟她学声乐。

第七节　在阿恰依尔声乐学校

　　阿恰依尔从苏联高等音乐学校辞职后,自己开办起"阿恰依尔声乐学校"。我想她首先是为了那些没离开中国的俄侨子弟,给他们创建自由学习意大利声乐学派的条件。在苏联高等音乐学校里,校方只重视俄罗斯声乐学派,要求考试一律要唱俄罗斯作品,阿恰依尔对这种做法非常不满,并经常流露出来。离开学校她就可以摆脱这些条条框框,并且她不用靠着学校,她根本不愁生源。她在中国的知名度仅排在俄侨声乐家舒什林之后,追捧她的人很多,并且有越来越多的中国学生认可她。在中国声乐界广为流传着"南有舒什林,北有阿恰依尔"的说法。当我在1951年考进苏联高等音乐学校时,正是阿恰依尔教学鼎盛时期。她曾给我看过一些成绩单,是她所教出来的俄侨学生从世界各地寄给她的。她的中国学生中,我所知道的有:北京歌剧舞剧院的王宝珍,沈阳的张雷(后成为沈阳音乐学院副教授),鲁艺音工团的杜学玉(杜学玉调到辽宁歌舞团后继续跟阿恰依尔学习,后任沈阳音乐学院声乐副教授),长春电影制片厂的男高音李世荣、女高音鲍桂芳,以及东北师范大学的几位声乐老师(后均成为东北师大的声乐教授)。在我就读于苏联高等音乐学校期间,阿恰依尔老师每周四都要去外地授课,其中就有中国人民解放军空军歌舞团的声乐演员。而在市歌舞剧团,最初是团里出学费,送一些独唱演员到阿恰依尔那里上课,如戴丹、郭颂、王双印、贺欣、郝淑琴、腾清泉、金浪等。后来在大家的要求下,阿恰依尔成为全团的声乐指导,我

熟悉的何少卿、郭玉琴等都是她的学生。现在我也即将成为老师的私人学生了。看来只要她留在中国，学生是越来越多啊。

老师家住在南岗区花园街，临近义州街（即现在的果戈里大街）。因为俄侨的生活习惯是晚睡晚起，所以我决定上午九点半去拜访老师。我带着一束鲜花，来到小郑事先为我查好的具体地点，那是一个半地下室的房子。我轻轻敲了三下门，听到从里面传出小狗的叫声，随后开门的是一位高个子的苏联老妇人。我想这位老人肯定就是阿恰依尔的母亲了。我向她问候，并将手中的鲜花递给她。还没等我开口，她就用一口流利的中国话向我说道："你是来找阿恰依尔的吧，她在等你，你不来她很急。"看她中国话说得这么熟练，说明她们在中国住了很长一段时间了。她让小狗回去，然后把我让进门里。我仔细观察：一进门是一条细窄的过道，左右各开一个门。小狗往右门里跑了，老妇人指着左门请我进去。我进门看到是一个不大的客厅，大约只有二十平。地中间放着一个俄式的长桌（椭圆形的），围绕着桌子是俄式的长木椅，再往里放着一个长条沙发。两边靠墙全部放着矮书柜，书柜上面的墙壁上，挂满了阿恰依尔的剧照。与客厅门对着方向还有一个小房间（后来上课，我才进到这个大约只有十平的房间。里面有一台立式钢琴，琴两侧一边一个小沙发。另一侧靠墙放着一个长条的、没有靠背的沙发。我估计老师就睡在这里）。阿恰依尔老师见我来了，从沙发上站起来，让我就座。我们面对面地坐下。她第一句话就问我："你怎么才来？"我说："本来我是想遵照您的指示，考完试再来见您，没想到学校迟迟不举行毕业考试。现在我考完了，就赶紧到您这儿来了。"她接着我的话，告诉我：学校现在已处于没人管的状态了，除了校长，还有几位艺委会的成员，但他们却不是抓教学的。自从特拉赫金伯尔格辞职去沈阳后，学校里人心涣散，个人想自己的出路，所以她觉着也是该离开的时候了（我听老师讲中国话，像她母亲一样

歌声里的传承
——刘凯回忆录

流利。可她在学校里不是这样的，说话总半俄半中的，好像是她能听懂中国话，但说不出来似的。至今我也没弄明白这是为什么）。我跟老师说："本以为我考试时您不在，担心他们不能给我打公平分，结果全体都打了五分。"老师听后笑了，说："不给你打五分，那别人的分怎么打呀？"我跟老师说，其他的学生有打五减的，还有打四分的。老师告诉我说，他们学习的时间都比我长，打多少分也得毕业了，否则家长会很生气的。学校不按过去的音乐学院管理教学，只遵照苏联的教育部要求，这样学生的学习圈子太窄。不重视更先进国家的经验，教学质量是不会上去的。她对我抱有很大的期望，想让我多唱些意大利作品，更好地掌握意大利演唱风格。但是学校不予支持，不同意开设意大利语课，考试也不准用其他国家的作品，这是一种封闭式的教学。她让我到她家来上课，就是想让我补上这方面的不足。我先向老师表示深深的感谢，同时我也把不会意大利文的担忧告诉老师。老师为了打消我这方面的顾虑，拿我作例子说明：我刚到苏联学校时，一句俄文也不会说，连老师都对我有担心。可是后来我所演唱的俄罗斯作品，能得到包括学校艺委会在内的普遍认可，由此老师认为我的听力与悟性是很强的。她想用同样的办法来教我意大利作品，并且她来做我的正音老师。但光有这些还不够，老师叮嘱我自己要坚持勤奋学习。她认为我是她所教的中国学生中，最能吃苦、最能坚持学习的人，所以她很相信我。我听到老师这样鼓励我，心中万分感激。我向老师表态：一定不辜负老师对我的期望。时间不知不觉过去了两个小时，这是我自跟老师学习声乐以来，她第一次用中文与我交流了这么长的时间。我准备告辞了，便让老师给我安排上课的时间，同时提到了学费问题。老师说不收学费，我坚决表示不可以。后来老师说："每周日下午的三四点钟来上课（周日下午是她唯一的空闲时间），每周只上一次课，一个月十元钱可以吗？"我立即表示同意，并再次向老师表示深深的感谢。

就这样，从 1956 年 3 月起直到 1959 年秋季，阿恰依尔老师用口传心授的办法，教会了我从意大利艺术歌曲到歌剧选曲。整个学习过程非常顺利，这得归功于我在苏联学校学习期间，老师为我打下的非常牢固的基础。每当我唱好一首意大利歌曲时，老师都非常地兴奋。在我唱意大利歌剧《托斯卡》里的《为艺术，为爱情》时，她激动地对我说："你太适合唱普契尼的作品了"。有时她让我听听她在日本录制的歌剧唱片，并说这些都是她在意大利老师的指导下才唱出来的。说她的老师夸奖她"在声乐艺术上有着创造性的表演行为"。阿恰依尔老师说我与她有相似的地方"对自己所爱的艺术，穷追不舍"。

让我感到非常遗憾的是，1959 年她离开中国时，仍然像 1955 年她突然离开苏联学校一样，不辞而别。我记得非常清楚，那天我是带着我的儿子一同去的，身上还带着十块钱的学费。我与往常一样，轻轻地敲门，我知道是再也不会有小狗的叫声了（上次上课时老师就告诉我：母亲的小狗被同院的孩子给打死了），可我也没见老师的母亲来开门。听到敲门声的邻居出来告诉我，她们母女俩已离开中国去澳大利亚了。我这才得知老师已离开中国，而这次的离别，恐怕是永远也见不到面了，心中感到十分难过。在回家的路上，我想老师肯定知道这么多年来，我与她不远不近地相处，是与她的丈夫被捕有关。我们两人都心照不宣地保持着一定的距离，但却建立起深厚的师生感情。相处只谈业务，不谈生活。她无私地关心我的业务成长，我衷心地向她学习。

很多年以后，我遇到了一位认识阿恰依尔的俄侨——热·列兹尼亚科夫。那时"文革"已经结束，我工作的哈师范大学艺术学院外聘他为钢琴老师。因为我俩同住在道里，每周他都到我家里合一次伴奏。我向热老师打听到了阿恰依尔的情况。据热老师说，阿恰依尔是格拉祖诺夫高等音乐学校的第一

歌声里的传承
——刘凯回忆录

批学生，钢琴、声乐都很出色。当时学校为学生举办的钢琴比赛和声乐比赛她都参加。而当热老师就读于格拉祖诺夫高等音乐学校时，她已经留校做钢琴教师了。我问热老师，阿恰依尔的声乐是跟谁学的。热老师说，应当是舒什林，因为在当时舒什林是最好的意大利学派的声乐老师。我又问热老师，她钢琴是谁的学生。热老师说，他们俩都是迪龙的学生，但阿恰依尔还有另外的老师。我非常关心老师到澳大利亚后的情况，热老师告诉我：她自己来信说，到了澳大利亚，母亲过世。她一个人无法生活，就嫁给一位比她大十岁的老工程师。生活很富有，但没有爱情。

小郑帮我分析过：阿恰依尔从不提起父母的来历，是因为她父母很有可能是属于沙皇俄国的上层人物，是作为难民逃往中国的。而阿恰依尔很小就随父母来到中国的哈尔滨。她和她的老师舒什林不同的是：舒什林是在苏维埃社会主义共和国成立后，与著名歌唱家夏里亚宾来中国慰问演出，认为哈尔滨艺术氛围很好，便留在中国发展事业。在思想上，舒什林是拥护苏维埃政权的，所以他在1955年从上海离开中国回到苏联，在莫斯科音乐学院任声乐教授。但阿恰依尔由于家庭及丈夫的原因，不可能在离开中国后回到苏联。她将儿子打发回去见他的父亲，而她自己只能流落到人地两生的澳大利亚。当得知丈夫在西伯利亚关押十年后被释放，并于1960年故去后，她便改嫁了。我很同情她的遭遇。我请热老师帮我写封信，一方面代我向她表示我对她的思念与关怀；另一方面告诉她，我在她的培养下已经事业有成。热老师说他和阿恰依尔之间并不通信，但他认识另外一位在中国的俄侨是阿恰依尔的好朋友，可以为我办这件事。不久，热老师到我家来，拿出来信的最后一页，念给我听："我和我的学生刘凯一样，心里始终怀念着对方。得知她现在已在大学里教书，并且声乐上很出色，我为我在中国能教出这样有造诣的学生感到骄傲。她是我在哈尔滨的最出色的学生"。

第三章 在苏联高等音乐学校

1959年，我的生活发生了重大转机。起因是：

其一，我的老师阿恰依尔突然离开中国去了澳大利亚，迫使我必须从一味追求业务学习的状态改换成找到并从事适合自己发展的工作。我将这些想法写信告诉了在北京的大姐，让她到我的老领导那里谈谈我的要求，只要能带家属，到哪都行。

其二，小郑发现量具刃具厂的苏联专家逐渐撤离中国，借此机会他向上级提出：工厂的工作对他并不急需，而他现在四口之家还住在第九中学的单身宿舍，生活实在是不便。上级很快便为他选择了新的岗位，哈尔滨市道里排水处任政治部主任，新单位分配他五十多平的两室半房子。地点在道里区大安街六十五号二楼。这个地方离经纬小学很近，儿子可以就学。家中还请了保姆帮助看护女儿。我们俩都从生活中解放出来了，可以各自干自己的工作了。

其三，迁至新居后，我在街上遇见了我的老熟人程思三同志。

他住在我家的前一趟街"东风街"。我们从1948年就认识。从延安鲁艺到东北他被分配到哈大中文系任教授，我在东北音工团。他非常喜欢唱歌，所以我们经常有来往。1949年他调到沈阳鲁艺学院文学创作室，我则在鲁艺音工团。1949年的7月份我团去北京参加第一届"文代会"时，《黄河大合唱》中的男声独唱部分"黄河颂"，

原哈尔滨艺术学院音乐系主任程思三

是请他演唱的。后来我去苏联高等音乐学院学习后，由于学习任务紧张，就逐渐失去联系了。这次的偶然相遇，我跟他讲了我现在遇到的困难。程思三同志听我讲完了，开门见山地对我说："北京的那几位老领导，对你的期望

歌声里的传承
——刘凯回忆录

太守旧了。事隔这么多年，一切都发生了变化，可他们还想用当年的眼光去要求你，太不切合实际了。你的业务是更高了，可你的年龄也更大了，并且有了家庭，有了丈夫和孩子。尤其是你自己腿有残疾，作为一个独唱演员，这是你的软肋啊。如果你换一个思路去考虑，做一名专业的声乐教师，你既能演唱还能教学，你自己想想看，这不是将弱项变强项了吗？走这条路，前景就宽广多了。"他的讲解与分析，立刻解开长期堵在我心中的死结。记得当年组织上送我进鲁艺学院学习时，就有人提出过，当我不能演唱时，就留在学院做教师。这说明那时组织上培养我，就意识到这点，为我后期做好了准备。事隔这么多年，大家都忘记了。而我一心追求学习，脑子里整天考虑的是业务，除老师外，不与任何人沟通。在北京的老领导，经常传递给我一些信息，总是指引我"脱离教育界，进文艺圈"，而这些与我现在具体情况相距甚远。其实哈尔滨刚建艺术学院时我知道，但没想过自己应当去争取。我的奋斗目标就是做一名独唱演员，成为歌唱家。现在我明白了，这条路对我的条件来说很窄，困难重重。当前首先应当考虑的目标就是沈阳音乐学院，那里的熟人多，正、副院长安波同志和李劫夫同志我都熟悉，而且我可以求北京的领导帮助我。对于我的想法，程思三同志很不以为然，他对我说："我的意见是你哪都不要去，就留在哈尔滨，守家在地。往哪调都存在家属的问题。现成的哈尔滨艺术学院还在陆续招聘教师。"我说这里的领导我不熟悉，找谁我不知道。他哈哈笑起来了："你真是学茶了（北方话，"学傻了"的意思）。艺术学院领导班子成员基本上都是原沈阳鲁艺文艺学院的成员。院长刘相如，音乐系主任是我，美术系是杨角、张晓飞夫妇（原鲁艺美术部部长）。这几位，你哪个人不认识？"程思三同志要我当天晚上就回家与小郑商量，如果他同意，就开始着手办理这件事了。

往家走的路上，我想今天的收获真是太大了，是我事业前进中的特大

转机。若不是遇上了对我十分了解的程思三同志，我根本不会往这方面考虑。程思三同志让我与小郑研究，我心里明白，对他的建议，小郑是求之不得。

果真，当我向小郑讲述这一切时，他高兴极了。对程思三同志的建议，小郑是求之不得。这是最切合实际的，他巴不得让我快沉下心来好好过日子。他认为这事应抓紧办，建议我明天就和他一起去程主任家，一来要好好谢谢人家，同时求他帮忙。

第二天晚，我俩一同去东风街程主任家。他爱人张曼清也在家，我们俩也很熟。他们夫妇热情地接待我们。小郑想多说些客气话，程主任对他说："你知道吗？我认识刘凯比你早。可以说全鲁艺学院没有不熟悉小刘凯、小弟刘钢的，他姐俩是青、少年组出来的。"随之他说，"现在咱们谈正题。今天上午我便将昨天我与刘凯的谈话转告了刘相如院长。刘院长表示同意。不过丑话我也向他说清楚，谁都知道刘凯会唱歌，善于学习，可是会不会教学，这可保证不了。刘院长说'教书也得学习，到现在她是最小的，就让她边教边学吧'。"程主任觉得刘院长对我抱有很大的希望，建议我第二天一个人到刘院长家里去面谈。回到家里，小郑对我说："我看你是处处有劫难，但总能获救，真是命里注定啊。"

第二天稍晚些，我到了刘院长的家里。我虽然也熟悉刘相如院长，但交情不如程思三同志那样深。程主任是搞文学的，但他爱好唱歌；而刘院长是搞戏剧的，他爱好戏剧表演。我今天突然到他家里谈个人私事，觉得心里有些紧张。一进门就看见他们夫妇都在家，他的爱人安杰同志起身将座位让给了我。还没等我开口说话，刘院长就先打开僵局说："刘凯，你今天是来跟我谈工作调转的吧？"我说："是的。"刘院长接着说："昨天程主任已经将你的情况向我介绍了，他还表扬你在哈尔滨苏联学校学习成绩很突出，是中国学生中的佼佼者。"接着刘院长谈了他对这事的看法：因为都是沈阳过

歌声里的传承
——刘凯回忆录

来的老同志,所以大家对我的过去也都很了解。他和大家一样认为我是个有才华、爱钻研、有抱负又肯攀登的优秀青年。正因为如此,过去曾经培养过我的老同志们,一直都在关心我的事业。但是他(她)们毕竟脱离一线多年,不太了解做具体工作的难度,以致到现在,艺术学院都成立两年了,我才来找有关人员帮忙。和程思三主任一样,他欢迎我到艺术学院,也相信我能在教育事业上干出成绩。但他仍旧担心,我是否真的放弃了做独唱演员的想法,是否真的想通了要改行做声乐教师。"可别等我们将你调进来,北京那边帮你办成了,你又想逃了"。至今我还记得刘院长说的这句话。我非常理解作为领导的这种担忧,所以我赶紧对刘院长说:"谢谢!谢谢您和程主任对我的肯定和信任。根据我的个人身体条件以及有家庭这个状况,我想好了,哪儿都不去了。沉下心来,接受摆在我面前的,也是以前从来没想过的,新的挑战课题。"最后我向刘院长请求:"给我两年的时间,我变被动为主动,变劣势为优势。这也是当前我思想上最担忧的,怕因为我不熟悉声乐教学给你们添麻烦,让你们失望。"刘院长听了我的诚恳表态,很高兴,让我回去安心等待消息。

我高兴地带着满意的答复回到家时,小郑正着急地等着我听结果呢。我从头到尾地跟他学说了一遍。他说:"看来你在鲁艺真是干得不错,上上下下都夸你,没人反对你、拆你的台。"不过对于调转,他有种预感,不可能像他们讲得那么容易。

果真,第二天的晚上,程主任就告诉我,刘相如院长一大早就让人事处的负责人徐明训同志亲自到教育局去办,结果碰了个钉子:教育局长李松涛坚决不肯放我,说他们正准备将我调到中学教师进修学院,以培养中小学音乐教师。程主任说,李松涛是出了名的性格倔强、抗上。他与刘相如院长是同级不同行的干部,所以这事就有点麻烦了。临了,程主任安慰我说,别太着急,他帮我催着,让他们慢慢磨。

事情进行了两个多月了，也没什么结果。小郑也坐不住了，对我说："我们不能硬挺着，得积极主动地协助艺术学院。"他经过深思，最后决定由他出面，去求助于他的老上司——原哈尔滨市公安局局长，现任哈尔滨市长的王化成同志。因为当年这位领导对我在苏联高等音乐学校学习时提出三不准的严格禁令，使我学习受损，小郑本不想再见他，可是为了我的事业，也是为了我们这个家，必须去找他。没想到小郑见到王市长说明来意后，王市长非常爽快地答应即刻去办，并让小郑转告我别着急，在家等待消息。我俩认为这表明王市长已经承认当年对我的决定是错误的，现在用这种方式表示歉意。

　　没过几天，艺术学院就传来好消息：李松涛局长松口了。但他提出个条件，让艺术学院出一名与我水平相等的教师对调。小郑说这是王市长给李松涛局长找个台阶下，艺术学院同意用一名理论教师对调，可这位教师也提出一条要求，他不想离开道里区。小郑让我立即去九中找王陶校长帮忙。王校长马上与道里区第二十八中（就是我在苏联学校毕业考试的地方）校长商量，将我的档案转到他们学校，让我在二十八中工作一段时间再调出。于是我就像演戏一样，去二十八中报到、上班。

作者丈夫和王化成

第四章 进入哈尔滨艺术学院

第一节　调转

1960年年中，我从第二十八中学调入哈尔滨艺术学院，找我正式谈话的就是音乐系主任程思三同志。他说的第一句话就是恭喜我经过半年多的时间，终于调入艺术学院。他告诉我，今后我的职务就是声乐专业教师。

哈尔滨艺术学院教师合影，前排右一为作者

同时他向我介绍了声乐专业教师的情况：

男教师：

1. 男中音，岳道琏，声乐讲师。原中央乐团合唱队队员，后调入沈阳音乐学院任教，为支援哈尔滨艺术学院来到这里。系里已任命他为声乐专业主任。

2. 男高音，程应昆。原中央乐团合唱队队员，现任哈尔滨艺术学院声乐教师。

3. 男高音，李兰忠。原中央乐团合唱队队员，现任哈尔滨艺术学院声乐教师。

还有一位正在办理调入的，男高音歌唱家。原上海音乐学院声乐副教授，因"右派"问题被下放到佳木斯（程主任说这个人我可以跟他学习）。

女教师：

1. 王家燕，女高音。毕业于中央音乐学院（她是从学校直接分配到哈尔滨艺术学院的，可以算这里的元老。是1958年开始带第一批学生的声乐教师）。

2. 颜惠先，女中音。原沈阳音乐学院音乐系秘书，现任哈尔滨艺术学院声乐教师。

3. 曹丽莲，女高音。原沈阳音乐学院声乐教师（岳道琏的爱人），现任哈尔滨艺术学院声乐教师。

4. 何少卿，女高音。原辽宁歌舞剧院演员，后调入哈尔滨歌剧院合唱队，任女高音声部长。现任哈尔滨艺术学院声乐教师。

5. 王孝芹，女高音。原北京新影乐团合唱队队员，后调入煤炭歌舞团。现任哈尔滨艺术学院声乐教师。

6. 刘凯，女高音。原东北鲁艺音工团领唱、独唱演员，后调入哈尔滨市第八中、第九中学校任音乐教员，兼与苏联专家学习。

7. 马瑞图，女中音。原中央乐团合唱队女中音声部长。现正在办理调转中（学院已任命她为声乐专业副主任）

之后，程主任说，学院领导开会时，大家认为现在所调进来的人，都说是对新成立的艺术学院给予支援，但有些人是单位甩包袱。所以学院要设定考核期。刘院长在会上提到了我给自己设定了两年的期限时，领导们都非常高兴。大家都认为我有能力，才敢这么讲。

回到家中，我把程主任跟我的谈话对小郑学说了一遍。小郑听懂后对我

说，程主任是没把我当外人，他讲给我的事千万不要对同事们乱说。接着小郑又对我说，我是刚刚步入到社会中，虽然原来在第八中学和第九中学工作过，但在我的思想里，那仅仅是临时打工。现在可不同了，尤其我们这个单位，是一所新建立的院校，教师都是由全国各地抽调来的，每个人的社会背景、社会关系，包括海外关系等相互之间都是个谜，所以我在这个复杂的人群中，尽量少说话，多办具体事。牢记当年因为要跟阿恰依尔学习声乐，受她丈夫是特工的牵连，被卷到特嫌之列的那件事。当时幸亏是遇到办案人员是他（小郑），对我跟踪了半年，证明我是清白的，同时对我产生了好感，积极地为我结了案。如果遇到的办案人员是别人，查不清可能就放下了。那么在我的档案里就会写上案情不清或待查。这就会给我造成历史不够清楚的污点，一遇到有运动，我当然就是审查对象了。小郑的这番话，让我感到很害怕，同时庆幸我有这样的丈夫：不但是我生活上的帮手，而且是我工作中为人处世乃至政治嗅觉方面的高参。

第四章　进入哈尔滨艺术学院

第二节　始执教鞭

1960年9月份,学校招进一批新生。系里派何少卿同志与我一起做这批学生的班主任。分给我的学生是六名女生和一名男生。他们是:桑桂芬、元炯子、郑淑贤、崔淑凡、王惠英、刘颖、李世英。

作者在哈尔滨艺术学院任教时与师生合影,前排中为作者

在前期教学中,我将重点放在摸清他们对声乐的爱好上,即便他们都没学习过声乐,但喜欢声乐也是很重要的。令我失望的是没有一位同学想通过学习使自己将来能成为歌唱家。其中桑桂芬比较有头脑,嗓音条件也可以。

歌声里的传承
——刘凯回忆录

但人很木，也有些僵。这里最差的一名同学是刘颖，她无论文化修养还是音乐素质，都是本届学生中最低的。有两三位学生虽比刘颖好一些，但要么就是没声音，要么就是声音上存在许多难以纠正的问题。总之，分配给我的七位学生中，声音有可塑性的人很少。这对于刚刚步入声乐专业教师行列的我来说，无疑在心理上背上了沉重的包袱。我一开始采用的教学模式是来自苏联高等音乐学校和我的老师阿恰依尔的。而能被我用上的也仅仅是苏联高等音乐学校教学大纲中的一小部分，即"基础发声技能训练"，用以打开喉咙，给上呼吸支持。这对初学唱歌的人来说，既是建立正确的发声功能的起始，也是贯穿始终的基本状态。考虑到我的这些学生的声音条件与接受能力，为了他们的长久利益，我要严格遵守循序渐进的教学原则，进程放慢，多练基础发声，少唱歌，更不允许唱力不胜任的歌曲。每节课我用三分之二的时间练习气息与喉头的准确对应，力争正确发出每一个元音。几节课下来，我发现有些学生对我的训练方法不太适应，感觉枯燥。在练习时会不自觉地思想不集中。尤其是听到别的老师班上的学生都唱了很多歌曲而我还是在一味地抠声音、找位置时，就会感到我的教学方法很乏味。交流之后我感觉到他们并不是不信任我这位年轻的老师，相反他们对我的发声歌唱还是很喜欢的，只是对我的训练方式存在质疑。面对这种情况，我比学生更急。眼看期考逼近，这不是考学生，而是考我。我整天思绪很乱，同时想起了十年前，我刚到苏联高等音乐学校参加考试时，听说阿恰依尔老师收学生的门槛很高，我当时很不理解。现在我全明白了，一个学生的好坏，在校方的眼里，责任全在教师，是考核教师的重要凭据。

第四章　进入哈尔滨艺术学院

第三节　探索教学方法

　　调到哈尔滨艺术学院几个月以来，我感到在教学上很不顺手。学生进步缓慢，个别学生有逆反心态。对此我非常着急，情绪烦躁。回到家中，吃不好，睡不着。小郑见此很为我忧心，但他也是爱莫能助。我极少见他开玩笑，因无计可施他竟然对我说出了这样一段话："这也不像你刘凯的为人与性格呀！我当年到鲁艺学院对你做外调，无论领导还是群众，全都夸奖你。在苏联学校，你的老师阿恰依尔也夸奖你。在秋林俱乐部演出时，看到那些侨民热烈地为你鼓掌，连我这个外行人都受到感染也拍起手来。怎么一到艺术学院，仅仅几个月，你就像变了个人似的？我真就搞不明白了，几个学生进步缓慢，就把你吓成这样了？自信就全没了？那你可真是假武松遇上纸老虎不打自垮了。"被他这么一激，我眼前豁然一亮：十年前我在音工团工作时，业务进展迅速的原因，当然与组织培养和个人努力分不开，但不可忽视的是，我积极学习中、西两种唱法，并使两者互为借鉴。根据我个人的条件，主要是靠洋为中用，土洋结合。而我当前的学生在毫无任何声乐基础时，就进行西洋方法训练，自然是很困难的。假如我把手中的两张牌颠倒一下，先进行民族方法训练，效果一定容易看到。我决定先抛出民族唱法这块砖，然后逐渐引出西洋唱法这块玉。当晚想好了这套方案，第二天一大早上班，我就和系主任程思三同志约好了谈话时间。见到他，我先谈了我目前遇到的困难：主要是我没有教学经验，不切合实际地硬搬我所学到的教学方法，结果使学

生进步很慢。接着我谈了改变这种窘况的建议：第一，待这次学生考试结束，不管我的学生成绩如何，都请系里暂停我的声乐教学。理由是我太年轻，需要集中精力学习教学方法。将我的学生分配到其他老师班上。第二，在我停课这段时间，请学院在本市剧团为我请一位年长的、有演戏实践与教学经验的、能教我唱两种梆子（河北梆子和河南梆子）片段的艺术家，我到那里学习。因为这两个戏种只要学会方言，就比较容易上口，有刚有柔，非常有助于教学。我向程主任解释，过去我在鲁艺学院时跟班学了两年的民族民间各种唱法，对我的表演提高很大。所以后来在北京怀仁堂为中央首长演唱，受到了高度的赞扬（这些程主任是知道的）。但那时我是作为演员，只是学习演唱风格，并没有认真考虑要掌握民族语言的特殊规律，更没有考虑如何把这些用到教学上。这次我就是要从另一个角度出发，作为教师来学习我想要的东西。程主任听懂了我的想法，他个人表示很赞同。但他考虑到，刚一考完试就让我停课，会在教师和学生当中产生负面影响。借此机会，我向程主任讲了我的心里话：能进到艺术学院，程主任起了关键的作用。这一步关系到今后我的事业发展，是命运的重大转折。在我迷茫不知所措时，是程主任指给了我努力的方向，并让我选择、争取到艺术学院来。在我的心里，程主任和谭家贺校长、刘炽同志、王卓同志一样，是我事业成长的恩人。艺术学院的声乐老师，大多是来自文艺团体，我实际上也是文艺团体的演员，只是为了圆自己小时的梦，为了提高西洋发声技能，中途做了一名中学教师。小郑曾告诫我，艺术学院的人员多样，环境复杂，不要过多地说话，更不要过多地宣传自己的过去。所以在这里，只有领导熟悉我以前在鲁艺的情况。我不关心停课是否会影响我的名声，我也没什么面子好丢的，反正大多数人包括学生，都认为我是从中学调入的。我唯一关注的是，我已给刘相如院长下了保证，两年之中我一定要改变不熟悉教学工作的状况。程主任听我讲完，表

第四章 进入哈尔滨艺术学院

示他很了解我的个性：不追求名利，却非常重视自己的工作能力。他尊重我的想法，会尽快实现我的要求。

没过多久，学生考试结束后，系主任在声乐教研室宣布：学院同意系里的意见，考虑到刘凯老师年轻，刚刚接触教学，故暂停她半学期的课，以便集中精力研究教学。她的学生除教研室主任外，每个班上分配一名。随后程主任又单独对我说：已为我在哈尔滨市评剧院请到了一位非常合我心意的、著名的艺术家晓达子老师。她早些时候是河北梆子演员，并通晓河南梆子，后来改为评剧演员，现已七旬有余，目前正在为剧院培训青年演员。学院是有教师培训经费的，但看样子她不一定收费，这些事由我自己决定。得知这个消息，我心中非常感激程主任这样积极支持我。

第二天一大早我就去了道外评剧院。九点钟正是晓达子老师为学员讲课的时候，我坐到一旁像学员一样听课。十点半中间休息，晓达子老师从讲台上下来走到我身边，我赶紧站起身，没等我开口，她先说："这位就是艺术学院介绍来的刘凯老师吧？"我说："不敢当，我像您教授的这些小演员一样，我是一个刚刚开始教学的青年教师。"接着她说关于我的情况，学院领导程思三同志亲自来剧团已向她介绍了好多，知道我曾经是音工团最优秀的演员。她现在想听听我本人要学习这两种梆子曲牌的原因，是为了丰富自己的演唱，还是想用于教学。我回答说两者都有。首先我想自己先学会演唱，找找感觉，体会两个剧种的演唱方法。过去我在沈阳东北鲁艺学院时，曾以学生的身份学习了两年的民间艺术，其中有东北民歌、东北地方戏（二人转）、东北大鼓。因为我当时也是演员，所以学习主要是为了西洋唱法民族化，掌握传统民族艺术的表达形式。因为汉语语言较西欧各国语言的要素复杂得多，发声演唱和语言的结合更为紧密。上民族演唱课时，很多老师都重视咬字、吐字这一传统理论。几乎都提到了"字是骨头韵是肉""字领腔行"等。我学习了这些，

对我的艺术实践的确有很大的帮助。然而现在我已改行做了声乐教师，我想我应当重温并找回过去曾学习并因而受益的民族传统唱法，把它用到教学上，这是我现在急于想学习的理由。我之所以要求学习这两种梆子曲牌（剧种），首先是因为河北梆子高亢嘹亮，铿锵有力，富有金属性，对于演唱低中声区、打好呼吸基础很有帮助。而河南梆子柔润委婉，灵巧，舒展自如，只要学会方言，很容易上口。两者共同特点是语言简单、自然。所以我想自己先学会演唱，感觉上找到"说"与"唱"的内在联系，然后再用到教学上。因为无论是"说字"或者"唱字"，调整气息是关键，是发声和咬字的基础。根据我当前所教的学生的水平，先用民族化引之入门，然后逐渐过渡到西洋唱法上，最终达到中西结合。晓达子老师听了我的话，非常赞成，觉得我的想法很对。她认为我一个年纪轻轻，刚刚走上声乐教学的人手里却握有两种声乐底牌（西洋美声唱法和传统民族唱法），并且能根据学生的实际水平做出相应的选择，说明我头脑清楚，手法多样。她相信我有能力在短时期内学会这两个剧种的片段，她也会尽全力教我。同时她也有个想法请我协助。这个学习班有两个作用，第一是培养新生力量，为新学员打功底（大约有十几名学员）。第二是为剧团培养骨干演员，人数不多，有五名。其中有两名嗓子出现了问题，所以实际上课的只有三名。一名是唱老生的，另两名是唱青衣的。因为他们都是剧团尖子演员，每晚都有演出任务，所以一般上课在午后，一点半到三点这个时间段，一周排三次课。晓达子老师想请我在这个时间教他们一些西洋美声唱法。她想研究一下评戏借鉴美声唱法，是否能提高他们的演唱效果。把我学戏的时间安排在另外三天，这样我们可以互利互益。课程的安排非常合我的心意：既能学戏，又能上基础理论与实践表演课。只是不知我是否能为这几位骨干演员上好声乐课。不过这也是给了我一次锻炼的机会，所以我也很愿意试试看。

第四章　进入哈尔滨艺术学院

晚上回到家里，我把白天在评剧院的经过一五一十地告诉了小郑。他当然非常高兴，随口说："你的业务钻研精神，的确是让人心服口服。"接着他又提醒我，明天到班上只能单独向系主任汇报实情，不要与任何人谈及此事，包括院长。因为不知程主任是否通过了院长。通常培养教师，主任一个人就可以做主。尤其是不能对同事们谈起，把事情弄得复杂化了。我真是太佩服我的这个军师了，他若不提醒，我说不定明天一冲动，对谁都会讲出实情。

次日，我特意在上班的路上堵住程主任，将事情详细地做了汇报。程主任很满意，并对我说不用提起报酬的事，大课我跟班上，小课等于我和晓达子老师交换，这事办得很漂亮。之后，程主任告诉我，从今天起我就不用到班上去了，别人都不知道我到哪里进修去了，学院有事情他会通知我。我俩分手后我往家走的路上，心想：小郑昨晚说的话真对，这事是程主任一手经办的。我外出学习一分钱也不用向学院申请，所以他很满意，说我办得漂亮。

这样我就每天上午九点半准时到达上大课的地点，参加集体理论学习。晓达子老师为了照顾我没听到的前几堂课的内容，又归纳总结式地重复了一遍。然后她概述了评剧的要领，总结对比了与评剧有关的一些民族传统唱法。她认为无论哪种唱法，都离不开民族语言的特殊规律。我感觉到她的观点是正确的，她所讲的正是我需要学习的。我非常庆幸自己能遇到这位高龄并赋有全面修养的艺术家。

在上演唱课时，她先让我唱一首短小的东北民歌。我唱了一首《闹元宵》，她听后非常高兴地说："你唱得真不错，从咬字到风格，真看不出你是学习西洋唱法的人。说明你对中国传统咬字法是下了一番功夫的。这样就减轻了我教你唱两种梆子的思想顾虑。"老师先从河北梆子《大登殿》教起。她先要求我读词，一个字一个字地读，读到闭上眼睛，心里就读出来了。然

歌声里的传承
——刘凯回忆录

后按照他们的方式,听她一板一眼地唱,也就是我们的读谱例。读熟了,也听熟了,之后再开始唱。老师说,这种方法保我学得快,质量高。用不上一个月,就可以登台演唱了。

对剧院的几名演员我也抓紧时间开始上课,我先让每位演员唱一小段。五名演员三名可以上课,那两名我听出嗓子已发生病变,于是我让她俩去看医生,拿回检查报告再做决定。三名可以上课的演员条件都是一流的,不过在方法上我觉得气浅,喉头位置也浅。唱老生的演员明显用力过度,声音沉重。我用的办法是:呼吸要像闻花香一样,使其深度加强,横膈膜随吸气向四周扩张并保持,然后小腹即丹田处向上、向内收缩,一吸一呼保持平衡对抗。在吸气时喉头就随之向下稳定不动,要保持这种状态。演唱时在不改变评剧特点(靠前,口腔声音多)的前提下将口腔后边的咽腔稍张大一些。实际这就是打开喉咙,给上气,找到高位置。开始我还有些担心,怕破坏评戏演唱的自然状态,结果上了两个多月的课,几位演员都共同感觉到,上台演戏时,人不那么累了。一天演两场都很轻松,并没有破坏评戏的特色,我感到非常高兴。遗憾的是我在学院的学生就没有这种体会。我当然明白这是与每个人的悟性和技术水平有关的。我在艺术学院采用民族唱法开展针对性教学,在对赵凤荣同学的基本技巧训练方面取得极好成效。

与此同时,在晓达子老师的指教下,我在原有的民族唱法的基础上,进一步体会到了中国字在演唱中的特殊运作规律,了解了传统上提倡的,在唱之前先读京白与韵白,也就是"千斤白,四两唱"的重要含义。学会了演唱河北梆子《大登殿》和河南梆子《谁说女子不如男》。晓达子老师夸我学得好,学得快。她还惋惜我不是演员,不能让更多的人听见我的演唱。不过我认为,作为教师,能将自己掌握的货真价实的财富传给后代,也是很难得的。

正在我学得起劲时,包括我教的三名演员也都满怀信心积极学习时,程

第四章　进入哈尔滨艺术学院

主任传来一个通知：第二天不要去评剧院，八点半到艺术学院系主任办公室，有急事面谈。次日我提前到了主任办公室，想快点谈完好赶时间去道外上课。可是等了好长时间，程主任才来。一见面他就对我说，有的学生看见我来系里，拦住他，向他要求让我回来给他们上课。声乐主任岳道琏也向他提出意见，说我既然在哈尔滨学习，没有必要停课，利用几个半天时间，问题就解决了嘛。对此，程主任一直都替我挡着，但这次不行了，我必须停止去道外学习。原上海音乐学院的于忠海教授，现已从佳木斯调进艺术学院，这是我们学院唯一的歌唱家、声乐教育家。目前，院务会议已决定让他为学院培养两名青年骨干教师。一位是我，另一位是李兰忠老师。于教授提出两个条件：第一他要先听听我们两位演唱，希望系主任与声乐主任也同时在场；第二将我们两位算他的教学课时量。程主任着急地告诉我，赶紧放下梆子唱段，快练练我的西洋歌剧，于教授要听两首。程主任先用我在外地做借口，给我两周的时间，两周后系里出面召集。同时他告诉我，已通知钢琴专业的丁顺训老师为我和李兰忠老师弹伴奏。要我将谱子交给丁老师，等我们练习好了通知他。接着程主任很关心地问我，两周时间够不够用，我说足够了。不过我这周还得去道外，看看晓达子老师有何安排。程主任这下真急了，说："你怎么不知哪头重哪头轻呢！"我说："两头都重要。当然就目前学院能够把我当作骨干，请最有经验的老教授培养，我是从心底里感激领导的。我更明白主任是怕我唱不好，于先生不肯收。这点请主任放心，现在若考我教学，那我肯定是输定了；若考我个人演唱，不敢说信心满满，至少可以做到不会让您失望。"

当天午后我去道外评剧院，将上午程主任通知我的全部内容转告了晓达子老师。从老师到三位演员都依依不舍，包括我自己也感觉让我离开的消息来得太突然了，一时难以接受。晓达子老师提出个建议：从即日起，为我们

歌声里的传承
——刘凯回忆录

四个学习者排练,准备于周日举行汇报演出。我们四人都演唱新学会的曲牌,地点就在这个大教室。用剧团的小乐队伴奏。周日那天,我请了系主任程思三同志,声乐专业主任岳道琏老师,评剧院来了一位副团长及重要演员,还有那十多名新演员,将这个大教室挤得满满的。我们四位表演者,我是压轴,都以清唱的方式表演。用了一个小时不到的时间,但都唱得很出色。评剧院的负责人表扬晓达子老师德高望重,干劲十足。晓达子老师表扬我年纪尚轻,求知欲望很强,令人钦佩。她向程主任介绍说,我学得这么好,这么快,不仅是由于我原来就有很深的功底。中国戏曲种类繁多,要想全学懂、学通实在是很难做到。但我只要熟悉一下语言,换个腔体,就可以改变成另一个剧种与演唱风格,要在剧团里,那就是实属难得的顶尖演员。最后程主任代表艺术学院,向晓达子老师表示衷心感谢,并说今后还会有麻烦事请教晓达子老师。

离开评剧院回来的路上,岳道琏主任说:"原来你是到这里来进修了啊。我真不知道你还有这一招。只听说你是俄籍专家的高徒。"直到现在我也没琢磨透,岳道琏主任说这话是在表扬我还是在批评我。

第四节 考试

就这样我突然撤离评剧院，回到了艺术学院。有两件事必须要立即行动起来。第一是为我的学生安排上课时间，准备从下周开始上课；第二是参加系里安排的拜于忠海先生为导师的"考试"，也是在下周。我到钢琴教研室约丁顺训老师合伴奏。她说："李兰忠已合过两次了，你怎么才来？"我只好说实话："上周通知我时，我正好要准备参加晓达子老师的学生汇报演出。"我一边向丁顺训老师道歉，一边把谱子给她。她看见谱子说："你演唱的两首，都是外国歌剧选曲，时间能来得及吗？"我说："我们合合看吧。"当我唱完第一首《我悲伤啊，我痛苦》后，她惊讶地说："你唱俄文歌剧这么逼真，这么熟练，真是不可思议。"其实她的话我心里很清楚，艺术学院有两大派，一是北京派，一是上海派。而我在她们眼里，就是唯一的哈尔滨土生土长的，一个普普通通的中学教师。当我唱完第二首意大利歌剧《托斯卡》时，她兴奋地说："为你弹伴奏真是一种享受，能听到你漂亮动人的声音，伴奏合起来又是如此轻松。"紧接着她问我是不是刚演出过。我告诉她，自从我的老师阿恰依尔在1959年底离开中国后，我再也没唱过。因为没人给我上课，也没人为我弹钢琴。她很佩服地说："原来你的老师既是钢琴家又是声乐家，真是了不起！"从此我就与丁顺训老师成了搭档。

很快我们都接到通知，到一个较大一点的琴房，按于先生的要求，请来了声乐专业的正、副主任到场，加上系主任和于先生，共四人。程主任说，

歌声里的传承
——刘凯回忆录

这种氛围可以对两位演唱者无顾忌地提出个人意见。我首先表态："在艺术学院，无论从哪方面我都应当排在最后，我作为一个小学生，非常期望各位老前辈多多指点。我愿意第一个唱。我虽然与钢伴仅合了两次，但是我们配合得相当好。"我轻松地将两种不同语言、不同风格的作品，完整地展示出来。我发现这四位都流露出惊讶的神情。首先是我的老同志程思三主任，他的记忆里，还是十年前的我，那时我的演唱特点是洋为中用，借鉴西洋走民族化的道路。而十年后的我又重新提高了西洋美声的演唱水平。所以他倍感惊喜，非常满意地请在座的其他三位老师给我提提意见。还是于忠海教授首先发言，他第一句就问我多大了，我说不到三十，他表示非常高兴。随之又问我过去是跟谁学习的声乐。我正考虑着应当怎么说时，程主任抢先像背书一样介绍了一遍我的那段历史，从参加东北鲁艺音工团一直到来艺术学院工作。于先生说，听出来了，我的声音功底很厚。也看得出我在这方面是难得的人才。他表示愿意根据学院的意思，全力帮助我尽快提高教学工作。我也向于先生表示：能向于先生这样既是声乐教育家又是歌唱家的老师请教学习，是我的荣幸。我愿意全面向于先生学习，希望于先生能收我这个学生。于先生听了我的话，很高兴。接着岳道琏主任发言，他没谈我的演唱，而是很直白地说："你为什么学习完就走了呢？你明明就是个演员，为什么偏要改行做教师呢？"我便坦诚地对在座的几位讲，我以前一直是想干我从小就喜欢的唱歌事业，但随着自己年龄的增长，越来越认识到那是不切实际的追求。第一，身体条件限制，第二有了家庭和孩子，所以只能放弃，改行从头学做教师。接着马瑞图副主任发言。她也认为我有这么好的声音条件，又具有这么高的发声技能，做教师可惜了。但她又很赞同我从本人实际出发，选择从事声乐教学工作的做法，这对我来说也是一个很大的发展空间。她预祝我将来既是歌唱家，又是声乐教育家。我听了马老师的发言，心中十分振奋，因为她说出了我心

第四章　进入哈尔滨艺术学院

中正在努力追求的目标。

下一位是李兰忠老师。他第一首唱的是《连斯基的咏叹调》，由于紧张，高音有点抖。第二首是中国艺术歌曲《在银色的月光下》。这是他非常喜欢唱的，音色很美，唱得也很熟练。于先生抢先发言，他说，他和李兰忠老师很早就碰过面，那是在苏联专家梅德维捷夫到北京讲学的时候，李兰忠老师当时还是中央音乐学院的学生。于先生当时是上海音乐学院指派的听课代表之一，所以他很注意专家对中国学生提出的看法和意见。于先生记得当时李兰忠老师唱的就是这个曲子，同时也记得专家的评语和建议：嗓子、音色都是一流的。但由于呼吸不够深，喉头没放下，所以在演唱时不会有足够的勇气与信心，这样就造成高音不稳定，有摇晃感。于先生认为李兰忠老师目前仍需要解决这个问题，并表示愿意与李兰忠老师共同研究、解决这个问题。接着，岳道琏主任和马瑞图副主任对李兰忠老师的演唱也都分别提出了相同的看法。最后程思三主任总结说："今天我们开了一个别开生面的、既是师生见面会又是学术讨论会。我代表艺术学院，正式通知于忠海教授：为了办好这所新建学院，发挥现有人才优势，培养后备力量，学院院务会议一致通过，请于先生收这两位青年教师为学生。也希望这两位教师不辜负院领导的厚望。"

于忠海教授对这次师生见面会感到很满意。他特意召见我与李兰忠老师，给我们讲讲他今后的培养计划。

他说我们两位都是受到过高等音乐教育的，又都是高材生，各有独到之处。但声乐学习是无止境的。不断学习，加

声乐教育家、歌唱家于忠海

歌声里的传承
——刘凯回忆录

深技能、技巧水平，提高艺术修养，会使我们好上加好。他个人将我们当作研究生带，根据每个人的问题，定出不同的研究课题。他认为李兰忠老师当前的重心应放在解决自身的高音问题上。男高音，高音难，目前这是一个普遍的问题，但也是一个很有价值的问题。另外还有一点，他要求李兰忠老师要有意识地加强艺术实践，克服唱歌时易紧张的缺点。对我，于先生认为我本身条件好，加之有很深的声乐功底，演唱时就非常自信，充分表现出"艺高人胆大"的特点。全面具备这些，对于一个歌唱者来说是难能可贵的。但作为声乐教师，仅此是不够的。自己水平越高，越容易掌握学生存在的实际问题，进而采取相应的办法，深入浅出，做到因人而异。于先生要求我：目前要熟悉初、中等程度的教材。练习的音域在八度之内，让学生有自信心，慢起步。师生都不可急躁。

听了于先生对我教学上的指导，我秉承从晓达子老师那里学来的"发声先从咬字开始，说着唱而不是唱着说"的原则，采取中西结合的训练方法，逐渐使我和我的学生走出了困境。

1961年3月份，张权老师从北京调到哈尔滨歌剧院。6月，市委宣传部牛乃文部长派张权老师到哈尔滨艺术学院，为学院声乐系女教师开设声乐训练班。我得知此消息，真是惊喜万分。记得当年张权老师留美归国时，在北京演出歌剧《茶花女》轰动一时。我的老领导潘奇同志传我速去北京观看张权老师的演出，并且还要带我去见张权老师，要她听听我的声音。当时由于家中有事我没去成，潘奇同志为此感

著名歌唱家、声乐教育家张权

到很遗憾。现在事隔多年，张权老师竟然调到哈市工作，还要给我上课，我立即将这意外的喜讯告诉在北京的潘奇同志，我要让她感到欣慰。

不久学校通知第二天上午九时整，全体报名参加学习班的声乐女教师集体到张权老师家上第一节课。内容是：要求每个学员自述学习声乐的经历。无疑，这个要求给我增加了负担。回家赶紧问小郑我应如何对待。他说："这有何难，你不是有过一次先例了吗？就像上次回答于忠海先生的提问一样，多谈历史，少说现在。这就是你回避的最好方法。不过上次是程思三主任替你谈的，而明天必须由你表述。那我看你就往后拖，听听别人怎么讲，再掂量自己该怎么说。"

次日，我们声乐教研室的女老师，除曹丽莲老师没报名外，其余六位在副主任马瑞图老师带领下，一同来到了张权老师的家中。张权老师早已在她的小客厅等我们了。她对我们说，之所以要求大家集体来，第一是为了节省时间；第二是考虑大家都是声乐教师，一同上课可以相互切磋。这次是例外，没请钢伴到，以后伴奏老师也要一同到。之后张权老师宣布上课。第一位是马瑞图老师，她先代表艺术学院来学习的女教师说："张权老师在百忙中抽出时间，帮助我们提高演唱水平，我们深感荣幸。希望张权老师对我们每位都要严格要求。我们既来学习，就都抱着虚心的态度，请尽管批评指导。"接着马瑞图老师开始谈自己学习声乐的经历。她谈完之后，每一位都仿照她的发言，简短地介绍了以前的工作单位和现任职务。我仔细听大家自述，心中暗暗高兴。最后轮到我时，我兴致勃勃地刚想开口就被张权老师叫停。她对我说："你要详细点谈谈学习情况。"我愣了一下，脑子里出现了小郑昨晚对我说的话，于是我按着他的思路，边谈边想，把我从青少年时期参加宣传队宣传党的土改政策，一直到从中学调到哈市艺术学院，每个阶段都扼要地介绍了一遍。张权老师对我的表述感到很满意。在座的同事们也才知道我

歌声里的传承
——刘凯回忆录

的经历。在回来的路上,有的老师说:"你若不详细介绍,大家还都以为你是从地方中学调到艺术学院来的呢。"何少卿老师说:"其实我俩都是建国前在哈尔滨的文艺团体工作,又一同调往沈阳。我经常看到她演唱,只不过我们相互不认识。"

自我介绍完后,张权老师宣布了第二次上课内容。她要求每位教师下次上课各唱一首歌曲,并且强调唱外国歌剧选曲一律要用中文演唱。我们大家心里都很清楚,这是第二轮考试。对于这个考试,我是蛮有信心的,只不过张权老师提出外国作品要用中文演唱,我还是第一次尝试。我想能跟张权老师学到这一招也不错,一来自己以后可以为一般观众演唱外国作品了,二来还可以用到教学上。所以我决定要认真学习。我选的歌曲是次女高音的曲目,凯鲁比诺的咏叹调《你们可知道》。歌曲比较短,词也很少。我用三天的时间就全部背诵下来了。练熟后请丁顺训老师为我合伴奏,很顺利地合下来后,我问她:"还可以吗?"她好像没明白我的意思,随口说:"蛮好地呀。"这说明她并没有感觉与唱原文有什么不同,能这样我就放心了。到了第二次去张权老师家上课,按她的要求,我第一个演唱。我是在各位老师心情都很紧张的气氛中轻松地为大家开了个头。看张权老师的表情,知道她很满意。我唱完,她并没说什么,只是点点头。之后除马瑞图老师唱了一首外国作品《负心人》,其他人都唱的是中国创作歌曲。张权老师还是没有发表意见。我个人感觉,马瑞图与何少卿两位老师唱得不错,有个别老师唱得太不专业,致使对艺术有着高、精、深追求的张权老师不得不考虑用什么办法才能达到她的预期效果,如果不能,她如何向市委宣传部刘乃文部长交待。在我们课程结束后,大家正往门外走,我听到张权老师的大女儿莫纪纲冲我说:"今天刘凯老师唱得真不错呀。"(莫纪纲当时在艺术学院上学,是岳道琏老师的学生。后转入中央音乐学院,师从沈湘教授)。

第四章　进入哈尔滨艺术学院

这以后，每节课我都争取最先上。我尽量做到张权老师对所有教师的要求：之前多做功课。首先是理解歌词，读熟、背诵。上课时不可以拿着歌谱，尤其不可以一边唱一边想，要做到滚瓜烂熟。强调唱歌是用心唱，而不是一味地追求和考虑声音。她很重视咬字的技法，对这一点我能做到，而不是所有的人都能做到，所以她上课时经常发火。个别人发元音时不规范，把"阿"唱成"呃"，她一时难以解决。看得出张权老师的压力很大。就在这时，听说中央音乐学院的喻宜萱教授借假期要来哈疗养，大家都盼望着能听听这位教育家的观点。很快得知喻宜萱教授已到，住在友谊宫招待所。张权老师说要带着我们大家找个时间去探望喻教授。也就在此时，何少卿传达了市组织部的意见：喻教授是很关注政治并且是很有政治觉悟的，而张权老师还没有摘右派帽子，大家在喻宜萱教授面前讲话注意分寸。最好不要久留，影响客人休息。我们大家抱着谨慎的心态，同张权老师一起到友谊宫会客厅探望喻教授。张权老师很敬重喻先生，她俩谈了一会儿。张权老师向她请教："我有个学生'阿'母音唱不准，唱成'呃'，用什么方法可能改正？"喻先生说："用'嘎'。"之后张权老师让我为喻先生唱一首外国作品，我便用俄文演唱了《我悲伤啊，我痛苦》。喻宜萱教授听后大为震惊，问我："你是在哪儿学习的声乐？"张权老师说："她是我的学生。"喻先生点点头说："功底很深。"随后何少卿老师说："咱们该走了，别让喻先生累着，我们改日再来。"于是张权老师在前，大家随同一起往外走。我在最后，喻先生到我身边小声对我说："你明天单独来一次。"我高兴地点点头。

回到家中，我将白天所遇到的事，一五一十都讲给小郑听了。他对我说，喻先生单独邀我会面之事，不可对任何人说。他分析这次邀请，有两种可能：一是喻先生问我是跟谁学习的声乐，说明她听出了我不是跟张权老师学的；二是过去哈尔滨曾经以"音乐之城""东方小巴黎"著称。这与俄侨大量移

歌声里的传承
——刘凯回忆录

居于此并开设很多音乐学校，招进诸多高级名人、专家，同时也影响这里的中国居民投身于音乐事业中来是分不开的。喻教授是想通过我来了解有关声乐专业上的一些问题，特别是我的老师阿恰依尔，这是她特别感兴趣的人物。听了小郑的分析，我赶紧问他该不该讲。小郑告诉我，放心地将我所了解的一切都告诉喻先生，因为这是学术研究，没什么可保密的。以前不让我对周围的同事讲，是怕引起对我的关注，再涉及其他问题，也就是他常说的底线。

"什么时候也不可触动底线。"这是小郑着重对我说的一句话。我对他说："你所说的底线，具体是指哪些方面？别弄得我什么都不敢谈。"于是小郑耐心细致地给我讲了四点不能说的事情：

一、阿恰依尔老师的丈夫是为日本人传递信息的特工人员。伪满时期，他利用阿恰依尔到日本跟驻日的意大利专家学习声乐为掩护，经常由哈尔滨去日本传递情报。二战胜利后，1945年他被苏联红军逮捕关到苏联西伯利亚监狱。

二、我的老师阿恰依尔受她丈夫的株连，作为特嫌被哈市公安局管控。而我从1951年经常出入于苏联高等音乐学校，特别是随同老师阿恰依尔到秋林俱乐部演出，为此我又受老师的株连，也被列入公安局的监视对象。

三、我在苏联学校学习时间最长，又是唯一的中国毕业生，我的所有学习档案都存放在苏联驻哈办事处。在我取得毕业通知时，小郑坚决不让我去领毕业证，就是不让我再重新惹上麻烦，因为那里有公安局的视线。我是一个中国人，到苏联领事馆领取毕业证，我又跟"海外关系"搭上钩了，一旦国内有什么政治运动，我自然就成为"对象"。

四、不要谈起我和他（小郑）之间的相识过程，给人家当成笑柄。这对我和小郑来说都不是什么荣耀的事。切记保密就是自我保护。

听他说完，我才搞得清这么多年他所说的底线的具体内容。他算的都是

第四章 进入哈尔滨艺术学院

政治账,这是他的专业,所以我搞不清的问题,都依赖于他。

第二天,我如约到达了友谊宫招待所。喻先生非常平易近人,对我这个年轻的声乐教师,一点也不摆专家的架子。她热情地迎接我进入房间,入座后对我说,昨天听了我的演唱,被我漂亮的嗓音所打动。她认为一般的歌者,越是在近距离为同行演唱,越是会有一种紧张的状态,而她却看到我是那样轻松自如。随即向坐在她身旁的我的同事询问,我是从哪里调进哈尔滨艺术学院的。当听说我就是此地人,是从一个普通中学调入的,她感到很好奇,所以问我是跟谁学习的声乐。她不太认可张权老师说的那句话"这是我的学生"。因为她知道,张权老师是刚刚调到哈尔滨不久,不可能在这么短的时间里教出有如此深厚声乐功底和娴熟演唱技法的学生。她特意约我单独会面,就是要和我聊聊,同时想从我这里了解俄侨在哈尔滨乃至全国传播西方音乐所做出的重大贡献。

我听了喻先生这番朴实、中肯的言谈,心里很是敬佩。又想起了小郑对她可能关注的问题的推测,果然不出所料,这使我轻松了许多。于是把我从中学开始参加宣传队以演唱的形式宣传革命道理到参加东北音工团,从被组织以鲁艺音工团团员的身份送进鲁艺学院全面学习再到进入苏联高等音乐学校追随阿恰依尔老师,并跟她学习了八年的声乐以及后来调到哈尔滨艺术学院的这段历史简要地向喻先生谈了谈。出于一些原因,这些我几乎没向外人完整地说过。

作者与中央音乐学院副院长喻宜萱

歌声里的传承
——刘凯回忆录

接下来，我又向喻先生介绍了俄侨到中国的来龙去脉，并根据"南有舒什林北有阿恰依尔"的说法，重点谈了对中国声乐发展贡献最大的两位艺术家，即舒什林和阿恰依尔。

我和喻先生谈了两个多小时。离开时，我们合影留念。

我提出送喻教授一点东北土特产，她立刻拒绝了，说："这绝对不可以。"而接着她却说："你今后想到北京做任何事，我都能帮助你。尽管来找我。"这话让我真是万分感激。走出友谊宫招待所，我心里感觉到从未有过的轻松和高兴。因为在叙述完我接触、学习、从事演唱的经历后，喻先生对我说："你是没有出过国门的留学生。"虽然在当时的环境下，我怕别人这样说，但从我内心深处，又是多么渴望能听到这样的话语。因为这是我自幼就追求、期待实现的梦。更何况这话是一位从美国归来的前辈说的啊。

进入艺术学院的第一年，由于我初任专业声乐教师，所以困难重重，处处碰壁。好在我班上的几名学生无一人有调换教师的请求，这无疑给了我很大的支持，使我能安下心来摸索着教学。我经常对学生讲心里话："你们都是我的教学实验品哪。"值得庆幸的是在我面对诸多挑战、烦恼痛苦的节点上，我得到了三位经验丰富的老艺术家的亲自指导。一位是戏曲表演艺术家晓达子老师，一位是声乐教育家、歌唱家于忠海先生，还是一位就是著名女高音歌唱家张权老师。他们在我的教学过程中是功不可没的。

我清晰地记得，一年前我曾对我们的院长刘相如承诺：给我两年的时间，改变我在教师行列中的边缘处境。如今仅用了一年，我便融入教师队伍，解脱了精神上的压力，可以集中精力投入到教学之中。1961年末，系主任程思三同志向我透露：声乐专业要在明年（1962年）增设民族声乐，已确定两位教师，其中就有我。对这个决定我并没有感到奇怪，因为在艺术学院领导班子中，基本上是原东北鲁艺学院的成员。在他们的印象中，我就是唱民歌走

第四章　进入哈尔滨艺术学院

红的。选我到这个专业，我没什么想法，争取干好。只是当前我的学生中，找不出一位具备学习民族演唱的苗子。从嗓音条件来说，崔淑凡还勉强。不过她的嗓音比较宽大，只能走西洋唱法民族化，借鉴美声演唱中国普通歌曲。就在我寻找不到具备发展民族唱法的素材时，曹丽莲老师来找我，同我商量说她班上有一位女同学，从声音条件到形象都蛮好的，但已经教她两年了，就是一点也不入门。曹老师听岳道琏老师说我要搞民族专业了，问我可否帮她听一听该学生在这方面有没有条件。若也不行，曹老师就要打报告给系里，劝这个学生退学。我因与曹老师关系不错，同意帮她听听学生的问题在哪，但对曹老师要劝退学生的想法不支持，这是涉及学生前途命运的大事。我们可以像医生会诊一样，共同帮学生找出不进步的原因。第二天一大早，学生过来找我。还没等她讲话，我第一眼就发现，她身上具有一种民族的美感和气质，这正是我当前寻求适合演唱民族歌曲人才的条件之一。我赶紧询问："你叫什么名字？"她敏捷地答道："赵凤荣。"她流利脆亮地说出这三个字，证明了我的判断是准确的。接着我又问她在没进艺术学院之前是否喜欢唱歌，她说："是的，我喜欢唱些民歌小调之类的歌曲。"到此我已基本上搞清楚了，她之所以学不明白，并不是曹老师不会教，也不是学生不会学，而是她俩根本就不对路，对声音的感觉相差甚远。曹老师是纯洋货，比如她从小的家庭生活中，要求三天讲英语，三天讲法语，只有一点时间讲中文。所以她跟一个喜欢听、喜欢唱民歌小调的学生是无法交流的。随后我进一步问她，喜欢听中国戏曲吗，她告诉我说以前没接触过，只是刚入学时，因为当时学院是新组建的，声乐老师只有王家彦老师一人，无法正式开课，艺术学院领导就安排她们几位女同学，由王老师带队，去了天津小百花剧团，学习了几个月的河北梆子。她很爱听，也喜欢唱。此时我真的是喜出望外，不想再追问什么了，一心想听听她的声音及对音乐的悟性。我对她说："现在就用民族传

统的教学方法，试试你能否接受。"于是我采用民族民间的教学规则，先从咬字上开始。最初不要讲更多的理论，而是让她从感性做起。比如，拿出一个最简单的字"你"，它是由声母与韵母相结合的，只告诉她声母就是西洋唱法的子音"n"，再加上韵母（母音）"i"，等于"n + i"。声母打头要快，韵母在后要慢。进一步再找出它的声调是第三声。因为她学习过戏曲，所以我说这些她一点都不觉得难。之后可以拿出一个短句，训练读素白，这对她更不成问题。然后就可以读韵白了，由低到高，带点曲调性，让她提起精气神，将字念到底，这些她都敏捷地做到了。从中我既听出了她声音的宽窄度、音色，又观察到她的领悟能力。在这简短的一节课中，我对她各个方面都很满意。而对方可以用当时她所说的话，证明她的满意程度："老师呀，今天我可算是找到感觉了，真的是太棒了！我对今后的学习充满了信心。"随后她提出从现在起她就转到我的班上。我对她说，这不合适，还是得回去与曹老师商量，决定后提到系里，由系里出面调换到民族专业。在这期间，她可以经常到我这里来。

1962年，是我工作繁重的开始。我要为民族专业班备出各种类型的曲目，特别是新调来的学生（赵凤荣）要从大三开始，但前面两年的基础课我也要一点一点地给她补上。从小民歌到歌剧选曲，我遵循由浅入深、循序渐进的教学原则。最为麻烦的是，民族专业的每周的学生合伴奏是跟民族乐队合，我必须次次到场。就在这时，张权老师提出她工作忙，辞去了为我院培训女教师的工作，这样我将每周与丁顺训老师合伴奏时间改为与民乐队合伴奏。为学生备课等于为我自己积累曲目。无形中，我多了一个内容——演唱中国歌剧。

正在我满怀热情专心投入到新开设的民族声乐教学中时，突然接到学院通知，让我先放下教学，准备参加1962年7月的第二届哈尔滨之夏音乐会的

第四章　进入哈尔滨艺术学院

演出。程主任对我说，学院也是刚刚接到市委的指示。这次的哈夏演出是全国性的，各地都将派专业演出团体来参加活动。哈尔滨市委作为东道主，当然要格外重视本地区的演出质量，尤其是对专业的参演单位，要统一规划，统一领导。由市委宣传部牵头，牛乃文部长亲自组织一个专家审查团，主管声乐的成员是张权。他们抢在演出前两个月，先搞选拔赛，要求学院提出参赛人选。艺术学院开会提出要我去参加竞选，和我一起评比的是歌剧院的演员，所以学院决定要我先放下目前的教学，集中精力搞好这次的表演。时间紧，任务重，我赶紧跟我的老师于忠海先生商量。他对我还是很有信心的，说我有实力，不必紧张。当前主要是确定演唱的曲目。因为我是代表艺术学院，所以他建议我应当唱自己最熟练、最有把握的作品——外国歌剧。于先生的指点，使我充满了信心。我与我的钢伴丁顺训老师合了几首，并让她帮我挑选。她认为我应当唱《月亮颂》和《蝴蝶夫人》。她说："这些歌剧除了张权能唱，歌剧院的其他人都不会唱。你肯定能占优势。"就这样把参赛的曲目定下来了。为了给艺术学院争取名额，我抓紧时间合好伴奏，只等着评审团来选拔。

很快评审的日期到了。地点就设在我们学院的礼堂，我与本院学生场同时被评选。礼堂里早已是座无虚席，最前排留给市委宣传部组织的评审团成员，后边是我学院的领导及各专业老师，再后边是学院教工人员和全院学生。场面显得有些严肃，也有些紧张。据说艺术学院的领导班子对市委组织评审团没有指派学院代表参加有些意见。在学生评选时，每个学生演唱完毕，在现场做出评估。有的学生主教老师持不同意见，当场就有争议。就是在这样一种气氛中，轮到我出场了。像往常一样，只要一登台，我就排除一切杂念。当我演唱完毕，艺术学院全体师生表现出热烈的反响。评审团明显有些尴尬，牛乃文部长宣布：评审团一致同意刘凯同志参加市里组织的青年独唱、独奏

歌声里的传承
——刘凯回忆录

专场音乐会，排练、演出听从统一安排。另外演唱曲目要更改，因为这两首外国歌剧曲目与张权的独唱音乐会曲目重叠。我听后立即表示同意，外国歌剧曲目改为《为艺术，为爱情》，另外我想唱一首中国歌剧曲目，因为我是教民族声乐的，选择《小二黑结婚》里的"清凌凌的水来蓝格莹莹的天"。评审团赞同，并表示不用再审了。对于我当场同意改换曲目，学院有两种反应，一种是认为这不公平，曲目相同但场次不同，完全没有必要要求更改；另外一种是怕我在短时间内改换曲目影响演出效果，这也是我的老师于忠海教授的想法。在一旁的丁顺训老师对于教授讲："你不用为她担忧，她的歌曲多着哪。"

第二天，我就接到了组织演出部门的工作安排计划。因为演员是来自各单位，因此要先搞几次预演，既锻炼演员，又让上级领导心中有数，以便最后安排演出排列顺序。演出的对象是各大专院校，要求表演者听从指挥，召之即来。对现场观众的反响，随时有专门负责人反馈给每位表演者。我对这种排练方式非常感兴趣。第一场演出是在哈尔滨师范学院，我排在歌剧院演员的后边出场。我有一点顾虑，因为他们都是演员，而我长时间没演出了。结果反馈回来的信息是："群众对你演唱的满意度最高，都欣赏你的歌声与内在表现"。演出结束后，师范学院艺术系主任王国忱到后台向我表示祝贺。他是和我同期上的苏联高等音乐学校，是小提琴高级班的，我们在一起上音乐理论课。他第一句话就说："刘凯老同学，你真行啊，不减当年！"第一场演出，我就叫响了，我记得好像一共演了四场，我都得到同样的反馈信息。这为我参加哈夏演出增强了信心。

第四章 进入哈尔滨艺术学院

第五节 第二届哈尔滨之夏音乐会

1962年7月，第二届哈尔滨之夏音乐会正式拉开了大幕。

作者参加"哈尔滨之夏"音乐会节目单之一

市里领导将我们青年独唱独奏专场安排在松花江畔的青年宫剧场，要求全体演员提前两小时到达演出地点。我特意早到一点，一来是一个多月的紧张排演终于结束了，想放松一下自己，另外也是想借此机会欣赏江边的美景。七月是哈尔滨最好的时候，那个年代，江边也是哈尔滨最漂亮的地方。我正缓步行进时，遇到了多时不见的王双印。他是著名的歌剧演员，是我老师阿

歌声里的传承
——刘凯回忆录

恰依尔比较重视的学生，还是她生活中的帮手。偶然相遇，我们双方都非常高兴。交谈中我问他："今天没你的事，你来干什么？"他笑着，半开玩笑地说："我是代表咱们老师来检查你们几位演出效果的。"听了他的回答，我开始有点蒙，继而马上明白了他的意思。阿恰依尔老师曾被歌剧院聘为声乐指导，这些天与我同台演出的歌剧院演员中，像男高音滕清泉，女高音郝淑琴、周琪华都是她的学生。可以说，这场演出就好像是阿恰依尔老师的几名学生在同台竞争。因为我和他们上课的时间不同，又不是一个单位的，所以彼此之间不熟悉，即使同台演出好几次也没交谈过。而王双印是松江鲁艺的老演员，与东北鲁艺音工团有点关系，加之阿恰依尔与中国学生之间的联系是由他负责的，故虽不常见，心中却都有着内在的联系。

演出前我去后台化妆室时，感觉气氛有些紧张。听说这次的演出，省、市文化系统的领导都会到场。我对这些并不在意，心中想的是：台下观众席中，有我老师阿恰依尔的"耳目"，我应拿到最佳成绩，献给老师，以表达我对恩师的敬意和感谢。

演出刚一结束，我就看见王双印急匆匆地跑到后台，先是大声祝贺各位表演成功，之后悄悄地对我说："刘凯老同学，今天我总算到现场，了解了实情。说句老实话，以前老师没离开中国之前，一提到你，总是赞不绝口地夸奖。可我就没见过一次你来参加老师的生日聚会，不知你是无情还是缺钱，对你真是有些想法。这次天赐良机，几位大名鼎鼎的人物同台表演，又都是老师一手栽培的，我必须公平、公正地替老师点评。没错，你是阿恰依尔老师在中国所教授学生中的佼佼者。你放心，这消息连带节目单我一定转到老师手中。"

公演结束后，我去上班，第一位见到的是系主任程思三。他高兴地对我说，我的任务完成得很漂亮，替艺术学院出了一口气。连马楠院长都夸奖

第四章　进入哈尔滨艺术学院

我，说平时看我不争不抢，一旦有任务要完成时，却表现得那么认真而坚强，这种霸气是革命的英雄主义。程主任建议我应当主动去见见马楠院长。自从马楠院长从北京调来，我还没有单独去见她，感觉没事去了不知谈些什么，我觉得这真是我的一大弱点。现在我应当主动汇报，并听取意见。我进到院长办公室，马院长非常高兴地说："你们青年专场演出我没亲自去听，但是院里指派了美术系负责人杨角和张晓飞夫妇二人去了。他们回来对我说，你是在歌剧院的包围圈里孤军奋战，以实力表现出个人的水平。他们二人坐在观众席中，注意倾听大家对你的评论。现场的观众大部分是外地赶来参加演出的专业人士，他们对你演唱中、西两首风格不同的歌剧选曲十分震惊，评论中有人说这是当前声乐演员中难度最大的挑战。而你却顺畅、出色、成功地完成了。同行们除了佩服，共同的看法是你的声乐基本功过硬。"马楠院长还说："派你参加选赛，是大家推荐的，无疑是成功之举。"

我离开院长办公室后，一心想去见见我的老师。一走进于先生的琴房，他就对我说："我刚刚让学生去叫你，听你学生说你还没来呢。"我告诉于先生："我本意是来给学生上课的，没想到遇见了程主任，是他建议，让我去见见学院的院长。我也觉着还是听听领导的意见为好，所以就没先去给学生上课。"于先生对我演出成功也表现出格外的兴奋，他说，虽然他没去听音乐会，但从学生当中很快就传出了消息：这次艺术学院胜利了。市领导没瞧得起艺术学院，只选出一个代表，还要求更换曲目，全体师生对此极为不满。结果还是刘凯老师给大家出了这口闷气。连于先生也不知道我还有这么一招——随时可更换曲目。我说："这都是我参加革命，领导培养出来的。"于先生说："非常好。中国需要这样的人才。你今后应当继续努力，多积累曲目。一面充实你的教学曲目，同时不断增加自己的演唱曲目。为今后更多地参加艺术实践演出打下夯实的基础。"

歌声里的传承
——刘凯回忆录

从此于先生为我上课更热心主动了。特别是他遇有社会活动时，比如到各大专院校为爱好文艺的学生讲座，每次带着我，为他的演讲做示范演唱。我的演唱受到学生们的热烈欢迎，都以为我是于先生的助手，对此我自己受到很大的鼓舞。根据学生的爱好，我不断地补充曲目。像创作歌曲《我站在铁索桥上》就是专为大学生们演唱的。我觉得参加这样的活动，等于我在进行艺术实践，接近我过去从事的演员工作，甚至内容更多了，因为我还是一个声乐教师，可双方面的学习、实践。虽然负担重了，但我感觉更充实了。

马楠院长调来艺术学院，已是学院第三任院长了。

左为作者丈夫，中为哈尔滨艺术学院院长马楠，右为作者

第一任是刘相如，是学院从无到组建成的阶段。第二任是苏扬与邢绳武，学院还在组建中。而马楠院长的任上，则是艺术学院初具规模时期。以声乐专业为例，教授于忠海，讲师岳道琏，相等级别的有马瑞图、曹丽莲、程应昆、何少卿、王孝芹，助教级有李兰忠和我。在这个队伍中又由来自不同的地区分成三个群体：北京、上海、沈阳。有争执的突出表现在来自北京的和上海

的。我本人因为没有这方面的意识，所以从不参与其中。但是，我的导师是来自上海的于忠海先生，他又是被攻击的主要目标，所以我有意无意地被卷入上海群。马楠院长来自北京，她首先接触的是北京群体。意见听多了，自然表现出一定的倾向性。我是自动选择靠边站，从不接近院长，也不反映情况。自从我参加第二届哈夏演出，得到市里领导好评后，马楠院长开始对我有些熟悉了，见面时热情打招呼，不过也就仅此而已。突然有一天，我听到背后有人叫我，回头一看是马楠院长，她说："刘凯，你明天晚上到我家里去，我们聊聊。"突如其来地被院长约会，我感到茫然，于是去请教系主任程思三同志。他帮我分析说，最近马院长常常提到，通过考核，她发现艺术学院聚集了一些优秀人才，但他们只是埋头于教学。学院应当设法为他们创造条件，让他们到社会上去展示自己，这样既锻炼了他们，也为学院打出了招牌，岂不是一举两得。程主任估计马院长是为此事找我。随后他又添上一句："这个点子一定是陈沂同志为她出的。"

回到家中，我将今天遇到的事情原原本本地向小郑讲了，他很同意程主任的分析，并说："陈沂同志在反右之前是部队的，曾任解放军总政治部文化部部长。他是少将军衔，马楠院长是受陈沂的株连，由北京调至哈尔滨。她原来是搞对外文化联络的（副局长），在教学单位做领导还是个新手，对此陈沂同志当然不会袖手旁观，学院能得到这样人物做高参，实属难得，前景可观。"我听了他的介绍，心里有点恐慌，不知第二天晚上见到他们谈些什么。小郑分析后对我说，我是学院里最年轻的教师，他们不会为难我的，不会让我谈业务问题。马楠院长是搞行政的，更多的是想了解学校管理方面的问题。小郑要我本着实事求是的原则，客观地介绍我所了解的一切情况，千万不能夹杂个人的感情。要注意听他们提出哪方面的问题，谨慎考虑应当怎么回答。

歌声里的传承
——刘凯回忆录

第二天下班，我到学院食堂吃过晚饭后，估计马院长已经吃过晚饭了，我便来到她家。刚一进门，就遇上了陈沂同志，他见到我很热情，大声叫马楠："你部下来了。"马院长很快迎出来把我引到客厅，让我在沙发上坐下，她自己坐得离我很近，开口就说："我今天邀你来，是因为我了解到，你是院里唯一的在苏联高等音乐学校学习过的人，我想通过你，了解有关苏联学校在这里办学的一些情况。希望你能把你所知道的情况，尽量详细一点介绍给我。咱们可以参考借鉴一些好的经验。"听了马院长提出的要求，我心里轻松多了。我完全按着小郑所说的，抛开个人的观点，客观、实事求是地介绍我所熟悉的一些情况。

左一为作者，左二为作者丈夫，中为陈沂，右二为马楠，右一为何少卿

无论是沙皇俄侨时期所建立的音乐学校还是苏维埃政权成立后政府所组建的音乐学校，虽然意识形态不同，体制不同，但在科学的教育理念上是一致的。校方都遵循世界音乐教育的成功经验，传承学院式的教育模式和井然

有序的管理模式。而由于第一高等音乐学校的毕业生可获得苏联学籍，毕业后可以直接考入苏联多所音乐院校（我在上课时就看到过阿恰依尔老师给我展示的她的学生考取苏联学校的成绩单，全是五分），所以每学期苏联教委都会视察学校教学情况。每到这时，校长及艺委会都会紧张地通知各专业教师，要求认真做好准备。我在上学期间，就曾被选中作为学生代表接受教委会的审查。音乐和听众、观众是不能分开的，所以学校定期举办对外音乐会。因教师队伍素质相当高，全体教师也都被要求在音乐会上登台表演。另外如有社会为纪念伟大音乐家而举办的音乐活动，学校也都参加。教师们努力钻研，精心耕耘，教出的弟子也要学习教师，不断进行舞台艺术实践演出，借以提高技术水平和表演能力。这样学校在社会上的影响力和知名度都很高。

时间在不知不觉中过去，我看了看表，已经快九点了。我非常抱歉地对马楠院长说："我也没有目标，想起什么就谈什么，浪费了这么长的时间，不知我所谈的对您是否有用。如果还有什么想让我介绍的，以后随时都可以通知，叫我到办公室就可以了。"没料到马楠院长并没听烦，反而对我说，她一到学院来，就有人向她介绍，说我是学院里最年轻的，刚从中学调上来。因我平时人很低调，所以她和我没什么接触。这次请我到她家里，还是她听了原来鲁艺学院熟悉我的杨角和张晓飞夫妇提起我和我的弟弟刘钢，说我们两人在鲁艺是年岁最小的，但业务上、人品上是倍受领导与群众喜欢的佼佼者。"小刘凯、小弟刘钢"是院长吕骥同志会上会下叫出来的。在旁边一直没开口的陈沂同志听马楠院长说到这，便插了一句话："别看人小，见的事面可并不少。我看你们艺术学院应当多多关注这样的同志。"

1963年艺术学院送走了第一届毕业生，这其中就包括后来为电视剧《西游记》主题歌《敢问路在何方》谱曲的作曲系毕业生许镜清。从分配到各地学生的反馈信息中得知，接收单位都对艺术学院的教学水平给予了肯定。这

使我们对未来充满了信心。

学院为了增加教师后备力量，从六三届毕业生中选拔了一批骨干学生留校任教。其中多数是器乐专业的学生。他们既可任教，又可担任独奏演员，为学院组成了一支小型民乐队，对学院艺术实践演出做出了很大贡献。

我在哈尔滨艺术学院的学生赵凤荣

第四章　进入哈尔滨艺术学院

第六节　新的艺术实践

1964年初，学院决定组建"教学实验"机构，这相当于苏联高等音乐学校的"艺术委员会"。由邢绳武院长助理主管，具体工作由抓学生思想教育的周文同志负责。周书记首先找到了我，说马楠院长对他讲，我在这方面很熟，既能演唱，又在哈多年，接触面广。让我帮他尽快做联系工作。周文书记的话，搞得我好紧张。我一天到晚埋头钻研业务，最不善于的就是到外面做联系工作。我赶紧解释说马院长不太了解我。在哈尔滨住得时间长，是因为我学习时间长，但并不怎么与社会交往，认识的人也很少。我是经常演出，但圈子很窄，基本上就是苏联学校组织的，在秋林俱乐部的小型音乐厅，观众大多是俄侨。再有就是近几年被黑龙江广播电台聘请，每周定期为听众介绍一首新歌，并负责教唱。到艺术学院来以后，就把这项工作辞了，因为我没有精力再担当别的工作了。听我讲完，周文书记对我说："你在广播电台帮忙了这么多年，这个活动圈子还小吗？上至电台台长，下至全省广大听众，你不认识他们，他们可全都熟悉你呀。起码每次负责你录音的人，你总该熟悉吧。我们当前要开展的工作，并不是要到社会去找熟人，也不是办像歌舞剧院那样的群体。而是要与电台联系上，为我们的艺术实践提供帮助。你从明天开始，除了上课，就跑这事。"

回到家里，我对小郑讲了事情的前后经过，他说："我就猜到了你的想法，一个心思就是搞好自己的业务，其他一切都不感兴趣。其实马楠院长是想让

歌声里的传承
——刘凯回忆录

你配合周书记完成这项工作，因为他毕竟是搞思想政治工作的，而你却表明只能搞演出活动，其他推得一干二净。这要换做第二个人早都积极抢着干了。我要是周书记，一定狠狠批评你不关心政治。"他建议我明天先不给学生上课了，跟学校请个假。上班直接就去省电台找我最熟悉的老荣同志，请他帮助我。第二天我按着小郑说的，一大早就到省电台文艺部找到了荣战今同志，如实地把艺术学院的想法以及派我来与电台沟通的事告诉了老荣同志。他说这没什么难的，虽然电台是有计划地安排节目，不能随便更改。但他可以去帮我与电视台联系，说不定他们正需要这样的协作，既解决了他们不定期的快捷宣传任务，又为我们不定期的搞艺术实践提供了场地。老荣同志让我先回学院，一有确定的消息马上告诉我。我高兴地回到了学院向周文书记汇报，他听后非常满意地对我说："你看，你这不是很有办事能力吗？看昨天把你紧张的。看得出，你是个办事认真但缺少办事经验的人。"

下午老荣同志就打来电话来了。他没找我，而是直接通过艺术学院找到了周文书记，说与哈尔滨电视台文艺部的负责人谈过了，他们非常欢迎学院与他们搞协作，具体事宜希望双方约好时间细谈。这件事就这么顺利地办好了，我这还是生平第一次代表组织与外界打交道，心里别有一番感触。

很快艺术学院就与哈尔滨电视台达成了正式协议。双方对此事都很满意。电视台与我们学院都是人才聚集的单位，双方协作为他们开展工作带来了诸多方便，而对艺术学院来说，对外宣传了学院的实力，对内为教师施展个人的才华提供了最佳的场地和平台。真可谓一举三得啊。

自从与哈尔滨电视台互联协作以来，艺术学院音乐系几乎将所有能参与演出的人都调动起来了，我自然一马当先。留给我印象最深的是：有一次，接到电视台的紧急通知，要求我在第二天晚八时到电视台进行现场直播，演唱群众点播的独唱歌曲《众手浇开幸福花》。这首歌我既不会唱也没听过别

第四章　进入哈尔滨艺术学院

人唱。歌曲虽然不大，但对我来说太不熟悉了。如果演砸了，会给电视台造成重大播出事故，责任很大。拿到谱子时已是下午一点多了。我去找丁顺训老师，视唱给她听。

丁顺训在弹钢琴　　　　　　　　左为作者，右为丁顺训

这事对她来说很简单，直播时她可以照谱弹伴奏，而我需要背诵，面对直播的观众表演，心里实在是又慌又急。丁顺训老师对我说："你快静下心来，否则无法面对明天的挑战。"我想想也只能这样了。回到家中，我没和小郑学说这件事，吃过饭，早早睡下了，目的是让自己紧张的神经松弛下来，第二天能够以充沛的精力迎接这一挑战。第二天，我上午没去上班，待小郑走后，我坐在琴旁，一边朗诵歌词，一边弹着旋律，轻声慢唱。两个小时后，我到学校与丁顺训老师合伴奏。一遍下来后，她对我说没问题。这时外边传来一句"刘凯接电话"，我便到周文书记办公室接听。是电视台来的，第一句话就问我："今晚准时演出，刘老师准备得怎么样了？"我说："我是尽力了，效果如何我真是不好说。"对方马上告诉我，不用着急，台里已经为我准备好了"防忘设备"。我问什么是"防忘设备"，对方本来不想告诉我，好让我见到后给我一个惊喜，但见我这么着急地问，便说："在摄像机的下面贴一张大白纸，用简谱将歌曲写好，唱时看着摄像机，也就看清写好的歌曲了。"

歌声里的传承
——刘凯回忆录

哇,有这么好的办法怎么不早说,何必让我大伤脑筋,紧张了这么长时间,人都快僵了。到晚八时,我顺利地完成了演唱任务,事后据说观众非常喜欢我唱的这首歌。电视台的负责人为我在这么短的时间内帮助他们完成临时任务表示谢意,学院邢院长和周文书记也表扬我对待工作一丝不苟的态度。

艺术学院作曲专业第一位来找我合作的是汪立三老师。

他对我说,他在上海音乐学院读书时曾写过一些钢琴作品,当时受到了外国专家的赞扬,离校后因为一直在参加劳动,所以没再搞什么创作。现在突然接到省电视台的邀请,要他在三天之内为他们宣传兰考县党的好干部焦裕禄写一首独唱歌曲。时间这么短,尤其他对写声乐作品还没尝试过,心里没有把握,所以来找我商

作曲家、音乐教育家汪立三

量。我想起刚刚参加东北音工团时,指挥刘炽同志为赶时间完成组织上分配给他的任务(写一部新大合唱作品,并排练成熟),也是选我与他合作,写出一份,我试唱给他听,满意后再送到合唱队。他晚上写,合唱队白天排练,结果我们胜利地完成了任务。眼下汪立三老师遇到的情况就是和这件事情差不多,于是我便建议他晚上开夜车写出来,争取第二天一大早就将曲子送到我家(正逢假期,我不上班),可以一边试唱一边改。离去电视台录像还有两天的时间,肯定误不了事。按着这个办法,我们愉快地完成了任务。

从此,作曲专业的老师找我唱他们新写出的作品,基本都是采取这种办法,边唱边改。小郑开玩笑地说:"咱家都快成了艺术学院的排练厅了,我刚一迈上大安街,就听见你在唱。"学院里的女老师都很羡慕我,说我找

第四章　进入哈尔滨艺术学院

了一个好丈夫，里里外外一把手，让我整天忙于自己的事业，成了家里的甩手掌柜。

某一日忽然听说吕骥同志来哈尔滨了，他是来考察哈尔滨音乐界的，包括要了解新组建的哈尔滨艺术学院的情况。对于他的到来，我实在是抑制不住自己埋在心里多年的"感恩"情怀。在东北音工团，他是我的团长，在东北鲁艺学院，他又是我的院长，我就是在他的领导和关怀下成长起来的，直到我调进哈尔滨艺术学院之前，他和当年他的助手潘奇同志还在帮我。这是我永远都不会忘记的，所以一心想见到他。

这一天让我盼到了，吕骥同志真的来到了艺术学院。他与马楠院长谈完后，我们得到通知：吕骥同志要见见原来鲁艺的老同志，还有来自上海音乐学院作曲专业的一些很有才气的同志们。当我们大家见到吕骥同志时，他非常高兴地向我们招手，并主动开口说，听了马院长的介绍，知道学院是白手起家，没钱，没势，没人管（指的是政府不支持）。但这里的教师却不畏艰难，各显其能，培养出了不低于国内其他院校高水平的学生。这里藏龙卧虎，是高端人才的宝库。吕骥同志还告诫大家："困难是暂时的，前景是光明的。"大家听了吕骥同志的讲话，都非常激动，希望吕骥同志回到北京，向教育部反映。在吕骥同志要告别时，我赶紧起身，抢着将多年藏在心中的话对他说出来，再不说恐怕就没有机会了。我说："吕骥同志，您还记得我吗？"他笑着说："当然记得，你是小弟刘钢的姐姐，小刘凯嘛。你们姐弟俩都很有出息，这是大家公认的。"我说："我们俩有今天的成就，是您所代表的中国共产党一手培养起来的，我们永远都不会忘记。今天我还要将十几年来总是放不下的心事告诉您。1948年，就是在哈尔滨，我团要去电台录制节目。您为我叫了一辆小轿车，我当时还以为是我们俩坐车去呢，结果您自己却跟着大队步行到电台，这件事什么时候想起都使我感到不安。"吕骥同志听后，笑着说："那是

歌声里的传承
——刘凯回忆录

解放战争艰苦年代的事，怎么你到现还记得啊。那时你年龄小，腿又有残疾，是谁都应当这样做。如今你已经成材，做了大学老师，我应当祝贺你！"

新组建的哈尔滨艺术学院，经几年的艰辛创业，终于有了点起色。从院级领导到教职员工都满怀期望，各自投入到本岗位工作中。就在这时，突然传来了令大家震惊、失望、心灰意冷的消息：国家出台"充实、调整，关停、并转"的八字方针。我们艺术学院属于其中的"转"，哈尔滨师范学院属于"并"，省里决定将艺术学院合并到哈尔滨师范学院音乐系中，并指示艺术学院将65届毕业生送走后，不再招收新生。这一突如其来的变动，尤其对各专业教学人员来说，无疑是打击最重的。原本高等艺术院校是培养尖端专业人才的，而师范学校是培养中、小学老师的，显然在素质要求上是不同的。师范学校对于施教者的要求自然是低于专业院校的。它要求毕业生多能，如若强调一专，一定会造成负面影响，使学生不安心做教师工作，这可是原则问题。所以教师必须从培养表演艺术家的理念转为培养为人师表的人民教师上来。我本人对这些并不是最在意的，我所忧心的是：自己演唱技能的提高肯定会受到限制，艺术实践这条路会越走越窄了。好在这些年来，自己为了追求声乐的发展，在工作选择上，已经是三进三出了，锻炼了自己承受困境的能力。

送走了六五届毕业生后，马楠院长很关心大家，她说："在师范学院还没找上门来之前，我们还是放松一下，搞点自己喜欢做的事。请邢绳武院长和周文书记将'教学实验'改成教师艺术实践演出队，既发挥教师各自的才能，又可到哈尔滨市各大工厂、机关、团体、学校进行义演。让艺术学院解体之前，留下完美的纪念。"

哈尔滨艺术学院院长邢绳武

第四章　进入哈尔滨艺术学院

负责艺术学院教师演出队管理的是邢绳武院长，具体操办的是周文书记。

他二人一同来找我谈话，邢院长对我说，这次公演我是要多出点力了，重头戏还是独唱，同时还要搞一个男女声二重唱，男声由程应昆与我合作，曲目是演唱作曲家李劫夫的作品《我们走在大路上》；另一个是由男中音岳道琏、女中音马瑞图和女高音我组成的三重唱，曲目是歌唱新中国成立以来一百位感动中国的人物之一——河南省兰考县委书记焦裕禄。已经通知了汪立三老师赶紧谱曲，明天就能交到我手中。今后每场演出我都得三次登台，大家都为我身负如此重任而担心，尤其是对我的独唱曲目，这次要更换新的，选择适合当前群众口味的歌剧《江姐》选段。要在十几天内更换曲目，就是对经常演出的专业演员来说也是很难的。邢院长和周书记对此也很担心，他们是带着顾虑找我来的，想听听我的意见。其实就在二位领导跟我谈话时，我心中就已经打定主意了：这次组织公演，学院领导就是为了安抚一些专业教师的情绪，很可能这是我们最后的演出机会了。所以无论任务有多么艰巨，我都不该退却，更何况这二重唱和三重唱的演唱形式我并不陌生。而对于李劫夫同志，我也是很熟的。1948年，他刚从部队调到东北音工团时，我就开始唱他新写的歌。像我唱过的《歌唱英雄王二小》这首独唱曲，无论是电台播放还是公演，都受到群众的称赞。1950年，已任东北鲁艺学院院长的李劫夫同志要求我为他的作品搞一场专场音乐会。正在准备的过程中，抗美援朝开始了，上级命令停止一切排练，鲁艺全院撤至哈尔滨。李院长就这件事对我说"真是遗憾"。十五年过去了，现今我又要演唱李劫夫同志的作品了，我真是满心欢喜。至于三重唱的曲目题材，是黑龙江电视台特约汪立三同志为宣传党的好干部兰考县委书记焦裕禄同志写的一首歌曲，也是我刚刚在电视台完成的。所以对这两个节目我都充满了信心。只是我个人的独唱曲目有

些小问题。歌剧《江姐》的选曲我并不是一点都不熟，曾为学生备课做过一些准备，其中我偏爱的是《我为共产主义把青春贡献》。可仅有十来天的时间，既要背歌词，又需要与民乐队合伴奏，无疑是有些冒险。但考虑到机会难得，我还是想趁此机会挑战自我。于是我当场向两位领导表态：愿意接受组织的安排。

在回家的路上，我便开始策划。第一，我想时间对我太重要了，要尽快让领导抓紧时间通知民乐队组织排练。第二，要先难后易，先准备独唱曲目。第三，也是最关键的设计方案，多做"案头工作"，这是张权老师传授给我的最大法宝。

第四章　进入哈尔滨艺术学院

第七节　《江姐》

当晚我就开夜车，仔细地了解歌剧《江姐》的时代背景、故事情节、人物性格。然后在心中朗诵歌词，同时推敲民族语言的咬字、吐字的规律。熬了半夜，终于达到顺畅读白了，我这才松了一口气，准备第二天上午到学院小教室读谱例。第二天我刚一进学校大门，就听见周书记的声音"怎么快十点了，刘凯还不到？"我赶紧大声说："我到了，到了。"周书记见到我说："我还以为你打退堂鼓了呢。"我笑着回答："怎么可能。"周书记听了我的回答，非常高兴，告诉我，他和邢院长把与我的谈话原原本本地向马院长汇报了，她的原话是"这是我预料之中的"。她还说，前两个月吕骥同志来艺术学院做考查，与她谈话中，就流露出对我的成长很在意，说明了原先我在领导心目中的位置，非常可惜的是现在艺术学院已无能为力了。这次演出如此安排我，一方面是工作需要，另一方面是考虑让我多表露才华，以后到了师范学院恐怕登台的机会不多了。我听周书记复述完马院长的话，仿佛又回到了十多年前得到延安老同志对我的重视培养与关爱的时候，内心十分感激。

这段时间里，艺术学院已不像学校的样子了。送走了最后的毕业生，校园里显得空荡荡的，只有几位年轻住宿的老师，还有就是有演出任务的老师在此排练，而我就是其中的一个。在学校规定的十天排练中，我需要有六整天在班上。按着我的计划，利用每天晚间，夜深人静时，也是自己头脑最清醒、心情最放松的时刻，背诵新作品。早上八点四十分，我准时做发声练习。上

歌声里的传承
——刘凯回忆录

午十点到学校与民乐队合伴奏。下午两点半到五点半,我请邢绳武副院长和民族器乐专业板鼓老师郭景明轮番为我辅导歌剧《江姐》的唱段。邢院长是延安老同志、革命艺术家。他见识多广,平时就很关注我的民族声乐班的学生,他认为我以中西结合的教学理念,教出的学生很有生机,很认同我的学生赵凤荣的演唱路子。郭景明老师是东北鲁艺学院聘请的才艺出众的民间艺术家,他是艺术学院民族乐队的领衔总指挥。他们两人分工很明确,邢院长帮我处理,包括手势和动作。郭老师训练我学会听他手中的板鼓。民乐队演奏中全靠板鼓的指挥,所有的人都得跟着板鼓来表现乐曲中的抑、扬、顿、挫以及节点中的协调统一。这其中有一人失控、掉链子,就会影响整个乐队,而我更不能例外。演唱中我要紧跟着郭老师的指挥,不可出现一点疏漏。仅仅六天半的时间,接受两位老师精湛的指点后,我演唱的《江姐》选段提高了一大步,合乐一次比一次有新进步,这使我增强了信心。见此,邢院长高兴地说,这次在会议上是他提出要我改唱歌剧《江姐》的。当时程思三老师就有顾虑,怕时间短,不如唱熟悉的作品有把握。而邢院长却坚持自己的提议,因为他知道我既有西洋美声的深厚功底,又具有民族唱法的基础,加上郭老师的提携,那是如虎添翼,一定能唱出我最适合的作品,也是当前观众最喜欢听懂的曲目。现在看来这个提议太对了。

按计划,后四天的时间是留给我与另三位老师练习重唱表演的。因为我熟悉那两首作品的第一声部的旋律(这是我唱的声部),所以我建议在我练习歌剧《江姐》唱段时,他们先练习第二声部和第三声部,这样我们与丁顺训老师合伴奏时就能比较快。果然,一切进行得很顺利。

第十一天的下午两点半,参演教师按照学院通知,全部到礼堂集合。马院长先发言,讲了这次组织教师演出队的起因及演出的意义。马院长几句简短的话语,道出了当前教师们的心声:无奈地等待不如干点自己愿意干的事。

接着周书记蛮有兴致地向大家讲述几天来他联系演出的经过和结果：开始时他还有些顾虑，怕人家不肯接待，没想到一路畅通无阻。他带着介绍信到三大动力的几个大型工厂，跟工会主席说明来意，对方对这种分文不取、自己登门为工人师傅演出节目的事情举双手欢迎。对学院不具备车辆无法送演出的老师一起到工厂的问题，工会主席表示：工厂出大车、小车都没问题，演出接送的事由工厂负责，同时恳请晚间演出结束后，厂里的食堂要招待一次夜餐，这是厂子历来的规矩，望老师们不要推辞。所有联系过的工厂，最后达成的协议都是：车接车送。好吃、好喝、好招待。第一场演出就定在第二天的晚六点半。大家听到这些，都很高兴，一致表态，定要演好告别哈尔滨艺术学院的音乐会节目。

为了不断地将观众的情绪推向高潮，演出分前后两个半场，中间休息十五分钟。因为不了解观众是否能接受三个声部的演唱形式，加之这是新创作品，是宣传党的好干部焦裕禄的，所以我与岳道琏、马瑞图老师的三重唱排在前半场的开始。没想到的是一曲终了，剧场里响起了热烈的掌声，演出队所有成员紧绷着的神经稍放松了些。我与程应昆老师的二重唱《我们走在大路上》是前半场的最后一个节目。我俩充满激情，放声高歌，加之歌曲富有的铿锵有力的进行曲节奏，一开始就在全场掀起了极其热烈的高潮，叫好声、掌声陆续不断。前半场刚一结束，负责观察演出效果的周书记就来到后台说，他一直坐在最后一排，我们俩的歌声非常洪亮，表演生动感人。掀起的这个高潮为下半场的演员鼓了劲儿，给观众带来了热切期盼，看来节目这样安排是非常成功的。

民乐队里有个青年教师叫李长弓。中间休息时，他走到我跟前，小声地对我说："后半场有你的独唱，分量挺重。我会家里的祖传针灸，我给你扎一针吧。"我看见他手中拿着的针，足有五六寸长，心里有点紧张，不过为了演出

歌声里的传承
——刘凯回忆录

别失误,豁出去了。他快速地在我头顶上扎了一针,真是神奇,立刻眼前一亮,人也清醒、镇静多了(以后我每到后半场,就依赖这一针解除疲劳)。

后半场开始了,台下的观众更加热切地期盼好节目出场。我在等待登台时,从来也没有像今天这样担心过:表演江姐是时代的潮流。江姐是党的好女儿,是革命先烈的代表,她有着坚定的信念,对党忠贞不渝,对人民、对生活充满深情眷恋。我仅用了不到十天来准备,而且从未与观众见面,这次演出能有多大的把握不好说。正在想着,听到催场的人通知下个节目就是我了。我站在舞台中央,思维立刻转向,排除一切杂念,将刚才头脑里的人物形象变成了我自己。放松、挺拔、振作地站在观众面前。当我将头转向乐队时,一眼就看到了郭景明老师,他手握板鼓槌,眼睛紧盯着我,意思是让我放心。我好似接到了上级的命令,果敢地向乐队点了点头。我和乐队一起在郭老师的指挥下,进入了角色。我牢牢记着邢院长的嘱托。"演唱江姐这样的人物,千万别用大嗓门。敌人害怕的不是这个,而是共产党人的意志"。歌曲的开头七个字"春蚕到死丝不断",从咬字到声音的力度,用抑扬顿挫的表现手法控制着,在板鼓的帮衬下,达到声情并茂,将观众吸引到剧情中来,使他们不仅听到了声音,还要想内容。演唱这七个字时,我身体一动不动,仅用声音的变化和眼神来抓住观众。接下来的后七个字"留赠他人御风寒",前四个字声音比较低,而且平平。我按着邢院长给予的提示,用手势和身体的协助交代歌词的内涵。唱这四个字时慢慢将右手向身后移动,待出现"御风寒"三个字时,整个右臂及手都用力向后推。这就是民族民间的表现手法,用手势和形体的变化帮助展现内容和塑造人物形象。接下来唱到"蜂儿酿就百花蜜"这七个字,我将身体上半部向前向上挺起,为下面出现的小高潮做准备。接下来是"只愿香甜满人间",左手提起朝前向上向外伸展,同时将放在身后的右手撤回,与左手共同向外扩展,声音随手势放大、放响、

第四章　进入哈尔滨艺术学院

放宽。将声与情，手与形同时传给观众，引起全场的共鸣。后面随着内容越来越深化，民乐队在郭景明的指挥下，时而紧锣密鼓，时而松弛慢板，最叫劲的是一字一板，这些都是戏曲中的特殊切换，我的演唱也受此不断变换的启迪，最终成功地完成了《我为共产主义把青春贡献》。我的演唱刚一停止，全场就响起了长时间的热烈的掌声和叫好声。

在晚餐桌上，周书记向大家宣布：由于还有很多工人师傅没到场，工厂的负责人一再向他提出要求，希望我们再加演一场。虽然这些天演出已全部排满，但我们一定要尽可能满足他们的要求。

刚开始排练时，由于时间紧迫，大家都专心投入排练中，谁也顾不上考虑演出的效果会如何，只是想着自己别演砸了。不料我们这第一场演出就赢得了个开门红，使得学院领导与演出团队的教师们信心倍增。这以后两个多月的时间里，我们每天晚间演出，白天休息，每场演出都取得了非常好的效果，使得大家都暂时忘记了烦心事。最后一场演出是在第一工具厂，那里的党委书记是东北抗联的老革命家李敏同志。她在我们演出结束后，亲自来到职工食堂。她首先祝贺全体教师演出成功，之后她问，哪位是穿绿色服装演唱江姐的演员。站在她身旁的陈国华老师用手指向我说"就是这位"。李敏书记说："脱了演出服，卸了妆，真就认不出来了。我是代表看演出的职工们来祝贺你成功的表演。大家反映，你不仅歌声动听，表演也是那么逼真动人，你太适合做专业演员了。"她的最后一句话，触动了我心里的痛处：过不了几天，我们即将告别艺术学院，不要说做个专业演员了，就是业余演出，恐怕也是没有机会了。

老抗联战士李敏

第八节　两院合并

1965年10月中下旬，哈尔滨师范学院派代表马宝荣来艺术学院交接。大部分的行政干部由市委安排，只有邢绳武副院长已快到离休年龄了，调至师范学院老干部室。周文书记随全院教职员工合并到师院艺术系。马宝荣对大家讲：由于没有招生，所以两院的教师暂时还不能合并到一起工作。原师院艺术系的教师继续上课，艺术学院并到师范学院后原班人马成立了一个音乐系，但因没有学生所以基本上没什么工作，由周文同志带领年轻教师到省内各县搞搞宣传演出活动。原艺术学院音乐系的老师要先为全院师生搞一次演出。大家心里明白，这是要检验艺术学院的水平。

还是在周文书记的组织下，教师们选出自己平时很熟的曲目。我选的一个独唱歌曲是过去为大专院校演出比较受师生欢迎的毛主席的诗词《蝶恋花·答李淑一》，另一首是新疆民歌《弹起我的冬不拉》。我的演唱受到了全院师生非常好的评价。系主任王国忱对我说："陆书记（陆辉，师范学院党委书记）对你的表演评价很高，他说以后院里来客人，艺术系就派你来为大家助兴吧。"我当时心里想：到了师范学院，我成了陪酒助兴的人了。

来到师范学院，感觉艺术系就像中、小学校的"音、体、美"一样，是最小的和最不被重视的系。系主任就是系里的最高掌权者。艺术系主任王国忱对我的到来，表现得非常友好。因为他和我同是苏联高等音乐学校的同学（专业不同，他是学小提琴的），共同课是在一起上的。上学时我们不太熟

第四章　进入哈尔滨艺术学院

悉，但以后我在九中工作时，授课得到市里的重视，当时王国忱是负责抓教学科研的领导之一，经常组织到九中"观摩教学"听我的课。这次他见到我，谈得更近了。他告诉我，其实早在1948年我在东北音工团任演员时，他在行之师范教书，经常看我们的演出，因为我是领唱，所以对我的印象比较深。我听他谈得这么清楚，心中不免产生了顾虑：他这么了解我，万一在会上，谈起我在苏联学校的事，可就坏了。回到家里，我对小郑谈了这件事。他说："你们是上下级关系，你尽量疏远他，没事不去主任室，他自然就淡忘了，见机行事吧。"过了段时间，我发现他比我更谨慎，对任何人都不提有关苏联学校的事。我明白了，在当时那个政治环境下，他也在保护他自己。这样我就放心了。

两院合并后，我们音乐系与师院的原艺术系始终分成两个系。因为音乐系没有学生，所以除了周三法定的政治学习以外，其他的时间全部由个人支配。对于我来说，自从参加革命工作以来，一直是工作学习，学习工作，整天都在紧张的忙碌中，如今居然有这么多的空闲时间，感觉真是太宝贵了。我是多么期望能有机会，很好地温习在苏联学校师从阿恰依尔老师八年多所学到的好的、科学的演唱技法啊。现在我可以在家里边唱、边想、边总结了。

1966年"文化大革命"开始了。院里通知各系停止招收新生，各系的学生可以自己组织团队，帮助学院搞运动。我们系没有学生，便由原在艺术学院毕业后分配到各地的学生赶回来，组织了一个"铁锤"战斗队。他们是有备而来的（多数学生是因为对分配到外地有怨气），跑到哈市文化局，把在那里工作的马楠院长揪到师院进行批斗。我从不参加他们组织的斗争会，仍然在家里做自己的事情。

1966年的下半年，"文革"到了白热化的程度，师院进驻了由解放军组成的"军宣队"和由工人组成的"工宣队"。将音乐系和艺术系的老师合并

歌声里的传承
——刘凯回忆录

到一起，分成三个等级。第一等的是属于有严重问题的，如有历史问题的、犯过政治错误的（右派）、与海外有关系的。像于忠海、唐学咏、周柱权、汪立三、曹丽莲、丁顺训等，是集中到学院政管室，没有生活自由。第二等的是有怀疑问题需要搞清楚的，在系隔离室，不准回家，像何少卿、岳道琏、马瑞图、吴启芳、我。第三等的基本是剩余的教师，白天在学校学习、反省，晚间可以回家住。我听到不准我回家，心急了。便找到军代表说，我丈夫是走资派已被单位隔离反省了，儿子下乡插队，家里只剩下一个不到九岁的女儿，所以要求到第三组去，晚上可以回家照顾孩子。军代表是个连级干部，冷冷地对我说："你清不清楚自己的问题？"我说："不清楚。"他厉声地说："你跟苏联人学习了那么多年，你们都谈些什么？"我说："只是上声乐课，一句课外的话都不说。"他一听我这么说就火了，对我吼道："你太不诚实！回去交代问题！不说清楚了，想回家没门！"我被军代表一顿训斥，心里反而轻松了。他传给我的信息是：举报我的人并不十分了解我，我所担扰的两个问题一是我被公安局作为特嫌审查过，二是我从不敢透露的在苏联学校毕业的事（怕由此挂上海外关系）。如果他们对其中的一条有所掌握，我肯定跟曹丽莲、丁顺训一样被关到学院政治室去了。现在想想多亏了小郑看得严，让我对这两件事守口如瓶。现在把我放进二级反省室，算是便宜我了。想到这些，心里倒觉得平衡了。

其实在学习班里，有很多时间自己可以利用。我听陈国华老师说，在他们组里，很多人都在干自己的事：岳道琏整天学英语，常肖梅整天背英语。学生是看管我们的，每天组织大家学习一个小时的文件，然后就叫大家自己写交代材料。工宣队是视察的，看大家是否在写材料，见大家都在低头写着，他们便转身走了。军代表根本就不露面，只是听汇报。我们教师的汇报员是颜惠先。了解了这些情况后，心里宽敞多了。

第四章　进入哈尔滨艺术学院

我和同是来自艺术学院的青年钢琴教师吴启芳被分配到哈师院中文系的学习班。我们俩和另一位老教师坐在同一张长方形大木桌旁，是最靠里边的位置。班长是原中文系主任李之老师，见我和吴启芳都很年轻，知道不会有什么重大问题，便主动与我们打招呼。他说和我们俩坐在一起的是中文系年龄最大，身体虚弱的王乃安教授，患有哮喘病，请我们俩多多关照。我俩同时表态：请李班长放心。我与王老师把两边坐，吴启芳在我俩的中间，最初交谈都是吴启芳传递纸条。经了解知道王老师在中文系主教现代汉语语音学。我得知这个信息，心里不知有多么高兴。在没进学习班之前，我正利用难得的空闲时间整理和总结阿恰依尔老师在八年中严谨有序地传承给我的、她所掌握的意大利美声学派的发声原则与训练方法。现在进到这个人身受到限制的学习班，整天无所事事，却又意外地遇上了一个汉语语音学教授，这可真是天赐良机啊。我以前所掌握的民族民间的一些唱法，都是老艺人口传心授的，他们所说的道理也都是前辈在说唱实践中总结的经验之谈。像什么"字是骨头，韵是肉""字领腔行""腔随字走"等，但很少能听到从理论上阐述字的规则，韵的含义。我是真希望能在理论基础知识方面学到点东西。

经过几次纸条"交谈"我感觉到王老师为人热心、和善，于是我迫不及待地向他提出，请他教授给我有关中国语言、语音学方面的基础知识。王老师没有拒绝，只是提出我们俩座位隔着吴启芳老师，恐怕不大方便。我告诉他：没有问题。吴启芳是艺术学院刚毕业的学生，为人非常正直。她不但不会妨碍我的学习，而且会一如既往地帮我传递纸条。王老师这才放心地说："反正在这里整天也是闲坐着，还不如做点事分散人的精力呢。"就这样我的学习开始了。上午看管较严，我就写纸条让吴启芳递给王老师。下午很少有监视的，吴启芳就将椅子向后移动一些，王老师就可以根据我提出的问题，用讲课的方式传授给我。几个月的时间，我觉得收获太大了。过去民族老艺术家用

歌声里的传承
——刘凯回忆录

口传心授的方式，用他们经验之谈启发我，很少能从理论上说清来龙去脉。我只有演唱实践的能力，缺乏理论知识方面的依据，现在我补上了理论知识的缺口，真是如获至宝。我边学、边记，写出了厚厚的学习笔记，临离开学习班时，我请王老师批改。他看过后对我说："很好，你可以就此写篇文章。"

半年后，学习班结束了。我们这些人晚上下班后可以回家了。回到家中见小郑已回来了，他早几天比我解除管制。一见面他就告诉我，女儿生病了。第二天我们带着孩子去医院检查，结论是：左腿髋骨结核，股骨头全部烂掉了，需住院做切除术。实际在我和小郑被隔离期间，孩子就一直发低烧，由于没能及时就医，致使她最后落下了终身的残疾，这是我内心一个永远的痛。

学习班虽然结束了，但实际上是从集中管理换成了分散观察，系里从院部派来两位干部临时主抓工作，一位是姜键主任，另一位是刘书记，规定教师要坐班。从京剧团请来一位老演员吴老师负责教我们样板戏，并为一部分人排练《红灯记》，准备演出。我个人要求吴老师教我《智取威虎山》中小常宝的片段。刚教唱了几句，吴老师见我不仅学得快，而且在念白、咬字、吐字上都与众不同，便问我是否学过京戏。我告诉老师，过去为了唱好民族民间作品，向前辈艺术家学习过一些，但京戏没学过。想学"小常宝"一来是我适合演唱这段，另外想作为自己的保留曲目。吴老师听后非常高兴，说他一定要教会我京戏中"青衣"的演唱技法。从此我们俩都很主动，老师认真教，我勤奋学，吴老师一再表扬我是块唱青衣的好材料。

在这段时间里，我系作曲教师常肖梅要我教她声乐。我本以为她若学点唱歌，以后可以创作出好的声乐作品，就答应了。没料到她的初衷是想要改行，所以她学习的劲头很大。几年之后（在打倒"四人帮"之后），她竟成为我所教的学生中第一位出国留学的，归国后真的改行到声乐教研室任声乐教师了。也就是在那几年，我家中不断有些熟人找上门来，请我教他们的

子女。我就利用周日教出了一些业余学生。因当时没有恢复高考，所以绝大部分学生直接考上各地的文艺团体去做演员了。

1972年，全国各大专科院校开始招收工农兵学员，哈师院各系也招进了一大批工农兵学生。学院为了迎接新生入学，让艺术系搞一场音乐会。系里让我选一首合适的独唱曲目，一时还真把我难住了。因为我是"文革"运动中受审的对象，长时间没有登过舞台了，不熟悉当下观众喜欢听什么。最后我决定拿出我刚刚学会的样板戏《智取威虎山》中小常宝的片段。效果如何不知道，只能鼓足勇气冒着风险试一试了。出乎意料的是，当我开口唱出第一句"八年前"，就听到台下的观众热烈地叫好声，这真的是给我吃了颗定心丸，我越唱越有情绪。全曲演唱完后，鼓掌声和叫好声连连不断。这以后我遇见各系的一些同学，他们就管我叫"小常宝老师"。

艺术系招进一批工农兵学生，教学工作就摆到日程上了。系教学工作还是由王国忱主任抓，经系务会议研究要为新生写出统一授课教材。全体声乐教师开会，推选出我与李兰忠老师共同完成这个任务。我同李兰忠老师商议，他知道我手里有两份材料，一份是有关西洋美声演唱技巧与方法问题的，另一份是我在学习班向中文系王乃安教授请教写出的学习心得"中国语言规范问题"。他对我说："你将这两份材料改成教材，这不是现成的吗？"我问他写什么，他回答我说早就写好了，是"嗓音构造与保护"。我们商议好后，一同去见王国忱主任。主任对我们的计划非常满意，并笑称李兰忠老师是我的军师。按规定应该一个月交稿，我回家开夜车，半个月就改好了。请示李兰忠老师，是否马上交稿，他说："你急什么呀？时间太短，别人会认为你是从哪抄的呢。等到一个月出点头，我先交，你后交。"王主任收到三份教材阅读后，批示"写得好"，并请教研室主任张鸿勋、岳道琏、马瑞图过目。李兰忠老师在音乐学院就是出名的"写匠"，能写是他的一项专长，而让他

歌声里的传承
——刘凯回忆录

们感到意外的是我。在他们印象中，我就是善唱、爱学习，能写出这样专业性强的东西，实在没有料到。马瑞图见到我开玩笑地说："说不准你将来还会露出什么招数。"过了许多年，她患了尿毒症，临终前，嘱咐她的两个得意弟子金丹江和徐欣华，要她们再选老师时一定选我。

  1975年11月，全国掀起了反击右倾反翻案风的运动。就在这期间，原师范学院艺术系理论教师赵庆祥带着他的大女儿来找我，说想请我给她听听声音。我们来到一个大教室，看到有一位男同学在弹琴，我对他说："对不起，我有一个外来学生想让我听一下她的声音，我只用几分钟。"这位男同学没说什么，起身走了出去。没想到我这下惹了大祸，第二天我一进艺术系教学楼大门，就见到满墙的大字报，说我"瞧不起工农兵学员，将其赶出教室，教自己的私人学生……"事情越闹越大，最后要求全体师生到学院礼堂开会声讨。会上，坐在我身旁的一位女同学对我说："老师，看你像没事一样，我们大家都担心，怕你想不开，出点什么意外。"散会后，有的学生对我说："你怎么惹到这位'极左'的造反派了？"回到家中我对小郑讲了这件事，他说："这不奇怪，运动中总会有人想借此机会捞点好处，至少也能出出风头。"他嘱咐我多长点心眼，少惹麻烦为好。过了几天，赵庆祥老师来到我琴房对我说，有几个学生想把事件扩大化，写信捅到省教委了，要作为黑龙江省典型案例申报到北京，希望最好能交到江青手里。赵老师很过意不去，因为这件事是由他女儿引起的，他准备第二天到省教委找找他的老同学，以便澄清事实真相。第二天午后他高高兴兴地向我讲述他去省教委了解到的情况：前几天省教委接到师院艺术系学生会送来的有关材料，当时碰巧市文化局负责人王双印在场。他听说是有关我的案件，了解了之后，说我是他的老同学，为人开朗、对人和善，是公认的业务尖子。想找我学习的人一定会不少，这和瞧不起工农兵学员扯不上。借用教室也是正常的事，怎能说是将工农兵学

员赶出教室呢，这么说太牵强了，还要立案，这纯属是整人。听他这么一说，负责专案的人即刻将材料甩到一旁了。事情后来就逐渐平息了。

这件事发生以后，何少卿老师警示我说："你的名气越来越大，你不去宣传你自己，你的学生也会给你造成影响。你要注意，别再被打成反动学术权威。"何老师是声乐专业的党支部书记，我想她这话绝不是凭空想出来的，肯定是有人向她讲过，但向她说这话的人一定不知道我俩可以说是相互的历史见证人。我俩都是建国前参加革命的，都在文艺团体工作，虽然不属同一单位，但活动的前前后后总是在一起的。现在她是我的领导，对我的提示，也应看作是对我的信任和保护。从此我给学生上课时，一句与教学无关的话都不谈，对其他教师班上的学生，更是远远地躲着走，生怕有学生靠近我，造成教师之间的误会。

1976年10月，"四人帮"被打倒了，全国上下一片沸腾，我心中不知有多么激动和感慨。从1966年到1976年，足足有十年不分青红皂白的日子总算是熬过去了，而对于能演唱的我来说，最佳的时间是白白浪费掉了。

"四人帮"被粉碎不久，黑龙江广播电台邀我为他们搞宣传活动，演唱一些适应当前形势的新创歌曲。因为他们了解师院作曲系的教师全部来自原哈尔滨艺术学院，可谓是人才济济，肯定会有好的作品出现。我立即将电台的意思和要求转告了这几位老师，他们听了之后当然是非常高兴，并且积极地投入了创作。最先完成的是常肖梅老师，她写的是独唱曲《高山顶上一条河》。接着是刘施任老师，写出的是较长的组歌《红太阳升起的地方》。这以后陆续写完的是蒋祖馨、钱正君、陈国华老师。我与丁顺训老师利用课余时间合好伴奏，最后利用周日休息时间去省台录的音。忙乎了近一个月，人是够辛苦紧张的了，但精神却感到很充实，这是近十年来，第一次公开搞自己专业的实践演出。万万没有料到的是，当电台播放后，却惹起了音乐系一些人的

反感,并将此事汇报给了领导。不懂业务的姜键主任和刘书记即刻召开全系教师大会,点名批评我自由主义,不经组织同意搞公开演出活动,这是给音乐系惹来了麻烦。会上有人发言说,作曲的老师们都靠我来扬名等等。看来这不仅是针对我一个人,包括作曲及钢伴都挨批了。但我并不认为自己做错了什么,我从青少年参加革命,一直都是为党的光辉事业而讴歌,每次都得到领导和群众的多方赞誉,像这种挨批评的事还是头一次遇到。我看了看我的同伴们,他们脸上的表情都显示出对这种批评的毫不在意,谁也没对此表态,这事最后也就不了了之了。可没过多久,我又接到了省电台打来的电话,首先是祝贺我们录制的曲目全部播放,收到了非常好的评价。特别是受到了中央人民广播电台的重视,不但转播了,还表扬黑龙江电台配合形势宣传及时,希望今后多给他们(中央台)提供这样的节目。接着说的第二点就是想让我继续帮助他们,准备下一次的宣传活动。我当时真是感到无言以对,只能借口教学工作太忙,委婉地谢绝了电台的再次邀请。后来还是丁顺训老师向她在省电台里的熟人透露了我为此事在全系大会上受批评的实情。电台的人对丁顺训老师说:"怎么'四人帮'被打倒了,你们学院里还有'四人帮'势力?"人家觉得这事出得可气、可笑。

几天后,系主任王国忱把我叫到他的办公室,首先他对于我热心宣传国家新形势却挨了一顿批表示很同情,但他对此爱莫能助。他嘱咐我:到了一个新的单位,要熟悉方方面面,尤其是人际关系,学会动脑筋,凡事低调点为好。我懂他的意思,这里不同于艺术学院,做事要谨慎。另外他让我写出一份个人简历,他要上报中国音乐家协会,以便我申请成为其会员。特别强调千万不要将在苏联学校的事写进去。"你把这一页永久地翻过去吧"。我明白了,他就是这样保护住自己的。

从此以后,我按照王主任的意思,在师院工作与学习尽量保持低调,不图做出太多贡献，只求平安无事。同时我把一些精力放在教校外的学生中，他们学习目的明确，比在校生进步更大些。

1977年国家恢复高考制度后，我在家中教的几名学生陆续考上了正规的音乐学院，其中有：

女中音陶黎明，被中央音乐学院录取（当年在全国仅招收三名学生，她是其中之一）。现在中国音乐学院教书。

女高音孙晓中，以第一名的成绩考进上海音乐学院（入学的第二年，美国斯义桂教授来华讲学，她被选入范唱学生之一）。

男中音佟军，以第一名的成绩考进中央民族学院（现任北师大声乐系主任）。

女高音高雅清，以第一名的成绩考进了北师大音乐系。

还有一些学生考进了文艺团体，他们是：

女高音林丽，考进北京总政歌舞团（她是张权老师介绍来的）。

男低音刘天英，考进福州军区文工团（在团里任独唱演员，后调入哈尔滨歌剧院）。

女高音张喜华（原是牡丹江民歌手，经学习后三次获得民族歌曲大赛一等奖，分配到牡丹江市群众艺术馆）。

女高音阚丽君，考进北京市歌舞团。

女中音姜京玉，考进哈尔滨市歌剧舞剧团（多次获省市大奖赛一等奖，现为剧院骨干演员）。

考进黑龙江省和哈尔滨市歌剧舞剧团的还有女高音张晓英、张若仙、付明诺，女中音杨静（曾多次在比赛中获一、二等奖）。

其他考进全国各地师范院校的人逐年增多，具体的人数我也记不太清了。

第五章 与沈湘先生

歌声里的传承
——刘凯回忆录

第一节　初见沈湘先生

打倒了"四人帮",中央提出要"拨乱反正",要"平反冤假错案",由此解放出数以千万的党政机关干部及大批高尖端知识分子,著名的声乐教授沈湘先生就是在这期间获得了自由。1980年从北京传来消息,中央音乐学院的沈湘先生暑期要到黑龙江省调研讲学,哈尔滨师范学院音乐系也在他的行程之中。这位才华横溢、赫赫有名、备受音乐界青睐的学者能来我省讲学,师院音乐系的师生们皆大欢喜,尤其是声乐系的青年教师们早已获悉院部的批文"为提高师院教学质量,各系青年教师均可到外省进修学习",所以都热切期待沈湘先生的早日到来,都想拜他为师,随之进京深造提高。然而此时的我还未完全走出"文革"中受挫的阴影,思想消沉、情绪低落。对沈湘先生的到来,内心虽有所期待,但知道自己多方面已不如当年,不敢对此抱有太多的奢望。几天里内心纠结,精神不振。系里的李兰忠老师看得清楚,毕竟我俩在艺术学院共同师从于忠海教授多年,相互之间有着较深的了解与理解,他出于对我的关心,以兄长的口吻对我说:"你应当借此大好的机遇,积极争取、找回当年那个孜孜以求的自我。"并且向我讲述了许多有关沈湘先生的轶事。其中一件事对我触动很大:沈湘先生在上海国立音专读书时,在上海兰心大戏院举行独唱音乐会,观众被他具有的洪亮歌喉及深刻的艺术感召力所倾倒,各家媒体纷纷评论,说他是当今中国的卡鲁索。当时还是在汪伪执政时期,学校要给汪伪政府捐献一架飞机,为此要举办一场音乐会,

第五章　与沈湘先生

校方点名要求沈湘先生参加演出。为了不出现意外，学校贴出告示：若有违令者以开除学籍论处。然而极富民族正义感的沈湘先生，宁愿接受严惩也决不服从。他的理由是："我们已经是亡国奴了，还让我去做汉奸，没门！"建国后他在工作中总是以最高的热情积极奉献他的聪明才智，广受大家的好评与爱戴。可是非常遗憾的是，很快他就背上了"特嫌"这个莫须有的罪名，只要有运动，他就马上失去人身自由，停止一切工作接受审查。在交谈的过程中，李兰忠老师还向我介绍了他和沈湘先生认识的过程，他们是在相继被错划成右派后（当时李兰忠还是音乐学院的学生），一起参加劳动改造时相遇的。沈湘先生的人格魅力深深感染了当时还很年轻的李兰忠老师，他从沈先生的身上学到了很多书本上得不到的东西，收益很大。而沈先生对他这个还没真正走上社会就在政治上被划为另类的年轻人也尽力地关心、开导和帮助。他们俩在逆境中成了挚友。李兰忠老师生动的描述激起了我迫切想见到沈湘先生的愿望，希望能得到他的教导，找回自己的信心。

没过几日，传来消息说沈湘先生已经到哈，并住进了师院的专家楼。系里原定计划是想请沈先生多休息几天，没想到他刚刚到来就提出要次日上午九时听音乐系教师的演唱，之后再听高年级学生演唱，这是他要考查的第一项内容。沈先生的这一要求搞得音乐系很是被动，慌乱中赶紧召开声乐教研室会议，在会上系主任王国忱动员全体教师不分老中青，都要积极报名参加次日为沈先生举行的汇报演唱。幸好青年教师为了要拜沈湘先生为师，早有准备。报名时李兰忠一直盯着我，我明白他的意思：这是组织安排的，千万别错过机会。最后我鼓足了勇气还是报上我演唱的曲目，一首是中国歌曲《黄河怨》，另一首是外国歌剧选曲《蝴蝶夫人》中的《晴朗的一天》。我家住在校外，已来不及合伴奏了，只能拼了。好在表演场地就在声乐教研室，除沈先生外其他都是熟人，没什么好紧张的。第二天九点演唱准时开始，我与

歌声里的传承
——刘凯回忆录

沈湘先生是初次见面，但由于李兰忠的介绍，我的内心早已对他充满了敬意。当大家表演结束后，青年教师们一齐拥到沈湘先生周围，争先想倾听他对自己的点评，我则选择了静静地靠边站。第二天一大早，当校车刚刚驰进校院，就看见李兰忠站在一旁等我。待人们走散后，他急呼呼地对我说："昨天你又怎么了？别人都那么热情地去见沈先生，而你却站得远远的，表现那么低调。"我赶紧向他解释说："你瞧，在这些演唱人之中，我年龄最大，自觉靠边站不对吗？"李兰忠见我是这个想法，很是不以为然，对我说，他看出来了：我还是心里有疑虑，担心沈湘先生不承认我。接着他说了一句让我感到非常意外的话："这么多人中，沈先生唯一看好的是你。"接着他详细地介绍了他昨天晚上见沈先生的过程：李兰忠为了摸清沈湘先生对我的印象，特意到沈先生的住处去拜访他，结果沈先生见到李兰忠的第一句话就说："你不来我还要去找你呢，我想要了解一下那位女教师的情况。"沈先生告诉李兰忠说，当他听到我的演唱时，感到很惊讶，他想不到在哈尔滨这么偏北的寒冷地方，竟然能听到这种歌声。沈先生认为像我这种具有深厚功底的声音和方法是不可能在短时间训练出来的。李兰忠见沈先生如此赏识我，便将他和我之间的关系以及我的学习经历统统介绍给沈先生了。沈先生听后，便对李兰忠说："这就不足为怪了，她不是突然冒出来的。"同时沈先生还替我在十年"文革"中被迫浪费了演唱的黄金期而深深惋惜。李兰忠还把我在学习上孜孜不倦的精神与直率开朗的性格向沈先生介绍了。沈先生也表示他观察到了我人很低调，才艺双全而不傲慢。李兰忠感到沈先生很欣赏我的才华，便借此机会向沈先生表示，我非常想拜沈先生为师，只是顾虑自己年龄大了，不敢奢望。沈先生听罢，爽快地答应了："就算我这次没白来东北一次，收下一位让我非常满意的，也是我最后的一位老学生了。"

听了李兰忠的讲述，更让我急切地想见到学识渊博的沈先生。匆匆辞别

第五章　与沈湘先生

李兰忠，我调头就往师院专家楼赶。此刻我激动兴奋又有些担心，既期盼此行拜师成功，同时也深知这么多年错过了发挥声音的最佳黄金阶段，一切条件都弱于当年，唯恐让沈先生失望。还没走到沈先生住的房间门前，就见他出来迎接我，嘴上还念叨着："你干吗这么急啊，看你累得气喘吁吁的。先别开口讲话，快进房间里坐下休息后再开口。"我立刻被沈先生热情直白的话语所打动，来时的担心和顾忌全部烟消云散了。进了房间我放松地坐在沈先生的对面，还没来得及张口，沈先生就开门见山地说话了：他已料到我能一大早就兴致勃勃地到他这来，说明我想通了，丢掉了思想上的包袱，从"文革"受挫而消沉的情绪中走了出来，找到了自我。接着沈先生建议我不要跟他谈我学习的历程，一是他听李兰忠详细地介绍了一些，二是这个问题涉及的面太广，以后会有时间和机会谈到。沈先生认为凭他的听力不可能会看错人。我在系里的演唱，给他留下了深刻的印象。他很赏识我的声音素质，赏识我娴熟地掌握发声技巧和打下的深厚的基本功底。据此他能想象到我的敬业程度和孜孜不倦的学习毅力。同时沈先生还谈到了一个有趣的问题，即我们俩虽然相识很短，但在学习声乐的途径上却是很相似。我们同是没有走出国门的西洋美声专业工作者，又都是自青少年时期就受西方音乐影响、而后又都是拜西洋发声法专家为导师成长起来的。更巧的是他的启蒙导师舒什林和我的导师阿恰依尔同是来自俄罗斯的在华俄籍专家。

　　从沈湘教授的谈话中，我获知他的老师舒什林是在中国巡回演出的归途中，被上海国立音专发现并不惜重金聘请任教的。舒什林在上海为中国培养出了许多高端的声乐家，我国最早的老一辈声乐家几乎都曾受过他的栽培。当时沈湘教授和温可铮两人在他那里学习时算得上是年轻的后生了，很受舒什林的宠爱，以至于后来声乐界在谈论中国的歌唱家时有"南有温可铮，北有沈湘"一说。而对我的老师阿恰依尔，沈先生说，虽然她比舒什林小，但

歌声里的传承
——刘凯回忆录

就其对中国声乐发展所做的贡献，同样也广受赞誉。她来中国的时间最早，而离开中国时已是1960年了，几乎是离开中国的俄侨中最后一批了。一生大部分时间都在东北的哈尔滨从事演出、教学，北京的大大小小的文艺团体、大专院校都有她教过的学生，但要说起阿恰依尔在演唱和教学上的特点，却是谁也说不清了。李兰忠向他介绍我的情况后，他知道了我是阿恰依尔的中国学生中学习时间最长、最系统、成绩最显著的学生，完全印证了他在听我演唱时觉着我肯定是出于高师指点的想法，他发现他找到了一直想要找的东西。沈先生高兴地对我说："现在我们俩可以说见证了两位俄罗斯艺术家在中国传播、引进意大利美声唱法而做出的重大贡献。"

左为作者，右为沈湘　　　　　　　　左为作者，中为石惟琪，右为沈湘

沈先生的机敏过人、理念不断更新的话语深深地吸引着我，真想更多地听他的论点。但时间有限，当天午后他还要参加学院高班生的演唱会，而我个人的一些纠结还只字未提，只好打断沈先生，让他留一些时间给我。我先是对沈先生肯定我的演唱并给我继续学习的机会表示感谢。不断地学习和进取是我生命中最大的支柱，但我目前的处境又让我很是担心和顾虑。自从我到了师范学院，在事业上、思想上屡屡受挫。一是"文革"后我对业务的热衷招来负面的批评和指责，如果我现在提出到外地进修，势必会招来更大麻烦，我真是不知道该怎么办了。二是像我这样的年龄段，在声乐上还会有多大的

第五章 与沈湘先生

发展空间、还能继续演唱吗，会不会让沈先生白费精力。三是哈尔滨和北京相距甚远，根据身体条件，上课的路途对我来说是很大的挑战，我该如何克服。沈先生听了我的话，很不以为意地笑了，追问我还有没有其他的问题了，我回答他说，这些已经够我为难的了。他开玩笑地对我说："你还是挨整得太轻了，所有运动你都幸免，而'文革'是人人都要过关，这没什么好说的。因为时间的关系，我也长话短说，对于你提出的问题，说说我个人的意见。"对于我提的第一条，沈先生认为根本不是问题，像我这样的条件，又抓住业务死死不放的人在任何一个单位，都会碰到一些麻烦，应学会适应、宽容、大度，而对自己所爱坚持。至于拜师继续学习一事，是我们之间的个人事，不必通过组织申请批准。他不说，我不说，除李兰忠外，与任何人无关。对于第二点，沈先生认为我大可不必担心，对于我这样学无止境的典型人物，他保我再演唱十年没有问题。沈先生郑重地对我说："听说你拜过许多声乐学者为师，但我感觉你就是阿恰依尔的学生，在你这只能听出她给你留下的深厚功底，所以包括我对你的教学，都应保留你原有的基础和方法，不能改动，只是找出你需要补充的不足，这样你就能做到活到老学到老。"关于第三点，沈先生说他已经想好了我们将来上课的方式。现在的科技越来越发达，电话、录音机使通信有了很多方便的条件。而一对一的学院式教学模式对于我已经不那么重要了，偶尔有机会我们也可以面对面地交流。这种灵活简单的教学方法适合于任何对声乐有一定功底的人，尤其对于我，这应当成为一种创举。

左为作者，中为李兰忠，右为沈湘

第二节　汇报演出

一上午的谈话，沈先生给予了我方方面面的启迪和开导，使我内心感动到了极致，我无法用语言来形容。临走时我只对沈先生说了句："真是太谢谢了！"

那天的午后，学院三楼小礼堂里座无虚席。最前排坐的是沈先生，系正、副主任，声乐专业正、副主任，李兰忠作为沈先生的老朋友也陪伴坐在沈先生的旁边，之后就是全体声乐教师。我选择坐在教师与学生之间，距离沈先生较远的地方。全系师生们情绪高涨，尤其是参加演出的同学们，都期盼沈先生能给予好的点评。我的学生金丹江向我点头微笑示意，她以为我上午见沈先生时一定会提到她，所以信心满满。

在全体表演结束后，沈先生向全体表演者表示祝贺，他说听了大家的演唱，出乎他的意料。他一直认为师范学院培养的就是普通学校的音乐教师，要求学生一专多能。他尽管没熟悉大家在"多能"方面水平如何，但就声乐专业能达到现在的水平，实在是难能可贵。沈先生说这首先要归功于学院与音乐系的领导制定的施教路线很全面，而不可忽视的是专业教师们所具有的专业水平和技能。听到沈先生的表扬，全体师生报以热烈的掌声，人人满意地笑了。接着，沈先生说："我不能只笼统地谈大家共同的优点，还得找出不同的类型，指出不同的问题，供大家参考。"

沈先生首先谈到的是花腔女高音。他认为这个学生论条件，论音色都很不错，但在演唱方法上值得推敲。花腔是演唱者本身所具有的，在生理上声带比较窄、薄、短小的条件，绝不可以人为地将声带捏小，或是躲着声带，不用力度振动它而挤着唱，卡出细、弱、虚、飘的声音。正相反，花腔一样要打开喉咙，给上气，呼吸应当明确（膈式或腹式），准确掌握、运用呼吸的支持，实实在在地有力唱出本人的音色。他建议演唱的同学与主教导师一起研究对花腔的正确技术指导。沈先生认为这个学生是很有发展前途的。

接下来沈先生谈到了给他留下很深印象的抒情花腔女高音。虽然这个学生演唱的曲目不大（《玛依拉》），但她明显是借鉴了西洋美声的技能来演唱带有中国民族风格的作品。主要是找对了正确的发声方法，清晰地运用腹式横膈呼吸控制，顺畅地统一三个声区，包括音质、音色、力度。高、中、低上下平衡均匀，把声音连贯起来。像该学生这样的素质在中央音乐学院也居于上中等程度。说到这里，沈先生回头问是哪个教师的学生，李兰忠告诉他是刘凯的学生。沈先生连连点头说："我的耳朵不会传递错误的信息。"

高年级的独唱音乐会结束了，因为得到了沈先生的鼓励，大家都很满意。临近下班时，陪同沈先生回专家楼的李兰忠回到系里，把我叫到他的琴房，告诉我说，沈先生对今天的演唱会感到很满意，特别是对我教的学生金丹江大为赞扬。沈先生在家里和他的爱人合作搞教学科研，感觉效果不错，希望我和李兰忠也能组成科研小组，若能再多一人参加就更为理想了。沈先生说"三个臭皮匠比两个强"。

关于组成科研小组的事，以前我考虑过很长时间。在艺术学院我和李兰忠一起跟于忠海学习时，就想再吸收几名青年教师组成科研小组，使更多的人都能受益。因此我曾与某人谈起过，想不到对方回答我的话是"那是你一厢情愿！"这次沈先生提起，我感觉有把握完成，并且想好了另一位能参与的老师，即理论教研室的常肖梅。李兰忠听后，认为很靠谱。常肖梅从"文革"

歌声里的传承
——刘凯回忆录

后期一直跟我学习声乐，琴弹得也很好。基于她想改专业的想法，我曾建议她出国学习。因为跟我学时，她只是我的私人学生，院里不会承认，这样要转专业很难。出去学习哪怕只有一年，也会得到一个正式的身份，肯定会得到转行的批准。现在她去澳大利亚学满一年了，马上就要回来，面临的就是要提高声乐教学水平的问题，参加科研小组，对我们、对她个人真是两全其美的事情。

博学多才的沈先生，运用灵活的教学方法，为我们声乐系全体师生上小课、个别小组课、集体讲座课，并对师生分别授课，足足忙碌了一个假期，大家都感到受益匪浅。在他即将离开时，他让我抓紧时间准备一些外国歌剧选段，除邀李兰忠外，不再有其他人，他只想单独听我演唱。我听到他这么说后，真是欣喜若狂，赶紧请李兰忠帮我出主意，看怎么谢沈先生。李兰忠笑着对我说："这机会不就是来了吗？看来沈先生还真是把收下你这个老学生的事放在心上了。"他告诉我哪天把沈先生请到我家，上完课后就在家里宴请沈先生。我着急地问上哪请厨师，李兰忠说沈先生最喜欢吃他做的菜，到那天让他爱人许霞给他打下手就足够了。只是有一条，沈先生有严重的冠心病，不能喝酒，要准备好上等的茶叶，我们都以茶代酒，为沈先生助兴。

李兰忠的这个主意出得太好了，我赶紧按着他说的做好了各方面的准备。正当我想主动问沈先生想定在哪天时，接到了何少卿老师的邀请：她要请沈先生吃饭，请我作陪。我问还有谁，她说只有我和沈先生两个人。第二天我准时赴约，一进门就看见沈先生已坐在餐厅当中，何老师请我坐在沈先生身旁，我随手拽把椅子，想和他靠近一些。不料发出了响声，沈先生马上对我说道："到人家里做客，要小心，别把地板弄坏了。椅子不要拽，要双手抬。"我点头，笑着对沈先生说："您太细心了，连我粗心毛糙都看在眼里了。"但我内心却非常感动，沈先生这是没拿我当外人，随时指导我。中间沈先生问我："上次我提的事，你准备好了吗？"我说："一切就绪，只等您发话了。"他说："那就明天吧。"

那时候汽车还没进入普通家庭，无奈之下，只好麻烦小郑的司机小王了。按原研究的方案，小王送小郑上班后去师大，先接上李兰忠夫妇，再到专家楼接上沈先生。当他们一行人到我家时还不到十点钟。我请沈先生坐到我书房的沙发上，想让他先休息一会，沈先生说他不累，可以边听边休息。于是我开始一首接一首为他演唱。中间沈先生没有叫停，我则是越唱越有劲，一直到过了十一点，李兰忠从厨房过来说让他也唱一首，唱的是《连斯基》选曲。沈先生听完后，开玩笑地说了一句："你累得就剩下哆嗦了。"李兰忠说："我从进门就下厨房了，现在是来请沈先生到餐厅用餐。"席间，李兰忠把我们组建三人小组的事讲给了沈先生，并向沈先生介绍了常肖梅的情况。这个事给沈先生带来了意外惊喜，他说这是他多年想办的事，现在我们用最快的速度建成了。他认为三个人要比两个人强得多，尤其我们三人又都是专业强手，可以互相促进。

餐后，小王问先送谁。沈先生想要单独和我谈，而李兰忠夫妇今天是最辛苦的了，我让小王先送他们二人，然后送钢伴，借这个时间，让累了一上午的沈先生休息一下。沈先生对我的安排很满意，但他不想单纯地休息，坐在客厅里的大沙发上说："这很舒服，边休息边聊吧。"

沈先生对我的演唱是这样评价的：连续不断地唱了许多外国经典歌剧的咏叹调，他是有意不打断我，想试试我有多大的耐力。结果是一直到结束，我没显现出费力的样子，反而是越唱精力越充沛。他是很了解国内声乐界的，要掌握欧洲声乐的技能、技巧，对任何一个中国人来说都是很难的事情。而我的演唱却显得如此轻松，声音、语调用气息贯穿得统一均匀，尤其是对篇幅较大、结构复杂的曲目，我都能表现得随意自如，他是由衷地为我点赞。

同时也对培养我多年的导师阿恰依尔更加佩服,他叮嘱我应永远不忘恩师的栽培。接下来,沈先生就我演唱的曲目,详细地谈了起来。我演唱的前四首曲目是:

1. 我亲爱的爸爸(劳莱达的咏叹调,选自歌剧《贾尼·斯基基》)

2. 人们叫我咪咪(咪咪的咏叹调,选自歌剧《艺术家的生涯》)

3. 晴朗的一天(巧巧桑的咏叹调,选自歌剧《蝴蝶夫人》)

4. 珠宝之歌(玛格丽特的咏叹调,选自歌剧《浮士德》)

沈先生说从前几首曲目上他可断定我是属于轻型抒情女高音,而接下来的四首是:

1. 啊,怎么能够相信(阿米娜的咏叹调,选自歌剧《梦游女》)

2. 圣洁的女神(诺尔玛的咏叹调,选自歌剧《诺尔玛》)

3. 亲爱的名字(吉尔达的咏叹调,选自歌剧《弄臣》)

4. 我听到美妙的歌声(罗西娜的咏叹调,选自歌剧《塞维利亚的理发师》)

这些都属于花腔女高音的范畴,所以沈先生又认为我是轻型抒情花腔女高音。而后的两首是:

1. 凯旋归来(阿依达的咏叹调,选自歌剧《阿依达》)

2. 塞吉迪亚舞曲(卡门的咏叹调,选自歌剧《卡门》)

从声音色彩到型号这是偏向戏剧抒情女高音或者抒情女高音。它比轻型抒情女高音的号要大,在较小的剧场演出可以胜任,但到大的剧场唱久了会对声音有伤害。所以沈先生认为尽管我的声音条件优越,发声技能过硬,但他不主张偏离自己实际生理构造去扩展演唱曲目。我们正谈得很起劲,外边的门开了,我知道这是小郑回来了。今天早上,他说争取早些下班,回家见见我的导师。他一进客厅,我便向沈先生介绍"这是我爱人小郑"。沈先生听后很吃惊地说:"这么帅气的大局长,你怎么管他叫小郑呢?你要预先不

第五章　与沈湘先生

说是你爱人，我还以为是你家用人呢。"我赶紧说我们从见面到结婚，是他让我这么称呼的。沈先生说他明白了，我们俩都是很年轻时就参加了革命，当时上级对下级都这么叫。但他要给我纠正一下，免得以后被别人误会这是我家请的保姆。沈先生要我在小郑的前边加上"我家"两个字。我按着沈先生的建议，从此改口为"我家小郑"，班上的同事们也都改为"你家小郑"了。

我家小郑对沈先生说："听刘凯讲，以后您为她上课要采用多种灵活方式。电话我家里非常方便，传递录音带也很方便。除我个人经常出差去北京外，单位的同事也经常外出。必要时，我也可以陪她到北京去，这一切就交给我好了。"沈先生听后对我说："你可真够福气呀，自己专业心强，还找了个好帮手。"待沈先生要回师院时，我家小郑对他说："今后您若来哈，随时打电话给我，我去接您。"

为了能让学生接触更多的国外优秀的经典曲目，1980年10月份，我向系里理论教研室的唐学咏老教授提出想拜他为师学习法语，他是我国最早一代的海归学者，在法国留学十多年。他当时已有八十高龄了，但很高兴地接纳了我。

我觉得只给我一个人上课太浪费唐老的精力了，便邀请了声乐专业的何少卿一同去他家上课。学习了一年多以后何老师要出省进修，我又邀了颜惠先同我一起继续学习了一年多。也就是在那个时候，我总是感觉身体不适，结果有一天我突然病倒在学校课堂上了。住院一检查，说我是更年期综合征，需要静养半年。这期间我跟沈先生通了两次电话，他非常关心地对我说："你这人有点

留法音乐教育家，作曲家唐学咏先生

183

歌声里的传承
——刘凯回忆录

周仲南

急性子。身体是学习的资本，不要太着急，现在休养好了，将来会东山再起的。"听了导师的话，我在家专心放松休息，请常肖梅为我代课。很快身体好转了。经过一段时间的准备，我与我的学生，男高音刘晶心合开了一场音乐会，是由我们艺术学院的院长汪立三主持的。音乐会开得很成功，得到了前来观看的全市各文艺团体声乐同行的赞誉。歌剧院艺术指导周仲南对我说，照我现在的状况，再演唱十年毫无问题。她这话与我的老师沈先生说法相同。我相信他们的话，因为他俩都是我的前辈，而且都是舒什林的学生。

第五章　与沈湘先生

第三节　北京求教

　　我去北京找沈先生上课总共只有五次。其中课上的最多的是1981年7月到9月,当时系里组织声乐教师到北京听意大利的贝吉教授来华讲学(为期两个月)。此次来京我还去沈先生的家里上过一次课,是带着我的学生金丹江及她的男友去的。沈先生热情地接待了我们,待我上完课后,他还用了两个多小时的时间,以《波希米亚人》为例,给我们讲如何欣赏欧洲古典歌剧。告诉我们要分析剧情,了解人物性格,静下心来,将全剧从头至尾细心地听完。千万不可边做别的事边听,那样就等于是白听了。1986年意大利男高音歌唱家帕瓦罗蒂第一次来华演出,我去北京听音乐会。由于时间短促,我只上了两次课。其他几次去北京,都是跟我家小郑,借他出差的机会。每次去都上不了几课,因为沈先生非常繁忙,只能在晚上去他家或到他的琴房里。但无论他有多忙,都不会让我空跑一趟。课上得虽少,并且是零零散散的,可我的收益极大。为我继续提高、挑战自我增添了信心。我越是努力,沈先生越是提示我:健康是一切的资本。学习要悠着点,不能急于求成。

　　沈先生后来又到哈尔滨三次。第一次是他应邀去大庆文化局讲座。从北京到大庆需在哈尔滨转换汽车,他临时决定在哈尔滨住一宿休息一下,于是在哈机场打来电话。我家小郑亲自到机场接他,沈先生一进门,我就见他嘴唇发紫,赶紧请他去客厅的沙发上躺下休息,不让他讲话,并给他倒水吃药。沈先生安静地睡了两个多小时后,身体恢复了正常。吃过晚饭后,我家小郑

歌声里的传承
——刘凯回忆录

告诉沈先生已和大庆文化局联系好了,第二天早上六点半就会有车来接沈先生,让沈先生只管放心休息。沈先生却说:"不成,我是来给刘凯上课的。"没有伴奏,我只好自弹自唱了一首我新练的法文歌曲《假如我的歌声能飞翔》。沈先生听后非常兴奋地说:"你现学现卖听起来却很舒服,琴也弹得很好,弹、唱都很完整。"接下来沈先生感慨如果有录像机将此刻录制下来,作为我们上课的实况记录保存下来,那将是非常有价值的。沈先生建议我在这个阶段多练唱世界著名的艺术歌曲。他对我说:"别看这些作品小,但对提高艺术修养大有益处。它虽然在气势上不如歌剧咏叹调,但要在气息的支持下自如地掌控声音的强弱还是很难的。如有演唱的机会,一定要把此类作品放在节目单中,因为名家一听就会知道有没有真功夫。"

1985年,全国首届聂耳、冼星海声乐作品演唱比赛在哈尔滨友谊宫举办,沈先生作为主任评委再次来哈。他让我的学生李力(当时在省电台工作)转告我:他会找时间争取到我家来给我上一次课。这次上课,沈先生的时间很紧张,是晚饭后抽出的时间,而且最多只能在我家待两个小时。我为他唱了一首格林卡的作品《我悲伤啊,我痛苦》(选自俄罗斯歌剧《伊凡·苏萨宁》)。沈先生听我演唱后,非常满意地说:"难怪阿恰依尔会认为你是她中国学生的佼佼者。"他认为这才是最适合我演唱的作品,从声音、风格、语言上几个方面都没得说。借着这个机会,我把自己学习声乐的经历详细地跟沈先生诉说了,他听后感慨道,我和他是犯了"同案罪",但我比他幸运得多,家中有特工(指我家小郑)保护,单位有领导关照(指音乐系主任王国忱),虽然挨整不断,但没有一项落实的罪名。

1987年春季,沈先生与中央音乐学院吴天球教授来哈招生。早上我和同事们刚下通勤车,就见沈先生在收发室忙着贴招生启事。沈先生看见我,惊喜地上前伸出双手抓住了我的肩膀,我俩同时说道:"这么巧。"沈先生对

第五章　与沈湘先生

周围的老师说他下一年就要退休了，学院特派他与吴天球教授到全国转转并带着招生的任务。哈尔滨是最后一站，匆匆忙忙都没来得及和师大音乐系打招呼。然后沈先生又对我说，下午就开始考试，准备聘我和李兰忠在考场中配合他们，提供参考意见。到了下午我和李兰忠准时进入考场，按事先安排好的，沈先生与吴天球教授坐在中间，我坐在沈先生左边，李兰忠坐在吴天球教授的右边。考试要求一次要通过，名额是两个男高音，考声乐和小品。我的两个学生关胜杰和王宏生声乐考试全部通过，尤其王宏生，演唱的是意大利歌曲《我的太阳》，沈先生连续提了三个调，他都顺利过关了。但第二轮考小品时，王宏生的短板就显露出来了，我们四位考官都觉着非常可惜。李兰忠的两个学生也参加了考试，可惜高音都唱破了。沈先生询问了考生的指导老师，得知他们是我和李兰忠的学生后说，全国都走遍了，男高音还是哈尔滨的好，声音好，方法也不错。希望继续努力。

沈先生要在第二天的午后回北京，尽管时间很紧张但他仍旧在上午抽出三个小时到我家来给我听声音。我唱了两首中国歌曲，一首是《天伦歌》，另一首是《大河涨水沙浪沙》。当我唱完第一首歌曲时，沈先生对我说："这首歌曲是老一辈歌唱家人人都喜欢演唱的保留曲目，因为它是一首品味很浓、有一定规格与标准的歌曲。"沈先生认为我演唱得并不逊色，不低于老一代的水平。他建议我将这首歌曲存在自己的曲库中备用。接着我又为沈先生演唱了第二首，他听完后说："你唱这类作品，我只能说很棒，因为这是你的强项"。沈先生评价我的演唱既不损民族本色，又运用了西洋的科学发声技能，认为我完全有资格和能力做到"洋为中用"。谈到昨天的考试的男高音，沈先生肯定了我在教学上的能力，鼓励我一定能在这个领域里干出一番成就。临走时，沈先生语重心长地叮嘱我说，他要退下来了，今后恐怕时间会更紧张。因为国际、国内及社会不断地有预约函发来，以前有工作牵扯，所以

歌声里的传承
——刘凯回忆录

很多要出行的活动不能参加。而没有工作了，空闲的时间就会更少了，像我们这种游击式的教学模式都会受到冲击。有两条一定要我记住：一、我就是阿恰依尔的学生，其他人谁的都不是，包括他在内。二、我这个人心直口快，嘴硬心肠热，最可交的是"义"字。以后会有越来越多的求教者，凭他一生的教训，阴阳脸的人千万不能教，这种人会伤老师的心。

就在同年（1987年）暑期，我班上留校任教的男高音刘晶心由上海音乐学院进修返校，他提出和我合开一场音乐会。我当时正在患病还没痊愈，经常用药物撑着上班，但心里很是希望能登台测试一下自己。二人合开音乐会倒是一个机会，因此就同意了，并定在下周日举行。这个决定我没有告诉我家小郑，怕他担心进而阻拦，只是背地里与他的司机小王约好时间和地址，让他准时接我到剧场。那天我一进剧场，就看到表演大厅里座无虚席，学院院长汪立三与音乐系副主任张鸿勋两人正忙着跑前跑后接待熟悉的业内客人。看得出他俩很紧张，因为这是师院与艺术学院合并后第一次举行独唱音乐会，对我们的成功心中没底。我是背着我家小郑从家里"偷偷"跑出来的，没练声，没化妆，所谓的演出服就是一条黑色的长裙，但见到大部分来宾都是熟悉的面孔，知道他们都是内行，是来听声音的，不是来欣赏舞台效果的，反而放心了许多。仅用了半个多小时，我的学生们帮我化了淡妆，穿上刘淑文现脱下来的上衣，我就算是准备就绪了。九点整，主持人郁正民宣布了音乐会开始，按顺序，刘晶心第一个出场，我俩轮番上台，每人唱三首歌曲，曲目由小到大，既逐渐打开了嗓音，又有足够的休息时间。不但没有压力，反而是感到很轻松，越唱情绪越高。临近音乐会结束时，在大家热烈的掌声中我加唱了一首难度较大的歌剧选曲《我听到美妙的歌声》（选自歌剧《塞维利亚的理发师》），迎来了一片激动的欢呼声。大家都以为我经历了十年动乱，又多年生病，很难再登台演出了，没想到我仍然可以唱得很好。

第五章　与沈湘先生

左三为刘晶心，左六为作者

音乐会圆满结束后，哈市各文艺团体的老艺术家们纷纷到后台祝贺我们演出成功。市歌剧院的声乐指导周宗楠老师（她是中国声乐界老一代人，与张权老师一同由北京下放至哈市歌剧院。在我每周去张权老师家上课时，她总是特地去听我的课）很欣赏我的声音，这次她向我表示：能保持原来的实力，真是难能可贵，值得祝贺。市歌剧院的另一位声乐指导贺欣（我俩是东北鲁艺学院的老同学，又是苏联高等音乐学院的老同学）要和我拍照留念，并诚恳地祝贺表演成功。老同志程思三告诉我：关心我的人，原艺术学院院长刘相如因话剧院排戏脱不出身，让他转告我"有志者，事竟成"。

左为石惟琪，右为作者

1988年初，我应省电视台邀请，将我近期表演的一些中外声乐作品录制下来，以供他们随时选取播放。一共有十四首作品，据电视台的同志反馈回的信息说，播出的效果不错。

第六章 探索与融汇

第一节　与伊藤温教授

　　1988年暑期，艺术学院院长汪立三接待了一位日本上越教育大学的退休教授伊藤温。他主动登门联系，要到我院音乐系讲学与学术交流。他说这个计划是他在退休之前自行安排的，因为在日寇侵占东北哈尔滨时，他被派到这里工作过。虽然他当时是文职人员，没有动过武器，但他内心总是有一种不光彩感和愧疚感，所以他决定当他退休后，要到哈尔滨来奉献他的微薄之力，以作为良心上的补偿。汪立三院长代表艺术学院声乐教师们对伊藤温教授的举动表示欢迎。他考虑到我院的青年教师很多，请伊藤温把他的方案交给音乐系主任，并要求主任与教师们共同商议。

左为作者，右为日本声乐专家伊藤温

第六章　探索与融汇

工作计划交给了院长汪立三后，系领导带领大家讨论伊藤温教授的规划：他预定从1988年的暑假开始，用三年的时间，每个暑期来哈尔滨艺术学院讲学一个月。以个别授课为主，每周为每人至少上三节课。他自带教材，要求学习者在一个月之内练熟两首歌曲，范围是德、意艺术歌曲。每期到结束时，要举办一场汇报音乐会，对内对外公开表演，还要邀请市电视台做现场直播，并且在三年中每年他都要将实况带到日本。青年声乐教师对此很感兴趣，觉得既学习了教育大学的教学模式，又锻炼了个人的演唱能力，纷纷积极表态，愿意参加学习。而年长的教师中只有我和常肖梅对此抱有极大的热情与信心，想加入这个学习班，只是担心伊藤温教授是否能够接纳。学院与系领导当然非常欢迎我们俩的参与，这会确保任务的顺利完成。没想到伊藤温教授很爽快地同意了我和常肖梅参加学习，并通知大家要在第二天上第一节大课，内容是每个人演唱，教授要听一听，评估水平。我选择了两首曲目：中国歌曲《曲蔓地》和意大利歌曲《我亲爱的》。我是最后一个演唱的，很轻松，有足够的信心唱给教授听。演唱中看得出伊藤温教授很惊讶，一直兴奋地点头，最后为我亮出了99分。他解释说，在日本这是最高分了，剩下的那一分是留给个人继续前进、永远攀登的意思。他随后给每个人分配两首歌曲，给我的是舒伯特的作品《鸟》和意大利歌曲《爱的消魂》。我猜想第二天伊藤温教授很有可能让我上第一节小课，所以当天晚上就在家里抓紧熟悉其中的一首。次日早上我刚到班上，担任翻译的系副主任张鸿勋便来通知我：伊藤温教授点名要为我上第一节小课。我高兴地想：果然没有猜错，否则今天就被动了。我邀请常肖梅临时为我弹伴奏，和她一起走进课堂，从容地为教授演唱《爱的消魂》。伊藤温用录像机从头至尾拍摄我的演唱过程，我也在仔细体会他的点滴教学手法。一节课里，没有听到他做范唱，只是不断地用手势指挥、启发演唱者的情绪，同时也指导钢伴与演唱者协调配合。他不时地在出声提

示，影响着翻译也随着他，四个人同时在用心投入。像这样别开生面的教学手法我还是第一次遇见过，感到很新颖，也感到有兴趣学习。很快到了周末，准备汇报演出了。伊藤温将小课改成了分组排练，每组分别到午后试演。最后按预定的计划市电视台做了现场直播，师范大学校长徐国林和艺术学院院长汪立三及各层领导到场祝贺演出成功。伊藤温对总的效果表示很满意，并定下以后每年暑期准时开课。

左为伊藤温，右为作者

前排左四为作者，前排左五为日本声乐专家伊藤温

第六章 探索与融汇

最后一年临别时，院长派系主任张鸿勋、声乐专业主任戴克明、教师代表我，一起陪同伊藤温教授到松花江观景。张鸿勋主任当着我的面请教伊藤温教授："您对我们学院声乐教师刘凯的声乐演唱做何评价？"教授毫不回避地说出四个字"得天独厚"。他转过来对我说，我上课的全过程录像，他带回东京，拿给声乐专家们听，得到了大家的赞赏，并一致认为我既是声乐艺术家又是教育家，他们为我的敬业精神点赞，欢迎我去日本与大家交流。说完伊藤温教授将我手中的拐杖拿到他的手中说"我们合个影吧"。他就此告别中国，以后没再来过，但每年我们都从张鸿勋与他的来往信件中，得到他的问候。

左二为作者，左三为伊藤温

第二节　与伊丽莎白·托德教授

1992年下学期，澳大利亚悉尼音乐学院的伊丽莎白·托德女士应邀来哈师范大学艺术学院音乐系讲学，并短期为这里的师生上音乐小课。她是常肖梅去澳大利亚音乐学院进修的声乐主课老师，据说是该院权威声乐教授，经常被国际邀请做声乐大奖赛评委。我对她的到来，抱以极大的期望，想从她的点评中得到一些启迪。我准备给她听两首外国歌剧选曲，一首是《为艺术，为爱情》（《托斯卡》的咏叹调），另一首是《晴朗的一天》（《蝴蝶夫人》的咏叹调）。在我演唱之前，担当翻译的常肖梅向托德女士介绍说，我是她去澳大利亚留学之前的声乐启蒙老师。托德女士听我演唱时，格外仔细、认真，我刚唱完第一首，她就毫不犹豫地点赞。她把我划分到大号抒情女高音之列，认为我天生条件和后天的功底都非常好，全声区都贯穿着均衡的、金属般的鸣响，演唱中吐字清晰、风格纯正，既能演唱花腔，也可表达剧情所需要的戏剧效果。她高兴地祝我表演成功。在我要开始演唱第二首咏叹调时，我赶紧对翻译讲："我很感谢托德女士对我的肯定和赞誉，但我希望能听到她对我的不足提出批评与建议。"常肖梅是很了解我的，她如实地向托德女士传达了我的想法与诉求。我看她点头示意，于是就开始唱第二首咏叹调了。但她之后的点评仍然是先从肯定我的优点谈起，她说这两首咏叹调是很多世界级女高音歌唱家所喜爱并保留的曲目，是作曲家普契尼的经典曲目。作品需要演唱者的声乐技能全面，这样才能表达丰富的情感。她认为我除具备这些

第六章 探索与融汇

条件外，还用声音成功地把蝴蝶夫人塑造成了一位美丽的小姑娘，声音非常有吸引力，音色极富变换。然后她才讲道："刚才常女士向我表述了你的要求，那我就对这两首歌剧选曲结尾高潮点的处理，谈谈个人的看法。你演唱的这两位女主人公，剧情发展到最高潮均以悲剧告终。而剧中人物，第一首托斯卡是位有高智慧的艺术家，她的选择是为揭示不公正而呐喊。你的处理是以戏剧效果来表达，我觉得很恰当，音量放大些无可挑剔。可是第二首的主人公（开始）是位年幼的美丽少女，（后）发展成为贤惠、宽容、善良的女性。剧情发展到终结，她万般无奈、求助无援。像蝴蝶夫人这种温柔的性格，我建议你不必将结尾高音唱得过分响亮、放大声音的强劲力度，还应保持开始运用轻型抒情花腔的效果。我很赏识你演唱这首咏叹调的音色，是一个美丽的小姑娘。"（以上来自托德女士给我上课时的录音）。

左为澳大利亚声乐专家伊丽莎白·托德，中为作者

歌声里的传承
——刘凯回忆录

左为常肖梅，右为作者

李兰忠将托德女士这一堂课（包括我的演唱和她的点评）全部录制了下来，并很快带给了北京中央音乐学院的沈先生，请他详细解析。他快速回馈信息，并说"这位澳大利亚学者，在学术上经验很丰富，教学上很成熟。她对刘凯的评论很客观，值得借鉴"。而对于她的演唱，沈先生并不看好，认为她的方法太重。

张权老师在北京对哈尔滨的对外学术交流很感兴趣，她让我把全部材料都寄给她，她反馈回来表示非常满意，说"我总算没有白白在哈尔滨住了十多年，建立了互通信息的平台（书信手稿）。恭贺你坚持广泛学习"。

与伊丽莎白女士相遇，勾起了我对失联多年的恩师阿恰依尔的思念。从她离开中国去澳大利亚，二十几年我们之间可谓是音信全无。我因背上特嫌的包袱，从不对任何人提起这段难忘的往事，其中包括我最知己的朋友加同事常肖梅。无论是她去澳大利亚求学，还是后来一直接触的俄侨外教热列兹尼亚科夫（他是俄侨留在中国的唯一的钢琴教师，被艺术学院聘请。每周到我家给我弹伴奏，是学院公派的），我都未曾向他们打听过有关我导师的情况。这次我决定背着我家小郑，问问热老师是否认识阿恰依尔。没想到真是找对了人，热老师说他太认识阿恰依尔了，他们俩原是一个学校（格拉祖诺高等音乐学校）的，只不过是阿恰依尔比他先毕业，并留校任钢琴教师了。虽然他们之间没有来往，但他认识一位阿恰依尔的好朋友，她们之间是经常通信的。我赶紧请热老师帮我打听我导师的近况。没过多久，消息便传回来了：阿恰依尔听说我在寻找她的下落、关心她的生活状况后高兴极了，并激动地说我是她所教的中国学生中的佼佼者。除我之外，没有一位学生坚持学习到毕业后还继续学习。她对我的事业有成感到自豪，为培养出我这样的学生感到骄傲，她在遥远的地方祝贺我。有关她生活的近况，是热老师的朋友转达给热老师的：初到澳大利亚时，因为没有熟人，她只能靠在酒吧里弹琴打工来艰难地维持她和母亲的生活。以后她与一位著名的工程师结婚，没有爱情，只是为了生活。现在母亲早已过世。得知这一切，我总算去了多年的一块心病。关于这件事，我一直守口如瓶，也没直接与阿恰依尔联系。

1990年我正式办理了离休手续。从1990年到1999年，又被师范大学返聘，为艺术学院培训中青年老师，其中有：

戴克明（1991年—1998年）

刘淑文（1990年—1995年）

王立和（1990年—1998年）

衣平平（1990年—）

孙　晔（1990年—1999年，这其中她去俄罗斯进修一年）

邓丹彤（1993年—1995年，她去日本读研四年回国后继续跟我学习）

姚莲侨（1994年—1996年）

与此同时艺术学院的两系（音乐系和教育系）都聘我为几个夜大的声乐专业程度较深的学生上课。其中有：马慧妮（女高音），她是北京一所理工科

歌声里的传承
——刘凯回忆录

大学的毕业生，回哈后在纺织系统工作；欧阳秀君、田星，她俩都是女高音，在哈公安系统工作；陈鹤令（男高音独唱演员），是市群众艺术馆的艺术指导；刘宾，东北师大大专毕业生；韩英、赵铁晶等等。总之我离休后比我在职时的工作量大很多，每周要到学校四整天，家中的私人学生进的比出的多。书房兼工作室摆放着生活、工作的时间图表，除了吃饭、睡觉，找不到空闲时间，包括节假日都没有休息时间。有的学生向我提出："老师你每年总得过一次生日啊，我们大家一起来为你祝贺生日。"听到这个建议，我突然想到可以利用这个机会，搞一次音乐沙龙，大家聚在一起当演员也当听众，既进行一次艺术实践，又能互相交流学习心得。于是1991年就在我家的客厅里，举办了第一次音乐沙龙。我当时也演唱了一首歌剧选曲《人们叫我咪咪》。大家自由参加表演，在轻松的气氛中，我发现有些人进步很快。这使我想起了在苏联高等音乐学校学习时见到过的：所有的教师们每人定期轮番参加公开表演，这是学校规定的。这样既能够使校方有效地督促、考核教师的业务水平，又能促进教师们不断进步。我们的音乐沙龙再一次印证了这种艺术实践是声乐教学中不可缺少的环节。在演唱过程中，我又提出一个倡议：争取明年将这种表演搬到舞台上，让更多的观众为我们打分。对于我这个提议，大家是热情高涨并积极响应。经大家商榷，定在第二年的暑期，即1992年8月末（将我的生日提前两个月过），用不到一年的时间，准备拼搏一次。先用合唱的形式开场，合唱队人员由所有参加此次音乐会我的学生们组成。请原哈尔滨艺术学院的朱良维写歌词，方智诺谱曲，由我来领唱，音乐会结尾由我压轴。

日程一经确定，很多人要来观看音乐会。我首先接到的是张权老师的信件：她得到我要开师生音乐会的消息非常高兴，到时她一定来哈为我庆贺。鉴于当时担心各方面都准备得不够成熟，被我婉言谢绝了。而后中央音乐学

院的沈湘先生也发来了信件,他鼓励我大胆地开这个头,做前辈没做过的事。他认为这是创举,无论成功还是失败都是收获,别放在心上。另外因为八月份他要到荷兰讲学,所以不能到哈来听音乐会了。我的几位考取了上海音乐学院和中央音乐学院的学生都希望回哈参加演出,也被我谢绝了。我一个人,实在是招架不了,多有得罪了。

1992年8月31日,由中国音乐家协会黑龙江分会、哈师范大学艺术学院、哈尔滨电视台在哈尔滨北方剧场(当时是哈市最大的音乐厅)为我举办了"刘凯从教四十一周年师生独唱音乐会"。

作者从教四十一周年师生独唱音乐会

歌声里的传承
——刘凯回忆录

我担忧大部分同学是第一次登台独唱，所以上午九点钟就提前到了会场的后厅，为大家练声、走台，一直忙到午后的一点，急得前来帮忙化妆的赵桂荣大声地喊我："看你都成了导演了！开场第一个节目（合唱）可是你领唱啊！"我这才放下学生去化妆。等我化完妆，离音乐会开场（午后两点）仅剩二十分钟了。我走到前台掀开幕布，借着剧场的灯光，见台下观众席上已差不多坐满了，同时见到前排正中就坐着哈尔滨歌剧院院长沙青同志。我仿佛一下子回到了多年以前我在沈阳东北鲁艺学院、鲁艺音工团的日子，当时一遇有重要演出，他总是陪同东北局的宣传部长刘芝明同志在前排正中就座。那时候我还是一个简简单单的小姑娘，就怕演砸了挨领导批评，所以上台前总是有点紧张。而现在我已经是一个比较成熟的声乐教师了，和我的学生们一起开音乐会，心里充满了自信和激动。前排就座的还有哈尔滨师范大学副校长王佐书同志，知道他已接到调令要前往省里，真是十分感谢他能来祝贺。我还看到艺术学院院长汪立三、党委书记刘哲以及各系负责人全部到场。在观众席上还看到了很多文艺界的同行……时间一到，铃声响了，先由艺术学院的汪立三院长上台讲话。他主要是感谢各位领导大力支持，感谢各位来宾热情观赏与捧场，同时他表扬我，在困境中多年孜孜不倦地钻研业务，培养出大量的骨干人才。随后由系主任方智诺宣读全国各地寄来的贺词条幅。演出以全体演出者表演合唱拉开序幕。所有参演者保持着激动、振奋的情绪，从始至终没出差错。音乐会结束时，观众们还迟迟不肯退场，同行们高度赞扬，反映说这是一场别开生面的演出。省歌舞团的领导当场就看中了女高音李燕同学。歌剧院院长沙青同志非常热情地向我祝贺，并说："我可是你的老观众了，在你很小很年轻的时候我就经常观看你的演出。"汪立三院长向王佐书、沙青院长表态说："明年学院所建的音乐厅就能竣工，让刘凯在那里举办个人独唱音乐会，欢迎各位前来捧场。"

第六章 探索与融汇

这场音乐会的成功，更坚定了我要把实践加入到教学内容中的信心。尽管不能像当年苏联高等音乐学校那样经常演出，但至少得每年举办一次这样的音乐会或是声乐沙龙。但是我万万没有想到，这竟是我最后一次登台演出。

作者从教四十一周年师生独唱音乐会，独唱者为作者，后排合唱者均为作者学生

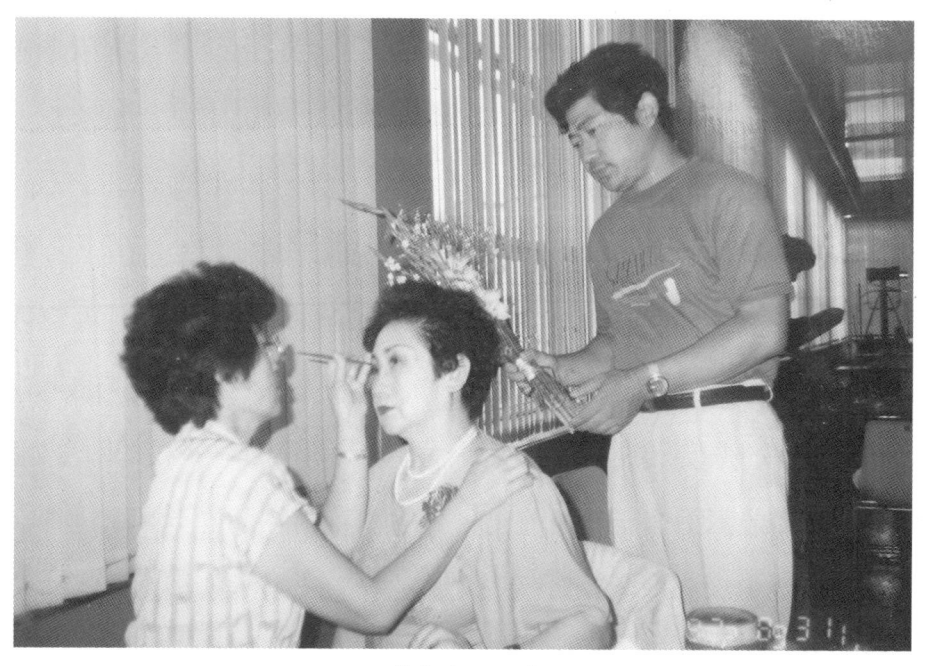

学生苗笛献花

第三节　离休与家庭

1993年，是我人生连续遭受致命打击的一年。6月8日，我家小郑突发脑出血离我而去，这是在我毫无精神准备、平时没有任何预兆的情况下发生的。我无法面对这种残酷的现实，悲痛欲绝，神情恍惚，仿佛天都要塌了。我们一起生活了四十年，他始终不遗余力地支持我的工作和学习，无微不至地照顾我的生活。我的朋友和同事们都为我今后怎么生活而担忧，在大家的眼里，我家小郑是我生活中的保护伞、顶梁柱。他在生前常常对我提起，他的老首长——市委书记王化成曾多次叮嘱他："你退下来就好好照顾刘凯吧，她是个要强的人，是个好同志。"可是万万没有料到，他还不到六十三岁就先我而去，使我陷入了悲伤痛苦之中无力自拔。6月16日，接到中国音乐学院的讣告："张权教授于六月十六日病逝"。这个时候听到这个消息，似乎冲淡了我对丈夫的思念，脑海中浮现出1961年张权老师携家眷到严寒的哈尔滨落户的情景。当年她年仅四十二岁，身体瘦弱，随她同来的有一位是上了年纪的老人（四婆），还有三个女儿。当时她的处境是：夫妇二人都被打成右派，爱人莫桂新还背有现行反革命的罪名，被先下放到黑龙江北大荒劳改农场。非常不幸的是仅仅三个月后就因食物中毒而病逝。张权老师身处逆境，多灾多难，戴着右派的帽子，由北京中央歌剧舞剧院下放至黑龙江省哈尔滨市歌舞剧院，心中深深埋藏着对已故丈夫的思念（当时因小女儿年幼，没有对孩子公布真相），要赡养老人，要抚育三个女儿。这是一副多么沉重的担

子啊，但是所有这一切都没有压垮张权老师，她选择了坚强地挺住，选择了与命运抗衡。她刚到哈市，就向歌舞剧院院长表示：只要给她机会，让她自由地演唱，什么重任她都能承担。后来张权老师的家搬到了离我家很近的地方，我们有机会经常来往。我亲自听她讲述：当她的命运遭受残酷打击时，唯一支撑她挺住的就是对事业的执着。她视歌唱如生命，歌唱给了她在苦难中走下去的信心和勇气。沉痛悼念张权老师的逝世，回顾她所经历的不幸命运以及她面对人生灾难的处理准则时，我深有感触：人生的苦难和命运的挫折，是无法事先预测的，只能靠当事人自己，勇敢、坚强挺住。

7月初，要邀请省电视台录制我班孙晔同学毕业音乐会。原定6月20日要彩排。学生非常为难，觉着老师家中出了这么大的事，怎好请老师继续指导。我让人转告孙晔：我一定会准时参加排练。当学院的老师们见我出现在彩排场时都很震惊，陈国华老师对我说："你还是当年我在鲁艺认识的刘凯啊，佩服！佩服！"

10月7日，我又收到了中央音乐学院寄来的讣告：沈湘教授因心脏衰竭于10月4日病逝。这一噩耗是在我哀痛未愈的伤口上又撒了一把盐，我一时都不知该怎么抑制悲伤的情绪。听人说，遇到这种情况，放声哭出来会使人好受些。可我还是尽可能在表面上保持镇静，让泪水在心灵深处流淌。对沈先生的怀念，不只是在他的智慧超群、知识渊博以及对事业的执着上，更让我钦佩的是他为人正派，胸怀宽广，对人真诚，开朗、豁达。他从未对自己一生的坎坷命运有过抱怨，反而却是处处为别人着想，替人分难解忧。我从1980年拜他为师，课虽然上得不多，但受益匪浅。总是觉得在他身上有学不完的东西。他告诫我：永远不要满足，要善于学习别人之长，用别人的优点丰富自己，把别人好的东西拿来为自己所用。他的人格魅力和他超凡的艺术造诣，使得人人都敬佩他、爱戴他。就在他这次生病期间，我的学生李燕要

去音乐学院进修，因我家小郑刚刚离世不久，我就让李燕自己到北京见沈先生，请求他跟郭淑珍老师打个招呼。沈先生当时得到的医嘱是：禁止多讲话。而沈先生在获知李燕的来意后，赶紧拿起电话，打给郭淑珍老师，告诉她我是他的朋友，我的学生找郭老师学习，请郭老师务必收下。这真是太让我感动了。然而遗憾的是李燕后来听说郭淑珍老师上课太严厉，改选到黎信昌的班上了。我得知后，心里非常为难，不知日后如何再面对沈先生。现在沈先生人已离去，我心里永远摆脱不掉对沈先生的歉意和愧疚。希望沈先生的在天之灵能够知道，他的形象永远会留在我的记忆中。

从1994年开始，我就把全部的精力都投入到教学和举办音乐沙龙上了。

人这一辈子能一直在做自己喜欢的事情，是非常幸运的。在事业和工作上我对自己很满意，但我却有愧于我的家人。由于时间和精力的原因，我对家人疏于关心和照顾。我算作一个不错的歌唱演员和声乐教师，我却不是一个合格的妻子和母亲，这一点可以说是我最大的遗憾。

第六章 探索与融汇

孙 晔

衣丽沙

刘晶心

陈鹤龄

邓丹彤

兰忠兵

歌声里的传承
——刘凯回忆录

杨婧

李金辉

苏大为

海轶寰

贺立君

马慧妮

第六章　探索与融汇

李　丽 　　　　　　　　　马　俊

欧阳秀君 　　　　　　　　刘　滨

钱雪莲 　　　　　　　　　徐欣华

集体合影

集体聚餐

第七章 学生感言

歌声里的传承
——刘凯回忆录

"世间的每一次相遇，都是久别重逢"。这经典的语句，跨越了时间和空间。

缘起：初识刘凯老师并开始我的人生改变的初始阶段（父亲陈鹤令是刘凯老师的学生）。第一次的见面，刘凯老师音乐大师的风范、基础指导的简单明了、实用，感受甚为深刻，至今记忆犹新。刘凯老师用睿智的语言启迪我怎样去体会音乐、体会人物的特征。（因为每一个人对同一段音乐、同一首歌曲都会有不同的感受，不能感动自己是无法感动他人的），把内在的感受通过声音表达出来。

努力：在老师的指引下，掌握了正确的方法，学会了正确思考，进步便是理所当然的。每每为自己的小进步暗喜，也对自己的未来充满信心和希望。

成就：大师的指导，自我的思考和努力，两年后的我考到了美国费城音乐学院学习声乐。感恩我亲爱的刘凯老师，我的人生就此开始了新的篇章。

现在：很遗憾，尽管我十分喜爱我的音乐，也自认可能会成功，但终究还是改了专业学习金融。在金融行业也收获了成功，从普通银行职员到世界顶级金融公司做资产管理。唯一不变，一直受用的却是刘凯老师的影响。刘凯老师独立的人格和永远积极向上的精神，以及做事为人的方式始终都是我人生的榜样。

学生：陈　曦

我是1980年出生的，在老师的学生当中我属于小字辈的。刘凯老师可以说是我的指路明灯，我非常庆幸自己能遇到这样一位德艺双馨的老艺术家，她也是我人生中的最重要的人。

第七章 学生感言

　　我是以特长生的身份考入省重点高中绥化一中的，大学想上哈师大艺术学院。我从小学习钢琴，所以艺考时不担心钢琴考试。但是声乐没有学过，在我高中二年级时（1998年），音乐老师董老师介绍我来到哈尔滨学习声乐，于是我开始了高考艺考之旅，每周一三五来到哈尔滨刘凯老师的家里学习声乐。记得第一次到刘老师家上课，刚一进门就听到一首浓郁的意大利风格的歌曲，当时老师正在给一位即将参加高考的女生上课。我坐在客厅，听着这首歌曲，沉浸在其中，就觉得真好听啊！待那个女生上完课走后，我就进去了。刘凯老师给我的第一印象是声音洪亮，目光炯炯。她简单询问我几句之后就开始上课了。之前我从未学过声乐，但是我还有点音乐基础，另外刘老师的教学方法简单易懂，可以使学生既能迅速学会，又不会觉得很难。一节课就这样在新奇中度过，课后刘老师还帮我联系了钢琴老师和乐理老师，省去了我许多的麻烦。高考艺考时，我的钢琴是85分，声乐是75分，对于从未学过声乐的我，得到这个分数也意味着是高分了。但是由于只提前了一个月学习视唱练耳和乐理，准备不足，我最终与哈师大失之交臂，去了齐齐哈尔大学。刘凯老师得知这个消息马上告诉我她在齐大的学生——顾万超老师（齐大的音乐系的副主任），让我跟他说，照顾我。顾万超老师是一个非常慈祥的老师，我们都非常喜欢他，我在齐大可以说一切都好，所以也没有麻烦顾老师。大二下学期，我们开始选择专业，我想了又想，决定在学校主修钢琴，然后回哈尔滨跟刘老师学习声乐。于是大三、大四两年，我开始了跑通勤的学习生活。每周从齐齐哈尔到哈尔滨刘老师家里去上。有一次生理期贫血，早上为了赶车没有吃早饭，到了哈尔滨已经中午，直接赶去老师家上课，体力不支就晕倒了。躺在老师家的沙发上，刘老师给我倒了热水，询问我是否吃饭了，但是我已经晕倒失去知觉，偶尔能听到老师关怀的话语。后来躺了一会儿，终于醒了，喝了热水好多了，在老师的鼓励下又重新上课。是刘老师的话语

歌声里的传承
——刘凯回忆录

让我一直坚持了下来。毕业后，我跟家里商量，要在哈尔滨跟刘老师继续学习声乐，并打算考研。爸爸反对，但妈妈支持，并用她微薄的工资支持我的学习。刘老师得知这个情况后自始至终没有涨我的学费，课上仍旧兢兢业业，认认真真地教我。我是个慢性子的人，干什么事都慢，学习也是。但是也正因为这样缓慢地学习，才为我之后打下了坚实的基础。后来我找了一个临时的工作，当钢琴老师，这样就放弃了考研，开始工作。这期间我一直为自己的未来而担忧，正是每周的声乐课，给了我希望，给了我一个目标，给了我勇往直前的勇气。从刘老师身上永远看不到失败，我只要想到刘老师，浑身立刻充满力量和阳光。终于在 2006 年，我通过自己的努力应聘到了哈尔滨第 69 中学，担任音乐教师。初到中学，我什么都不懂，中学应用音乐专业也比较少，但是我通过学习，声乐水平一天天提高，当时是以第一名的成绩进入面试的。并且在 2005 年参加了全国声乐比赛，获得大学生组第一名。在学校的大会上得到了校长王顶在的表扬。他是因为我成绩突出、专业技能强而记住我的。当时学校里都传，新来的音乐老师，钢琴、声乐都是九级（实际声乐八级已是最高级）。这些都是刘老师给我的！

在后来的工作中，我不怕吃苦，不怕累，每次学校有活动我都主动承接。2008 年我开始带学校的合唱团，从 2008 到 2020 年 12 年之间，我带领校合唱团获得全市中小学生合唱集体项目第一名两次，第二名多次，区里红歌比赛一等奖多次，获得领导和同事的好评与认可！多次被评为优秀指导教师。2016 年全区举办声乐教师大赛，我报名参加，一路过关斩将，冲到决赛。但是因为我没有舞台经验，演唱时麦克没有对准，所以声音没有被放出来，与一等奖擦肩而过，获得了优秀奖。但是这是我第一次站在舞台上唱自己喜欢的意大利艺术歌曲，这对我来说是宝贵的艺术实践经验。2017 年在南岗区音乐教师专业基本功大赛上我获得全区专业基本功大赛第一名。我们的学校用

第七章 学生感言

红色屏幕播放：李金辉荣获全区音乐老师技能基本功大赛第一名。当时我激动地把这一消息告诉了刘老师。后来我们就此举办了一场汇报音乐会，我独唱了《伟大的灵魂，高贵的心》。我在练习的过程中也突然开窍了，找到了意大利唱法的一些技巧和方法，结合刘老师说的话，进行融汇，在音乐会当天，我可以说是一炮而红，所有老师、领导都惊讶地看着我，可以说是获得了成功。过后很多人给我打电话，说我唱得非常好，我也非常高兴，第一时间给刘老师打电话，一是告诉她演出成功，二是感谢她对我的教导。2019年年末，我们学校换了新的校长，在初期不是很重视音乐课，我始终是找不到归属感和成就感。校长曾经点名说，音乐课上得不好。为此音乐组长决定让新校长看看我们的实力，特别是我，于是让每人准备一首专业歌曲，向校长汇报。其他人准备的都是流行歌曲，只有我是意大利歌剧片段。当我上台演唱时，我能感受到，我的同事们都用一种惊奇的眼光看着我，可能大家都没有想到我是这样一个音乐老师，专业能力这么强。因为在他们大多数人的认知中，音乐老师应该就是那种来了放首歌，走了就闲着的人。我来了这个学校14年了，终于堂堂正正地站在这个舞台，在他们的面前，唱了一回我的专业歌曲。演出之后，有几位老师看到我，都说："你唱得太好了！你好厉害！"有一位多年前合作过的语文老师，特意把我叫到一边跟我说："金辉啊，这么多年，你的专业一直都没有扔了，你进步了！唱得好！"我笑着说："谢谢！我一直在学着！"这时我又想到了我的老师——刘凯老师。因为刘老师，我留在了哈尔滨；因为学习了声乐，我找到了工作，并且在工作中实现了自己的价值。在学校因为只能是上初中音乐课，所以没有学生，后来我想学习教学方法，便尝试教声乐。起初是教小孩，童声，在教的过程中，我突然感悟到以前刘老师上课时对我说的话，茅塞顿开。随着时间的推移，我越来越会教，越来越了解什么样的孩子怎么教，他能更好地接受，能更好地唱歌，教学

歌声里的传承
——刘凯回忆录

相长。2020年，我培养出了一个考上童声六级的孩子，非常有成就感。并且我现在感受到自己能够听出很多东西了。在2018年参加一带一路的学习交流会上，一位意大利音乐学院的副院长开设大师课，我报名晚了，没有上台得到她的指点。但是她对其他学员的评价，跟我的想法一模一样，也就是说她的说法和刘凯老师的是一模一样的，我真的感到非常幸运，没有出国，就能学到正宗的意大利歌剧唱法，这都是因为遇到了刘凯老师。这几年，老师的身体状况逐渐变差，需要多休息，少劳累，就是这种情况下，老师还坚持每周给我上一节课。刘老师就像她说的一样，活到老，学到老，做到老。我有幸参与了在2010年到2015期间，老师举办的音乐沙龙。我除了演唱，还经常给大家伴奏，同样开阔了我的眼界，锻炼了我的业务能力，现在想起来自己真的做得不够好，没有做到最好。那么珍贵的活动机会，估计以后会很少了！

我现在虽然还是一名中学教师，但是我要学习刘凯老师孜孜不倦的学习精神，活到老，学到老，做到老。要继承德艺双馨的刘老师的师德和人品。没有刘凯老师，就没有现在的我。衷心感谢我的指路明灯——刘凯老师！

学生：李金辉

我从小就喜欢唱歌，所以长大后考取了哈尔滨艺术学院。记得考试时唱的是《兰花花》和《放马山歌》，被录取后分到曹丽莲老师名下。上了一段课后，发现声音听起来是虚的。后来我才知道，曹老师是完全的西洋唱法，而我喜欢唱民歌，是民族唱法，我们俩不对路。同她上了很长一段时间课，都没能找到路子，很苦恼，便产生了退学的念头。正在此时，学院成立了民族声乐班，我心想要是能上这个班，我就有救了。曹老师请刘凯老师给听了听，认为我学民族唱法可以。经过系里同意，我转到了民族班。

刘老师的教学理念是中西结合。发声上用真假声结合，吐字上用京白、韵白的方式，以字带声。这正适合我，因此我每一次上课都有收获，进步很明显。我感到非常开心，不再有学习上的苦恼了，像变了一个人。正是刘老师，给我指明了方向，使我能以优异的成绩毕业，挽救了我的前途，我深受感动。

学院举行毕业演唱会时，歌剧院的曹登民院长和周仲南老师亲临现场挑选演员。由于我的出色演唱，我荣幸地被选上了。刚进剧院，就赶上《江姐》剧组在大庆演出，我担任四川高腔的领唱及孙明霞的角色，同时在为大庆工人演出时担任对唱和独唱。在剧院与歌舞团合并时成立组建"白毛女剧组"，我担任独唱。纪念毛主席《在延安文艺座谈会上的讲话》发表30周年时，剧院举办大型音乐会，我担任独唱和男女声二重唱。独唱曲目是：《延安儿女心向毛主席》《我到草原来安家》《翻身道情》。二重唱曲目是：《毛主席视察黑龙江》《歌唱我们新西藏》《毛主席派人来》。后来男女声二重唱就成了剧院保留节目了，每场演出都能受到观众的热烈欢迎。常年随剧院到工厂、农村演出和逢年过节随省、市领导下部队演出，使我在省内获得了一定的名气，为剧院做出了贡献。

一路走来得到的成功是和刘老师的精心培育以及给我打下的良好基础分不开的。在此向老师鞠躬，向老师表示深深的感谢！祝老师安康、长寿！

学生：赵凤荣

歌声里的传承
——刘凯回忆录

刘凯老师是我学习声乐的启蒙者，是我在声乐艺术上成长的导航。解放战争时期，她年纪轻轻便参加音乐团队，以她嘹亮的歌喉作为宣传革命的武器。她一生都在勤奋耕耘，孜孜不倦地钻研业务，并有幸得到了高师的教诲，为她打下了扎实的声乐基础。

我开始跟刘凯老师学习声乐时，她已是七十多岁的人了，被誉为演唱家、声乐教育家。但是她留给我的印象却是"长青不老"。无论是听她讲话的声音还是听她给学生做示范的鸣响声，都使人兴奋、激动。让人既爱听又想唱。在不知不觉中，将学生带进她的教学程序中。从我个人来说，一个普普通通的中学生，对音乐一窍不通，平时只能凭借自己的一副大嗓门喊叫几声，却被刘老师轻而易举地领进了声乐的殿堂。那时社会上传闻：女老师教不好男高音，因为"男高音，高音难"。但我见到刘凯老师班上像我这样条件的男高音学生有好几位，从未听到老师提起某位男同学的问题使她感到棘手。大家一致认为的是：师从刘老师是幸运的。由于她有丰富的教学经验，方法科学，手法多样，许多问题一到她那便是迎刃而解。1999年我们这几位师兄师弟无一例外地考取了北京、上海的专业大学。考入中央音乐学院的有我、王佰洋，还有一位女高音（黄晓佳）。刘一楠考入了北师大，宋扬考入了解放军艺术学院，考入上海音乐学院的是张志勇。次年考进上海音乐学院的有王一勋、赵洋。这是一大批青年学生呀！这是我们永远都不会忘记的。

我很轻松地考进了理想的专业学校，入校后专业上我同样感到很轻松，一直到我攻读完硕士学位都这样。在此期间，每年寒暑假日我一定要回到哈尔滨向老师汇报，并每次都想准备一些特产送给老师，可都会被老师阻止。她对我说："苏大为啊，以后你来就带你平时的录音，要是有外国专家来京讲学的实况录像我更欢迎。"我懂老师，一生抓紧学习，与时俱进。老师的执着也影响了我，参加工作后，我还是在不断进取。

第七章　学生感言

刘凯老师的高徒遍布全国各地乃至世界，这是老师的荣耀，也是老师心中最大的安慰。我代表各位感恩者，衷心祝愿老师健康长寿！永远做我们年轻人的坚强后盾。

学生：苏大为

有幸在先生的自传未正式发表前先睹为快，我如饥似渴般地拜读着先生的著作，感同身受着那些可歌可泣、令人振奋、感人肺腑，又令人扬眉吐气，不为人知的人生经历……先生如今已是九十高龄之人，堪称声乐教育界之泰斗，富于戏剧性的艺术人生，是声乐表演与声乐教育界享有盛名的真正的艺术家！老人家时至今日仍然是精力充沛，双目炯炯有神，声音洪亮致远，颇能显出老师在声乐演唱方面气息的强大与共鸣运用得通畅自如和深厚的功底。

看恩师的自传，犹如看一部电视剧，一场场，一幕幕，情节变幻，动人心弦，令人感慨，令人陶醉。先生那些颇具戏剧性变化的人生情节牵动着我的心，我感慨着先生那些红色的人生经历，我赞叹着先生那令人听不够的美妙歌声，我更能理解恩师的才华和容貌以及贤德之身赢得了"小郑先生"这样的一生一世的挚爱。我每一节课都能感受并融化在先生的正谱伴奏的和弦与伴奏型给我的演唱带来的遐想和力量！我庆幸啊——在我的艺术生涯中一路走来能有先生这样伟大的引路人，有先生这样伟大的歌唱艺术导师！我骄傲着！同时我也自豪着！

遥想1975年，当时的我还是黑龙江省艺术学校五七专业部的学生，从那时起我就开始跟先生学习声乐演唱。1977年恢复高考了，我要求退学准备高考，但未经批准，没有档案，无法报考。一直等到"中专毕业生两年之后方

歌声里的传承
——刘凯回忆录

可报考"的1981年，我如愿以偿地考取了国内有名的两所音乐学院和哈尔滨师范大学艺术系，但因师大最先采档，使我成为先生足下名副其实的弟子。从一个学生的角度而言，我对老师是毕恭毕敬的。每次专业课前都是早早进入琴房认真地开嗓练声，然后再到学院的大门口敬候班车的到来，把老师接应到楼上，晚上再把老师送到班车上。寒来暑往整四载，依稀别离于七月。很多大四的学生都像待嫁的新娘，恨不能快点远走高飞。然而我却舍不得离开我的老师半步！亲爱的老师啊！我多么爱您，却不会表达！亲爱的老师啊！我多么爱您，却无法表达！

1985年9月10日，是我国的第一个教师节，我拿什么奉献给您——我的恩师！我亲手为恩师编织了一件浅咖色的双树叶子花的棒线毛衣外套，把对老师的爱融进了一针针、一线线，以此作为我对老师的第一个教师节的献礼！

1990年我有幸考取了中央音乐学院高级进修班，出于对老师的尊重，我特意来到哈尔滨与老师商量选择专业老师之事。我均遵师嘱，照办业成。2018年，我想趁老师身体硬朗，多向老师取经，所以我每周都去哈尔滨老师家里，目的只有一个，像我这般年纪还能有老师指导演唱太难得了！中国有句俗语说：人生在世，难得七十岁有个家，八十岁有个妈。恩师啊，您就是我的妈妈，有您我就有了家！

老师虽然福龄九十，但温恭敦敏，方德不改，但愿恩师福至期颐之时，弟子还能绕师膝下尽养道！

学生：贺丽君

第七章　学生感言

　　刘凯老师是我的音乐启蒙老师，也是开启我认知音乐大门的人。好些时候没有见到刘凯老师了。身在异地偶尔一次通话问候，老师告诉我说她正在写回忆录。电话里说年轻时候的一些事，老师有些兴奋，声音还是那么底气十足带着共鸣。这么年轻的声音发自90岁高龄的老人，谁信啊？电话那头，老师像个孩子般讲述着她的故事，曾经的学校，曾经共事过的大师，曾经演唱的音乐作品如数家珍。她的音乐历程让我肃然起敬。

　　1971年，我从中学毕业被分到一家工厂当工人。家中的姐姐喜欢歌唱，也是哈尔滨工人文化宫业余合唱团团员，我下班之余也常跟着去。一来二去，自己也对声乐产生了浓厚的兴趣，可当时对发声法一窍不通，只是凭着自己的声音大声去唱。

　　1977年，高考恢复之时也萌动了考学的想法。经一位老师介绍我有幸识得刘老师。记得当时我用青涩的嗓音唱了几首歌曲，老师觉得我有潜质，二话不说就收下了我。现在想想真的是命好，当时我家境贫寒，只是一名普通工人，老师不计出身门第，分文不取。她惜才爱才，至善的为人深深地打动了我。从此我第一次知道什么是科学发声，第一次接触到专业的声乐作品。并在老师的细心指导下探索着音乐的道路，迎来了1978年的大学考试。

　　"怎么样？就这样吧。"这是唱完一首歌之后听到评委的第一句话。心真的是凉了半截，本应唱两首歌的初试只唱了一首就让我走了，当时心里想的只有完了完了，愧对老师的培育了。可不曾想中午放榜时竟是第一位！拿到了区里初试，顺利进入了师大音乐系的复试。可造化弄人，因自己的大意看错时间，错过了复试，也错过了当年的入学。因祸得福吧，因为自己的大意错过了一年入学，却也因此多了一年和刘老师学习的时间。1979年自己如愿地考入了哈尔滨师范大学声乐系，可入学后因学校的安排我并未有幸继续追随刘老师。老师带领我入门、进步并迈入了大学校门对我后来人生路途起

歌声里的传承
——刘凯回忆录

到了至关重要的作用！

大学毕业以后我就职于哈尔滨广播电台，从事音乐编辑和记者工作。记得在老师从教41周年音乐会上，毕业后再没认真训练的我在老师的指导下还献上了一首《岩口滴水》，让我再次体会到曾作为老师学生的那份荣耀。记得当年的报幕员因口误说成了"岩水滴口"，现如今想起也是十分欢愉。此后远离家乡，南下从商便再没有了机会学习音乐，但每每见到老师的时候还会被她对音乐的执着和成就所感染。

如今老师桃李满天下，身为学生心里也享受着一种骄傲！心中默默祝愿我的恩师健康长寿，如同她那银铃般的声音青春常在。

学生：朱凤仙（哈尔滨师范大学音乐系79届学生）

初识老师是1994年，我从沈阳音乐学院毕业后被分配到哈师大音乐教育系工作。那时候，刘凯老师已经退休并被学院返聘专门为一些教师上课。一次偶然间我遇到了正在上课的老师，老师的教学方法和对声乐教学的认真态度吸引了我，终于在老师的帮助下，我得到了和老师上课的机会，也从此有幸成为了老师的学生。因为是争取来的课，所以我的课都排在早上八点的第一堂。唱歌的人都知道，早上起来嗓子还没被唤醒的时候，上课都会有些不舒服，但我仍然很珍惜这个机会，毫无怨言也从无迟到，每周一次跟随老师的步伐，完成老师布置的作业，一直学习了两年。

那时刚刚大学毕业的我在演唱技巧的运用上还存在一些问题，老师一点点帮我改正，让我重新树立正确的声音观念，这让我受益良多。这两年时间里老师一直坚持要求在打开的演唱状态下必须有明亮通透的音色，在坚实的

气息基础上唱出高位置集中的声音。我在老师的悉心指导下获得了黑龙江省青年歌手大赛美声唱法三等奖,这对于23岁刚出校门不久的我来说无疑是一个非常重要的肯定。老师一直鼓励我们出去学习,因此在1996年我自费去日本留学。临行前,老师嘱咐我要好好学习专业知识,时刻向老师汇报学习成果,用老师的话说:她要了解各国的教学方法,以免自己的方法跟不上时代的步伐。老师对声乐教学的执着和热爱深深地感动并激励着我,让我不断地努力学习。这些年我一直没有离开过老师,只要声音上出现问题老师就及时地帮我纠正,同时让我在教学中一直保持较正确的声音观念和演唱状态。2010年我去意大利访学回来,老师和我一起探讨意大利老师的教学方法和特点。老师那时候已经近80岁了,可她仍在不断地总结积累自己的教学经验,和国外的声音理念做对比,老师的钻研精神令人钦佩。如今老师已经近90岁了,她乐观豁达的心态和对事业执着的追求仍未改变。这就是老师在耳濡目染中教给我们的生活态度,用纯净的心态,毫不计较,毫无保留地去爱自己的事业。不急功近利,抛开世俗的束缚是永远保持身体和心理健康的秘诀。祝愿老师永远健康幸福,我会谨遵您的教导努力前行。

学生:邓丹彤

1978年我从部队复员回到家乡哈尔滨。这年秋天我有幸到了哈尔滨师范大学艺术系音乐专业刘凯老师班上学习声乐。日月如梭,一晃四十多年过去了,回忆往事,一幕幕学习片段历历在目,仿佛就在昨天。那段跟刘老师学唱歌的幸福时光,在我的人生旅途中刻下深深的烙印,使我终生难忘。

哈尔滨是一座音乐城,这个历史由来已久。20世纪20年代随着中东铁

歌声里的传承
——刘凯回忆录

路的修建,大量俄侨音乐家拥入哈尔滨,他们办音乐学校、开音乐会,把世界上最好的音乐带到了这里,为这座城市带来一片生机,同时也吸引着世界各地的音乐家来开音乐会。哈尔滨人不出家门就可以欣赏到高水平的音乐会,搞专业的人也不用漂洋过海,他们在苏联人开办的音乐学校中可以学到最精湛的演唱、演奏技巧。刘凯老师就是在这种音乐的氛围下,在苏联高等音乐学校中跟名师阿恰依尔学习了八年意大利美声唱法。刘凯老师学习并掌握了阿恰依尔的歌唱技巧,经过多年的总结积累,逐渐地形成了她自己独特的风格,她教学手法灵活多样,当时我非常渴望跟她学习声乐。

1973年我当兵到部队文工团,部队生活紧张而繁忙,常年下基层为战士演唱,在实践中我感到力不从心,表现力受限制。我知道靠嗓子可以唱青春,如不掌握科学的发声方法,是唱不下去的,我一时处于极度的苦闷中。1978年4月我转业回到地方。我很迷茫,不知怎样才能唱好歌。当年我考到哈尔滨师范大学艺术系音乐专业后,如愿以偿被分配到刘凯老师的班上,甭提有多高兴了,我想这四年就可以系统地好好跟刘老师学唱歌了。

我几年来为了应付演出唱大歌,不该用力的地方用力,嗓子加劲儿形成了一些不好的发声习惯。刘老师对教我这个学生颇费心思。她说要给我扎扎实实地打基本功,涂上一层均匀的底色,这样可以在上面画最美的图画。她一般不让我唱大歌,只唱些小的艺术歌曲。她的课每周只有一次,因为那些年我自己唱惯了,规范方法要有一个习惯的过程,自己按老师要求练声很困难,如没练对反倒更糟,我就和同学们在老师的休息时间去蹭课,老师额外挤出时间教我们,她很辛苦。刘老师那年不到50岁,却患有高血压病。我最盼望的就是每周的声乐课,可又怕上课,常常忐忑不安,我怕唱得不对老师着急血压升上来;可每次老师都是很平静地坐在那里,她弹着音阶缓缓地把我引入课程中,她循序渐进地给我练声,她思维清晰、耳朵敏锐、准确,

不断纠正着我的问题，在她的课上我感到唱得很舒服，四十分钟常常是过得很快。第一学期期末考试，我唱的是《小河淌水》、凯鲁比诺的咏叹调《你们可知道什么叫爱情》，我的成绩得到老师们的一致肯定，我更坚定了学习声乐的信心。我在78届声乐毕业考试时唱的是《送上我心头的思念》《鞭打我吧，亲爱的玛赛托》及罗西娜的咏叹调《在我心里有个声音》，我得到了最优秀的好成绩，当时我心情很激动，深知没有刘老师是不会有这样的成绩的，我从内心非常感激她。

虽然社会在发展，科技也在不断进步，但正确、科学的发声方法只有一种，这一点是不变的，适合任何人。刘凯教授在教学中正是牢牢地把握住这点。她在课堂中为我们做示范，让我们增大了想象的空间，有声可循，从而慢慢去找到"自己"正确的声音。试想，如果教师自己做不出对的声音，却让学生唱出这样的声音，这一定是很盲目的。另外，刘凯老师用她的教学实践进一步证实了这样一个问题，即凡有正常发音条件的人，运用正确的方法都能歌唱。如有的同学声带长小结，刘凯老师用正确的方法耐心地去教她，点石成金，使她能够完整地演唱作品从而在考试中取得优异的成绩。

我今生很幸运遇到了刘凯老师，能在学校跟随她系统地学唱歌，这段日子让我一生受益无穷，老师精湛的技艺使我受到良好的熏陶，我跟老师不仅学唱，更主要是学做人，认真做事、踏实做人的老师是我行为的楷模。

学生：李 力

1985年8月份，第一届冼星海、聂耳声乐作品演唱比赛在哈尔滨举办。我就是在观看比赛的剧场里第一次见到了刘凯老师。从那以后，我便开始跟老师

歌声里的传承
——刘凯回忆录

学习声乐。由于有时要帮助老师做一些案头工作，所以我是老师所有学生中跟随老师时间最长的学生。三十多年的学习和相处中，老师那种谦虚谨慎、认真钻研、学无止境的优良品德深深地打动着我，并成为我终身学习的楷模。

老师因为具有得天独厚的嗓音条件，所以踏进社会后的第一份工作就是唱歌。经过锻炼和学习，她很快成为鲁艺音工团的领唱及独唱演员，有过那个年代很辉煌的演出经历。但她从不以此夸夸其谈，为人低调，总是默默工作。以至于有的同她一起工作了几十年的同事都不了解她的这段历史，还以为她进艺术学院之前不过就是一名普通的中学音乐老师。记得九十年代初，由于成熟的美声独唱作品不多，所以很多女高音演出、参赛都选《黄河怨》。一次上课时，老师和我谈到这首歌曲时说：现在有些人唱《黄河怨》最后的高音处理得不对，唱得太强了。那是一个被逼迫的要投河自尽的弱女子，要是有那么大的气势，就会拿起刀枪上战场了，应当唱得弱一些，既能体现出很高的技术又能很贴切地表现出人物的特性。听老师这么说，我当时只是隐隐地觉着老师可能唱过这首曲子。直到她写回忆录，我才明白老师为什么会对《黄河怨》这么熟悉，分析得这么透彻。

老师是个极爱学习钻研的人。无论是在鲁艺，在艺术学院、还是在师范大学，甚至是在她离休以后。对学习，她总是孜孜不倦，无论何时何地都不放过向他人学习长处的机会，哪怕是在"文革"期间蹲牛棚时。对出去深造进修的学生，她都反复叮嘱：不要给她捎带任何礼品，她只要对方上课的录音或笔记。有一次她亲自给一个去意大利进修的学生一个日记本，要求学生把上课的内容及体会记下来，回来后给她看。

老师在教学上同样治学严谨、诲人不倦。从不以家境的好坏挑拣学生，甚至是嗓音的条件不是很好，只要其他的条件具备并且能认真学习的她都会收下。老师对这样的学生经常说的一句话是"当不了好的歌唱演员，还可以

当好的声乐老师，只要你的声音观念是正确的"。老师以她的聪明才智和经验，教学上深入浅出，手法多样。她能用很形象的语言告诉学生：没有建立准确、科学的发声基础，歌唱就如同河里的沙石，永远是树立不起来的；嗓子就像是弦乐的那根弦，没有弹力，没有拨动（也就是唱歌的呼和吸），没有对抗，是不会产生声音的。记得有一次我带着刚刚学了半年多声乐的外甥去拜访老师，请她指点指点。因为学的时间短，所以降 B 这个高音唱不上去。以往他自己没信心，作为一个内行的旁观者，我在这点上也没看好他。但老师却非常耐心地要孩子放松，做了二三个"O"姆音和"U"姆音的练习之后，一下子就非常轻松地唱上去了。十七岁的外甥激动之余，情不自禁地感叹道："老师，你太伟大了！"

光阴荏苒，岁月悠悠。老师已从当年鲁艺里那些老八路、老革命、老延安嘴里的"小刘凯"变成了今天的耄耋之人。但她仍旧如以往一样与时俱进地钻研、学习、进取，甚至是撰写回忆录。微信里她用那依旧圆润明亮的声音和我们讨论问题，用视频给在沈阳的侄女上声乐课，从网上下载近期声乐比赛的视频传给我们看……

愿我敬爱的刘凯老师健康长寿！

学生：马慧妮

首先真的很幸运遇到了刘老师，可以说没有刘老师我现在可能也就放弃学习声乐了，因为我学习声乐比较晚，在学习上不算聪明，所以每当一些老师打击我的时候我就开始怀疑自己是不是真的行。后来通过一位贵人的指引认识了刘老师，在听完我唱后老师说我的嗓子没有问题，就是方法不正确。

刘老师用科学的方法教我如何学习，让我重新拾起了信心。在国外读研究生期间我也会融汇刘老师的方法，这样无论是在学习歌曲技巧方面还是在处理歌曲方面都方便了很多，而且每次考试和比赛都会获得极好的成绩。学习之外老师也会教导我们很多做人的道理，更加赢得了我们的爱戴。

春满江山绿满园，桃李争春露笑颜；东西南北春常在，唯有师恩留心间。刘老师多年淡泊名利，对声乐的研究精益求精，教育教学方面使她桃李满天下，全国乃至世界各地都有她杰出的学生，很多学姐学长都曾在各类国际比赛中获得第一的好成绩。而我现在也正在柴可夫斯基音乐学院就读博士，也是读博年龄较小的学生，经常想的就是没有刘老师就没有我的今天，我要向学姐学长们学习，未来也争取像他们一样优秀。恩师掬取天池水，洒向人间育新苗！我的恩师刘老师，您因我们而老，我们因您而傲，祝愿您永远幸福健康！

学生：朱　玲

一条路从我脚下伸向远方，这是一条漫长而艰辛的路，更是我探求艺术人生的幸福之路。在这条追梦的路上，帮助过我的刘凯老师，她的恩情就像我走过的足印深深地烙在我的记忆中。在春华秋实的季节里，这些尘封的往事总是让我回味无穷，它已成为我生命中不可缺少的精神支柱。1995年市委宣传部、市文化局选派我参加全省"北国杯"声乐大赛，赛前几个月我压力很大，想找老师上课，李兰忠老师说身体不好，介绍我到师大著名声乐教授刘凯老师那上课。刘老师不顾自身繁忙，帮我把参赛的曲目处理得十分细腻，我进了决赛，刘老师给我加课，鼓励我要争取好的名次，决赛前一天我们在省歌同乐队合乐，看到50多人的管弦乐队一同演奏，真的让我好激动，那天合乐是我一生中最幸福的时刻，我做梦都在想能同这样的乐队合作，尽情地抒发自己的心声。决赛那天，哈尔滨北方剧场座无虚席，大赛的主题是"唱家乡，唱新歌"，省里的主要领导也光临了赛场，比赛结束，我荣获了二等奖，省委书记岳岐峰接见了获奖者并鼓励我们要多唱家乡的歌曲，在掌声和鲜花中，透过喜悦的泪光我清晰地看到了老师的欣慰笑容。刘老师对我的肯定，给了我进一步研究学习音乐的信心和勇气。现在我的作品及演唱在省市、国家大赛获大奖，培养的学生在各大专院校、各专业团体任教、任职，我成为北京现代音乐学院的一名教学督导。回首跟随刘老师学习的日子，老师教会我的不仅仅是一种声乐技能，更多的是一种理想、一种人生。她德艺双馨的品格，三句话不离本行的敬业精神，卓有成效、科学的教学方法，始终在指导我做人和演唱。想起那时，老师从练声，到歌曲的处理，都给予我细心的指导，有不会不懂的地方，刘老师总是一遍遍不厌倦地讲解。还让我看许多声乐书籍和国际上歌唱家们的影像资料、歌剧大师们的精彩演唱，这些使我大开眼界。刘老师说我的声音浑厚、有穿透力，有特点，不断地鼓励我刻苦学习。学习期间我还经常听老师给其他同学上课，对老师的声乐理论见解有了较深的理解和感受，在我撰写《教你学唱歌》一书时，刘老师认真审阅并指导我要洋为中用，理论联系实际，用通俗易懂的语言写，让初学声乐者真正受益。在老师的教导、启发下，我加深了对歌唱发声方法的理解和认识，并对我今后的声乐演唱、教学及写作，产生了极为深远的影响。《教你学唱歌》一书顺利在北京文艺出版社出版。老师还给许多声乐教师上课，有年龄比我大的同学都说："刘凯老师是艺术造诣很深的声乐教授、歌唱家，她的教学和演唱焕发着充满魅力的光彩，她的人格力量在黑龙江教育事业中发挥作用，她的生活充满了艰辛和坎坷，她把一切献给了教育事业，献给了尊敬热爱她的学生们"！可以说没有刘老师给我树立的良好的声音观念，就没有我后期

歌声里的传承
——刘凯回忆录

在全省"群星荟萃"20年之内获奖歌手大赛荣获的金奖。今天，我感谢刘凯老师在声乐艺术上给予我的知识和启迪，感恩，亲爱的老师！

学生：袁丽娜

能够遇到刘凯老师，能够有幸成为刘凯老师的学生，是我声乐学习中最幸运的事。

我15岁开始学习声乐，直到研究生毕业，中间辗转换了许多老师。研究生毕业之后我到了高职工作，在工作中越来越觉得自己的演唱还差些什么，总是没有自信，又不知道怎样提高。2010年我怀着忐忑的心情找到了刘凯老师（我不确定80岁高龄的老人还会不会接受我这个学生）。幸运的是刘凯老师收了我这个学生。

刘老师评价我的嗓音条件很好，但是固有的错误习惯很顽固、难改变。在学习过程中，刘凯老师对教学科学严谨、精益求精、认真负责的态度深深地触动了我。她能为了一个母音反反复复地纠正、不厌其烦地讲解，从而使我明白了声乐中"失之毫厘谬以千里"的道理。刘凯老师主张学生学习声乐要脚踏实地，不能好高骛远。她注重基本功的练习，教导我一步一个脚印地学习。同样，我也正在把这样的教学理念运用到我的教学中去。在刘老师的悉心指导下，在这样的训练中，我的声乐演唱有了很大的提高，对声乐有了更深刻的认识和理解。我觉得我找到了自己的声音，找到了演唱的自信，同时也建立了完善的教学体系、丰富了教学手段……我再也不会像刚刚上班那样，连续上一天课嗓子就会哑。在教学过程中也有了更多的抓手，教学变得得心应手。

现在我虽然不常和老师见面了，但她会经常把一些声乐讲座、音乐会视频等通过微信传给我。有时因生活的琐事和自己的懒惰会放松对自己的要求，每每看到刘老师的微信都会让自己汗颜。于是便提醒自己对声乐不断地钻研、不断地学习。每次在一些节日去看望老师，通过跟老师的交谈，都会有很大的收获。而每次临走时老师嘱咐那句"永远不要放弃学习"的时候都会觉得自己在老师面前太"渺小"，从而也坚定了自己"活到老学到老"的信念。

刘凯老师严谨治学、淡泊名利。虽然生活条件优越却勤俭质朴。老师是我学习的榜样，是我人生的标杆。刘凯老师说过一句话始终在我心头萦绕，她说："我一定要教好你们这样做老师的人，因为你们还在教其他的学生……"每每想到老师的这句话，都深感自己肩上的责任重大。我虽资质鄙陋，不及刘凯老师之"万一"，也愿像刘老师一样勤勤恳恳、兢兢业业，为声乐教育事业的传承做出我的贡献！

非常喜欢的一句话"您因我们而老，我们因您而傲"，用在这里觉得再贴切不过。祝愿刘凯老师每一天都从心所欲！吉祥安康！

学生：海轶寰

传承的意义

当先生要求我帮她整理教学笔记的时候，当我回顾她的历史和家族历史的时候，我能想到的就只有两个字，那就是传承。

这是一种事业的传承，也是一种精神的传承，是一点一滴锲而不舍的传承。是一种责任，是家族的责任、对家庭和对自己的责任、对事业的责任。这是一种实实在在的传承。

歌声里的传承
——刘凯回忆录

这还是一种在日夜打磨之间，从不停下脚步，坚持向前的精神。是一种把声音与美、把技巧与演唱、把责任与努力结合在一起的精神。这种精神，支撑着她的家庭、支撑着她的工作，支撑了她自己。这就是一种匠人的精神，也是一种实践。一种开拓进取的、日积月累的对技巧和曲目创新的实践。

当我们今天歌颂匠人精神、歌颂实践与创造者的时候，这种精神实际上早已流淌在先生的身上并在日以继夜地坚持着。

很多人说歌唱艺术是难以琢磨的。因为这是要把虚无缥缈的艺术用声音表达出来，用准确的唱腔和精准的语言刻画出来。而这些是在对每一个学生和每一个声音、每一个节拍、每一个咬字的敲打锤炼中铸就的。先生一直在这样做。

这些是我的家庭、我的家族和作为外祖母的先生对家庭责任的承担，也是她对工作、对她自己职责的坚守。在这里，艺术是实实在在的，在每一个咬字、每一个音符、每一次合奏、每一次讨论、每一次走台、每一次练声、每一次沙龙的举办……高妙的歌唱艺术，不再是悬空的歌声，是实实在在可以抓住的。

而这一切都是一种爱。

学生：赵 迪（外孙女）

爱您，刘凯老师

此刻，正听着八年前，也就是2012年12月5日刘老师给我上课的录音。那时候，我刚刚退居二线，在工作岗位上忙碌了大半辈子，一下子停下来，很想给自己找个出口，一个有意义的出口。于是，经朋友介绍，走进了刘老

第七章　学生感言

师的家门，站在老师家书房的钢琴旁，看着老师会说话的面部表情，听着老师稳稳的、悦耳的歌声，开始学习歌唱。那真是一种稳稳的踏踏实实的享受！

在老师众多优秀的学生中，我应该是起步最晚，基础最差的一个，可老师不厌其烦地悉心引导我，鼓励我，常常说：对了。不错。很好。做得非常好。你是这块材料。特别是她说的那句话："你很好，好就好在我说的你能明白，但从明白到你下意识地做到，还有很长的路要走。猛练！"话虽不长，但我却能体会到，这是老师七十多年潜心研究声乐演唱和教学得到的精髓。七十多年来，她的每一个进步的足迹，都烙下了这样的精神，今生能得到老师精神的真传，深感荣幸。它已流入我的血管内，成为我精神血液的一部分！

我是从练习呼吸开始起步的，从最易发声的元音"a"，开始练习发声。老师为了帮助我尽快掌握，还给我写了个卡片。卡片上详尽地描述了"A、E、I、O、U"的口型位置，最后还用＊号重点提示到"认真做到口型准确，咬字、吐字清晰"。追随这样德艺双馨的老师，我热爱上了歌唱。我像全日制学生那样认真感受每一个发音位置，细心倾听每一个声音效果和老师的评语对照。遇到老师肯定的声音，就立刻和老师确认感受，努力记下这种感受；遇到老师提出问题的声音，就马上尽力修正。回家后，反复听上课录音，整理笔记，坚持每天上午固定时间练声，并且录制下来，以便感受效果。那时候，我特别喜欢在晚上徒步锻炼身体时，用耳机听上课录音。那一刻，好像这个世界只有老师、我、钢琴、我们的声音，和我的思考。"边走边唱，边琢磨，旁若无人，感觉很充实"这是我在学习笔记中写到的。

因为家里事情比较多，我跟刘老师学习断断续续大概一共进行了不到一年的时间。2016年7月有了考级的打算，开始学习《阿玛丽莉》。因为我没

歌声里的传承
——刘凯回忆录

有视唱练耳基础，老师逐句教我，让我十分感动，同时也觉得让这样高水平的老师在教我意大利歌词发音上面花费这么大精力，很不好意思。于是我在网上搜得《阿玛丽莉意大利语范读》，反复回放模仿。回课的时候，老师很是赞赏。2017年参加格拉祖诺夫合唱团入团考试，我演唱了这个作品。当考官得知我是刘凯老师的学生时候，他们对刘老师说：多培养几个这样的学生送来吧。至于考级，因为家里有突发事情，虽然报名，但没能参加考试。自然地，这也成了我一个待实现的梦想。

之所以称成为刘老师的学生是一件幸事，不仅在于她是一位出色的声乐演唱家和教育家，还在于通过上课，我看到了一位八十多岁的老人，生活安排得井井有条，内容高级充实，衣食简单健康，自立自强。虽深居简出，却因有学生频频造访，并不寂寞。我一直记得那样一个场景：第一次推开老师家门，宽大整洁的房厅阳光灿烂，老师拄着拐杖站在那里。透过她和蔼可亲的面容，我似乎看到了她扎实丰富的人生阅历。准备上课了，我打量着书房：书架上摆放着一张照片，是一位很英俊的先生，老师说，那是他的先生，曾经的一位公安侦查员。墙上显著的位置挂着裱过的沈湘先生给老师的信。我知道，老师一定是不同寻常的人。果真如此。

我曾和老师说过：我来给您当保姆吧。老师一定以为我在开玩笑。其实我真的羡慕老师的保姆，每天近距离地接触老师，能从她身上学到多少可贵的东西呀。

爱您，亲爱的老师！

衷心祝福您，亲爱的老师！

学生：梁生玲

第七章 学生感言

1978年是我人生的重大转折点，那是恢复高考的第二年，下乡知青的我以全省总分第一名的优异成绩考入哈师大艺术系。执意报考哈师大是因为在报考大学前咨询了一些业内人士，得知哈师大艺术系有一位德高望重的、优秀的声乐老师，她叫"刘凯"。我盼望着能认识这位老师并成为她的学生。带着这份期待报考哈师大艺术系是我不二之选。但我想成为这位老师的学生，唯一条件就是我必须考出好成绩，我下定决心，认真备考。功夫不负有心人，我如愿以偿。

当我拿着录取通知书踌躇满志地来到系里报到，看到学校的课表时，我傻了，我的声乐指导老师不是刘凯老师，而是马瑞图老师。后来马先生告诉我是她本人主动要我到她班上的。初入学就遇到这样的事情真的很无奈，但那时学校就是这样规定的，学生不能自己选老师。尽管不甘心，但也别无选择。后来接触到了马先生，觉得她人很正直，心地也很善良，业务也不错，还是原中央乐团合唱团的女中音声部长。但我还是没有忘记来师大艺术系的初衷，还是为没能到刘凯老师班上而遗憾！

跟马先生学习一年的时间，先生的身体不是很好，我的进步也不是很明显，但已对美声唱法有了一些基本的了解了。先生待我很好，后来先生病了，病得很重，在先生弥留之际，她把我和她另一个学生金丹江（77届考生）叫到身边说："我的时间不多了，我走后你俩有啥想法？"我们俩一致表示：唯一的愿望就希望先生能推荐我们去刘凯老师班上，先生答应了我们的请求，所以感谢马先生临终为我们所做的努力！

几经周折之后我终于如愿地来到了刘凯老师的班上，那时已是大二的下学期了，当我接到学校通知说下周可以到刘老师那里上课时，我哭了，几经坎坷，心愿终于达成，尽管迟到了一年多，我还算是幸运的。这一刻我才懂得好事多磨、不忘初心的真正含义！

歌声里的传承
——刘凯回忆录

第一次去老师那里上课，站在琴房外面，说不出是紧张还是兴奋，是期待还是害怕，但有一点我清楚，就是要努力地把损失这一年多的时间抢回来。老师从基础开始，系统地、一点一点地教我发声技巧，从《孔空练声曲》到中外艺术歌曲，再由浅入深地到歌剧咏叹调，老师认真地传授着意大利唱法的真谛，我认真地聆听着、如饥似渴地学习着，每完成一首歌我都觉得我的声音有一些突破。跟老师学习了一段时间后，我的声音进步很大，我能从小字组的C唱到小字三组的E，当我毫不费力地发出这个声音时，我和老师都惊喜不已，真不敢相信这是我的声音，就连在一旁听课的王国臣主任（王主任经常来听我的课）都很惊讶，他赞叹刘老师科学的教学方法和对学生认真负责的态度，同时也嘱咐我说："刘凯老师是一位难得的好老师，你要努力学习，别辜负了老师对你的培养。"是的，老师用她辛勤的汗水浇灌着我这棵小树苗茁壮成长！唯有努力学习，才能报得老师的培育之恩！

四年的大学生活很快就要结束了。毕业考试临近，老师为我选择了一首难度大、并具有挑战性的咏叹调，歌剧《卡门》中的一首《赛吉迪拉舞曲》，《赛吉迪拉》是一首次女高音演唱的曲目，它音域广而且具有吉普赛人野性又乐观的色彩，老师说我的声音适合唱这首作品。为了能让我更准确地唱好这首咏叹调，老师给我加了课，那时候老师的心脏不太好，不能来学校我就去老师家里上课，进入考场后，我按照老师的要求，浑厚的中声区和平稳的气息，以及最后一个富有穿透力的高音，我都完成得很好，向老师交出了满意的答卷。由衷地感谢老师对我的悉心培养，她既是我的严师又是慈母，她对学术不断地追求与探索的精神和低调做人的品格，也影响着我的人生观。毕业后我活跃在各大文艺汇演和声乐比赛中并获得很多奖项。

1992年我非常荣幸地参加了由省音乐家协会和哈师大艺术学院共同主办的"刘凯老师声乐教学41年师生音乐会"。多少年过去了，音乐会的情景仍历

历在目：哈尔滨北方剧场内座无虚席，台下坐着音乐界的各路神仙和专家们。音乐会中我演唱了歌剧《托斯卡》的咏叹调《为艺术，为爱情》。剧场里不断响起雷鸣般的掌声，整场演出大获成功！并得到了在场的专家们的一致好评。这是一场高水准的演唱会，是老师多年辛勤汗水的结晶！也是学生们对老师多年辛苦培养的回报！

多年以来，老师一直关心着我的成长，从不放过任何让我参加学习的机会，音乐学院请外教讲课都通知我去学习。我听外教的课越多就越觉得老师意大利美声功底的深厚，她用从外国专家那里学到的科学的教学理念带出一代又一代的声乐人才。几十年过去了，老师的教学理念已近半个世纪，发声方法在世界声乐领域里仍然是最好的，这种神奇的、科学的发声方法不知成就了多少声乐大师的美名和世界级歌唱家的层出不穷。老师一生从事声乐教育，她育人无数，桃李满天下！

如今老师已是90岁高龄了，还是那样精神矍铄，思维敏捷，思想意识超前，空闲时和年轻人一样把玩着手机，还不时地在微信里与我们交流，她说话的声音还是我之前熟悉的那种柔美的、有共鸣的、听起来非常年轻的声音！敬爱的老师！您是我们永远的骄傲！

衷心祝愿老师健康、长寿、平安、喜乐！

学生：徐欣华

1988年备考，准备报考师大音乐系（半脱产夜大）时我认识了刘凯老师。一堂课下来刘凯老师给我留下了深刻的印象，同时对她充满了崇敬。一位音乐院校资深的大牌教授上课时深入浅出，言简意赅。没有华丽的语言却让人

歌声里的传承
——刘凯回忆录

一下就能理解并掌握其要领。而且刘老师的声音概念细腻而明朗，解决问题的方式方法简单易掌控。回来的路上我与同行的朋友说："这是一位与别人不一样的老师。太难得了，在哈尔滨还能遇到这么好的声乐教师。"第二次上课时我就向刘凯老师请求：如果我考上音乐系可否继续跟着她学习。刘凯老师同意了。在考上音乐系后我提出了要师从刘凯老师。很幸运，学校将我分给了刘凯老师。在和刘凯老师学习的三年里，老师从不会考虑我是否会从事这个专业而对我放松要求，也从不顾及她自己的身体健康状况，每一次课都是认真教授。督促我修了大量的中外艺术歌曲及歌剧咏叹调，这让我熟练地掌握了抒情和花腔的演唱技巧。在术科毕业考试结束后，一位听过我演唱的教器乐的老师找到我，说要给我介绍两个声乐学生，我因工作忙婉拒了。毕业后我获得了师大颁发的学士学位和优秀学生证书。后来我荣幸地参加了刘凯老师从教41周年的演唱会。在演唱会上演唱了技巧功力要求较高的歌剧咏叹调《我心里有个声音》，并在1997年获黑龙江省"群星荟萃"大奖赛银奖。2004年获公安部歌曲创作并演唱大赛三等奖。黑龙江省公安厅毛主席诞辰100周年演唱比赛一等奖。我曾在哈尔滨成立的第一支合唱团里担任领唱和重唱。在系统内一直担任评委。黑龙江大学建立音乐系，时任副校长的赵奇听了我的演唱知道了我是刘凯老师的学生还曾希望我能去该校教授声乐。这些成绩的取得都得益于刘凯老师给我打下的坚实基础和树立的牢固科学的声音概念。我曾多次在刘凯老师举办的音乐沙龙中与大家交流学习研讨，受益匪浅。

90高龄还在研究她毕生热爱的声乐并著书。我虽然没有从事这个专业，但我把老师一丝不苟的钻研精神，不为名利、不慕虚荣并把全身心的爱融入到自己的事业中的品格继承并运用到我的生活和工作中。感恩您刘凯老师！

学生：欧阳秀君

第七章　学生感言

感受师恩，砥砺前行！——艺术的领航人，永远追求不完的精益求精！——忆刘凯老师和我的学习路程

1999年9月13号，是我推开艺术大门，踏进声乐殿堂的美妙时刻。在我意气风发，踌躇满志的时候，我遇到了此生永远感激的声乐导师，我声乐道路上的领航人，著名的声乐教育家、女高音歌唱家——刘凯老师！开启了我30年风雨兼程的声乐学习路程。

刘凯先生，1948年参加革命，加入鲁艺音工团，和词作家乔羽、作曲家傅庚辰、小提琴家弟刘钢等老一辈艺术家一起为巩固革命根据地，为解放全中国，不惧艰苦，向困难挑战，做了大量的革命宣传工作，并很快从一名合唱队员晋升为领唱、独唱演员，成为鲁艺音工团里的骨干青年。在东北解放后又走出剧场，在大街小巷积极开展大规模的革命宣传活动，受到老百姓的热烈欢迎。1949年解放后被组织选送到鲁艺音乐学院学习，后又考入哈尔滨苏联第一音乐学校师从苏联专家阿恰依尔，进一步地、全面地学习西洋唱法、音乐理论知识和钢琴弹奏。能熟练地用俄语、意大利语、德语、法语、日语演唱。

我进入大学后，在刘凯老师严谨而又细腻的教导下，开始了一路拼搏，一路收获。学习是艰辛又幸福的。刘凯老师的教学非常科学化、合理化，教学手段多样化，深入浅出，循序渐进，观点明确，易于理解，对气息的掌控更是严格要求。在多年的潜心研究下，老师形成更合理更有效果的发声方法，特别是在演唱中国作品的时候，极其讲究咬字和声音的配合，中外作品既融会贯通，又各具特色。任何语言使用都要做到字正腔圆。老师毫无保留地把她的技能和经验传授给我，使得我在后来的歌剧演唱生涯中、在各个国家演出或比赛都获得了认可和好评。和刘凯老师每一次上课都是激情四射，幸福满满，并能准确有效地解决出现的问题。老师在作品风格

歌声里的传承
——刘凯回忆录

的把握上要求极高，定位准确，对音乐的理解也是既深刻又丰富。甚至是乐谱上的每一个音乐标志，老师都要求准确做到位。在老师的带领下，我徜徉在音乐的海洋里，迎风破浪。即便离开老师，站在舞台上也是信心满满，收获丰盈。毕业之际我成为音乐学院第一个开独唱音乐会的毕业生。之后顺利地考进歌剧院，并于第二年参加了黑龙江省青年歌手大赛获美声专业组一等奖。且担任歌剧院的独唱。每年的演出都是将近500场到1000场。在1998年歌剧院合唱团赴意大利参加世界第15届合唱比赛时，担任领唱，获得金奖第一名。工作几年获得过无数各种形式比赛的第一名。2000年参加全国青歌赛，顺利进入决赛，获得荧屏奖。这十五年的打磨和奋斗都不曾离开刘凯老师的谆谆教导。老师在教学上精益求精，在为人处世上胸怀坦荡，宠辱不惊，淡泊名利，一心为学生、为艺术而不求回报。饮水思源，缘木思本，老师为我付出的我从心里感激。2003年我改行当了一名大学声乐教师，更觉得需要向刘凯老师学习的东西太多了。老师不但继续提高我的专业水平，还传授给我教学上的经验和门道，使我很快就得到了学校和学生们的认可。学生相继在全国各大比赛和国际声乐比赛中获得优异成绩。我也为了提高和总结自己，相继开了十多场的独唱音乐会和教学音乐会，并继续活跃在舞台上。例如去国家大剧院演出，参加电视台晚会的各种演出，还曾受邀成为莫华伦全国巡回音乐会的演唱嘉宾。2010年在美国参加UNITED—TRINITY国际声乐比赛，获得一等奖。在这里尤其要说的，也是我深感自豪的是在美国洛杉矶的比赛，选手只有我一个人是来自中国，比赛中获得一致认可。比赛之后我又上了大师课，在课上和加州大学音乐学院的教授交流歌唱的气息的时候，就关于横膈膜和小腹的关系、歌唱的力量和共鸣的关系（既要紧密地配合，又要各司其职）阐述了自己的观点，得到了美方教授的认可。而这些都是老师传授的啊！一分耕耘一分收获，在这

第七章 学生感言

30多年的学习和成长的艺术岁月里，我很荣幸获得刘凯老师的栽培和陪伴；我很庆幸，此生能遇见刘凯老师。此刻提笔，我是又激动又惴惴不安，才疏学浅，不知该如何表达；语拙词穷，不知怎样才能描述出刘凯老师的风范和人格魅力。对老师的感激之情难以言表！刘凯老师就是我的力量之源，是我艺术道路上的领航人，是前进道路的指明灯。艺术无止境，愿追随刘凯老师继续向前。

学生：杨　靖

作为一名师范院校的声乐教师，参加工作八年了，经常会有学生问到我关于声乐教学的理念问题，我会告诉学生，这个理念是整个声乐教学的核心，但是具体是什么呢？却只能告诉学生方法，这个方法源自我的启蒙老师刘凯先生，而且这种方法源自潜移默化的引导和影响。

初次见到先生的时候，刚上高中一年级。二十多年过去了，先生当时教导的情景依然历历在目。先生有个录音机，旁边有很多录音带，我问先生这些都是什么歌曲？先生笑笑没有说话，而是放给我听，原来都是先生在全国乃至世界各地的学生在外上课的录音。先生告诫我，声乐学习永远没有尽头，要活到老学到老，永远不要闭门造车，就算是你的方法目前是对的，但世界在进步，人们的审美也会随之变化，我们的教学也是需要跟上时代的脚步，与时俱进地进行更新。当时没有像现在网络如此发达，先生腿脚不便，无法经常到世界各地去，想要知道最前沿的消息，就只能依靠这样的方式了。

后来我离开了哈尔滨，去了其他城市和其他国家上学，也和之前的师哥师姐们一样，为先生留存一些上课录音，并且每年回到哈尔滨的时候，第一

歌声里的传承
——刘凯回忆录

个惦念的事情就是去先生那里让先生诊断一下，这半年来学习路上有了哪些偏差，并且先生会在听我上课录音的时候告诉我哪些是好的，哪些是需要格外注意的。

我现在所教的学生将来都是要走上教学岗位的，他们也会有自己的学生，可谓我的理念就会影响到成百、上千乃至几万人，所以后来在我的教学道路上特别注重先生给予我的宝贵财富。

学生：马　俊（博士，陕西师范大学音乐学院声乐教师硕士研究生导师）

我在文化馆工作时，馆里领导非常注重对全馆业务干部能力的提高，鼓励外出学习来提升自己的业务能力。在此大好时机之下，一个振奋人心的消息传来：经国家教育部批准，哈尔滨师范大学艺术学院音乐系可以招收三年制的夜大本科生。我向单位领导提出申请报考哈师大艺术学院音乐系获得批准。这是上帝赐予我的一个千载难逢的好机会，必须要牢牢把握住。在考前的几个月里，我夜以继日地准备，功夫不负有心人终于收到被师大艺术学院录取的令人振奋的消息。新生入学首先遇到的问题是如何选取主修课（声乐）老师。有人提议要我跟李兰忠（曾是中央音乐学院的高材生）教授学习，但我还是选定在音乐系声望极高的刘凯老师。我的愿望实现了，学校同意把我分配到刘凯老师名下学习声乐。我特别珍惜这个大好的机会，去老师家上课风雨不误，从不缺席。刘老师有着丰富的演出经验和深厚的演唱功底，掌握了科学的发声方法并运用到教学实践中，上课时能及时纠正错误的发声，并把很多的演唱技巧传授给我们。告诉我如何打开声音的通道，如何获得头腔共鸣。所以每堂课都有新的收获。刘老师教我们意大利歌的时候，为了能让

我们准确地把握歌曲的风格，还专门请了会意大利语的人教我们拼读。

不知不觉中在音乐学院度过了三年的美好时光。九一年我以优异的成绩毕业并和同学欧阳秀君一起被评为了优秀学员（整个师范大学只有7名）。跟随刘老师学习的三年是不平凡的三年，是我人生中最难忘的三年，也是我幸运的三年。毕业后的第二年我参加了在北方剧场举行的由省音乐家协会和哈师大艺术学院主办的刘凯老师从教四十一周年音乐会。在这场隆重的音乐会上我演唱了一首意大利歌曲《我的太阳》，得到了观众的热烈欢迎。

不久我们馆又开始备战四年一度的群星奖比赛。在1995年12月文化部举办的江西南昌全国第五届"群星奖"比赛上，我参加的男声四重唱《升旗颂》在复赛中脱颖而出进入决赛，一举夺得金奖。并获得金铁林、李双江、秋里评委的一致好评。群星奖是文化部长期设立的全国社会文化艺术的评奖项目，是与专业艺术"文华奖"并驾齐驱的政府最高奖。获此殊荣实属不易，这样的好成绩应归功于老师，这里面包含了很多她为我们付出的辛勤汗水。更使我感激的是女儿在老师的指导下考入了美国费城音乐学院。感激之情难以表达，万语千言汇成一句话：愿老师平安、健康、快乐。

学生：陈鹤令（原哈尔滨市南岗区文化馆文艺部副研究员）

我与刘凯老师的师生情缘，于她于我都可能是最短的，然而短暂的三个月却着着实实改变了我的人生轨迹。

还记得那是一年初秋，准备艺考古筝音教的我，在张艺馨老师的引介之下，找到了刘凯老师学习声乐。第一次上课的我紧张又怕出糗，在刘凯老师不厌其烦的示范下，从我的嘴里发出了从来没有听过的声音，是如此神奇

而美妙，渐渐整个人沉浸其中，就这样，我第一次敲响了声乐的大门……

和刘凯老师几节课的磨合下来，我开始着迷于这种古典的歌唱之美，与此同时刘凯老师和张艺馨老师都认为我是个学声乐的好苗子，于是让我萌生了转行的想法。后来，两位老师与我和我母亲的四方会晤以后，一锤定音，决定远赴重洋去意大利。

三个月的时间，刘凯老师与我开始了备战艺考的第一关。不负众望，当届艺考我取得了优秀的声乐成绩，对于三个月前还是对声乐一窍不通的我，这不亚于是一个奇迹。而这个奇迹就来自老师灵敏的耳朵、精确的方法，以及对教学的严谨。

在出发去异国他乡之前，刘凯老师为我亲手写下了"秘籍"，而后果然派上了用场。在意国求学之路，有道是中西有别，国外的老师道不明中国人唱歌的毛病。就这样我拿着刘凯老师的秘籍，在意大利学习 bel canto 可所谓是中西结合，最后终于如愿以偿，顺利考上了声乐人心中神圣的音乐殿堂：米兰威尔第音乐学院。

如今我在备考声乐博士，今天又想起第一次与刘凯老师的第一次见面："老师您好，我叫张雨诺。"此生不负遇见，何其幸运！

学生：张雨诺（意大利米兰威尔第音乐学院在读硕士）

恩师刘凯先生

我与老师相识是王羊老师介绍认识的。在我大学时代的认知里面，先生一直像星辰一样遥不可及，大学毕业后我时间相对充裕，最初只想让我对声乐的认知多一些，现在想想年少时的初衷不仅相当正确，而且得到意想不到的结果——声乐知识系统化理论化了。因为，老师不仅为我打开了声乐大门，更让我对声乐艺术对人生有了更多的向往。那种真正拥有一种技能的能力的感觉是无法用语言表达的。我与老师的学习可以说分三个阶段：

一是，艺技——学习改正错误的认知的阶段，先生言传身教地告诉我声乐是声音艺术，如果耳朵不灵敏，其他一切都是纸上谈兵。无论是错误的还是正确的声音，在声乐的学习中，主要的媒介就是耳朵，一个学习音乐的人的耳朵如果不灵敏，那么无论他的理论认知多么丰盈，也无法掌握声乐的真正技巧。每一个声乐的正确位置和感觉都是靠耳朵来判断，靠声音的顺畅度来感觉。经过努力我终于体会到了那种声乐如流水般在身体里自然流动的感觉。我想如果没有先生，我将终身在"混沌"中度过。

二是，艺德——老师用身体力行的行动告诉我，一个老师要有高尚的艺术修养和优良品德。我在老师的学生中的天资应该属于一般水平，没有优渥的天生条件，而且还有很多声乐演唱认知上的错误，唯一凭的就是坚持。在与恩师相交的20年间是从改掉的错误认知开始，这里面含有咬字、吐字、气息控制等很多问题，别人一个月就能改掉的问题，我得用一年或者更久的时间领悟，但是老师从未表现出一丝的不耐烦，后来我明白这才是真正的老师，因为你在你的教学中无法预见将会遇到什么样的学生，老师应该有的就是不厌其烦的耐心和教会渴望学会知识的孩子的决心，这才是一个师者传道受业者该有的品德。

还有在艺德中，老师时常提醒我对学生品德塑造的重要性。我与老师接触过程中，从刚开始的尊敬地远观到后来的可以和老师无话不谈，我感受最深的就是，老师的艺德。老师常常告诫我，要与君子交好，不可以与小人为伍，在受艺德过程中更要注重学生品德的教育。

最后，就是要恪守老师的职责，谨记自己的职业操守。每次来哈上课，

歌声里的传承
——刘凯回忆录

她从不提前下课，尽管现在老师年龄已经80多岁高龄，但老师从不少上一分钟的课，并且有时候因为我家在外地来一次不容易，就尽量在时间上给我延长些，早早就准备好一切给我上课，每每这个时候我对老师的感觉总是无以言表。

第三个阶段就是艺心——学习艺术的初心，我们为什么要学习声乐，学习它除了可以陶冶自己的情操，传授知识，还有什么其他原因。老师一一对此做了回答。首先老师告诉我要活到老学到老。老师那个终身学习的劲头，当我遇到问题退缩的时候，她的言行都会影响我，老师和我说她50岁到上海学的德语，就为了要把德语歌曲唱好。学着网上授课，学着用手机玩微信，80多岁高龄还写书，自己亲力亲为，真是我的榜样。其次，作为人无论你从事哪个行业，都要学会自尊、自爱、自律。老师由于早年疾病身体有疾患，却坚持每天早上锻炼四肢一个多小时，坚持看新闻，关心国家大事，为了锻炼腿还特意买了一个电动缝纫机活动腿，每天的用餐都很讲究。每顿饭一点坚果、蛋白、水果配餐，最最可爱的就是老师尽管有很多疾病却很喜欢吃巧克力。这种对人生的态度，已经融入了我做人的准则中；最后，就要用心终身歌唱。我在老师的学生里面应该是小字辈的，老师的学生桃李满天下，老师的恩师也大师云集，如阿恰依尔、沈湘、张权等等。但是老师从不把老师的荣誉附加在自己的身上，而是用心专研、用心传承着对艺术的忠诚。遇到困难从不退缩，不是感觉不行就放弃，而是努力钻研，创新开拓。我在老师身边从没有"老"的感觉。

跟随老师学习的20年，有太多的人生感悟，但更多的是无法言语的表达，只能更好地去传承老师的衣钵，来像老师一样给世界带来更多的大爱和光亮。

学生：钱雪莲

刘姨，我爱你！

在我认识刘老师之前，一直是个音乐盲。父母都是教数学的，往上数几代也都是搞理工科，几乎根本没有机会接触音乐，也不喜欢唱歌。

后来偶有机会去了教会，发现教会里唱的音乐很美，直击心灵，但自己想唱也唱不出来，这才慢慢产生了对音乐学习的渴望。经母亲的好友常肖梅老师介绍，才终于认识刘老师并登门拜访看看能否学成。按刘老师的话说，我唱歌不是跑调，而是没有调，无调可跑，还总是用理科思维去唱歌而不是感性思维唱歌。刘老师最终还是收下了我这个音乐完全不通的大龄理科生。现在想起来，我实在不知刘老师是如何忍受我的声音。我习惯性想不清楚搞不明白老师的谆谆教诲，只知道自己错然而并不知道错在哪里，更不知如何改正，听老师的正确示范也听不出来和自己的区别在哪里，然而刘老师仍能找到我那一点点一丢丢有所改变之处，给予鼓励。我同时也不是个用功的学生，因工作上也有些许冗繁，课余练习时间不足，刘老师针对我的情况，制定教学方案，一步一步地将我引到歌唱的路子上。

刘老师还鼓励我考级，先是2016年报名参加了中央音乐学院校外音乐水平考试，通过了6级，翌年再次参加考试通过了7级。这样的成果完全归功于刘老师的心血和汗水。在我母亲看来，我这种没受过音乐教育没有乐感的人能通过考试难于上青天，专程向刘老师表达感谢："刘老师，太感谢你了，我女儿能通过歌唱考试，这比她考上大学，评上职称还令人高兴。"

作为刘老师学生中后进末学的我越来越喜欢唱歌，体会到了唱歌的美妙，实是得益于刘老师的谆谆教诲。刘老师同时也在生活上关心她的学生，关心学生的生活和健康，给学生出主意想办法。记得有一次在老师家上完课后还要去忙别的事，她见我头发脏了就让我洗完头再走。刘老师就是这样像妈妈一样关爱着她的学生，让学生体验到家的温暖。我更愿意称刘老师为刘姨，

刘姨你不仅教了我歌唱的方法，也给我树立做人的榜样，刘姨，谢谢你，刘姨，我爱你。

学生：周苏荃（哈尔滨工业大学教授，博士生导师，电气工程专业）

大德之彰　大巧之风

我与刘凯老师认识和学习的过程，既可谓是巧合又充满了机缘。巧合是因为初时家慈只身前往刘老师家中学习声乐，大概两年后有了些许进步，便央求我帮她找找旋律和节拍，再弹个伴奏。彼时我是在教会中做一些音乐敬拜与服侍的，大抵就是礼拜天给唱诗班弹弹声部，会众唱诗时弹弹伴奏，又组建了个福音乐队闲暇时排排歌曲配配和弦。如此，便每周驱车接送母亲前往刘老师家中并在发声练习后唱歌时合作一番。于是便与刘老师相熟，并恣意发表些看法。母亲一辈子搞的是理工，并无可称道的音乐天赋，我自小练琴，后来又研究即兴伴奏创作点歌曲，许是两相对比之下刘老师觉得我悟性尚可，便提议在我母亲课程结束后也带我做一些发声练习。这其实是很难得的机会，因为刘老师业已杖朝之年精力有限，一般情况下每日只教一名学生，我的出现实是增加了刘老师的负担。

按照刘老师的话说，我唱歌的天生条件并不好。喉结不明显，声带发育得明显弱于东北平均水平，舌系带也比较短、舌头不够灵活难以振动，咬字也不甚清楚。后来去拔智齿的时候医生还说我天生脸皮厚，就是每次咬合时智齿都会磨到口腔内壁，拔掉四颗智齿后也只是稍有缓解。也正是因为这些条件小时候唱歌也不着调，学乐器时才学的钢琴。但是刘老师的师德和精业就在于并非只教那些天生条件好天赋好的学生，越是条件差越能因材施教使

出各式各样别出心裁的方法帮助你成长起来，而且这些方法是我在许多讲论美声理论和教学实践方法的书中闻所未闻见所未见过的。

在我学习一段时间后，这些弱项也都在一定程度上得到了补足，并且慢慢学习领悟到了控制身体各个发声相关器官协调一致的方法。自跟从刘老师练习发声两年后，教会就出现了一些人事上的变动，原先负责诗班排练的一位老师离去前往异地工作，便要求我承担起训练诗班的工作。现在想来，可谓正当其时，教学相长。这之后也有了更多实践和学习的机会，比如参加哈工大教授合唱团的训练和演出，帮助黑大某学院队伍参加合唱比赛等，所依仗的便是和刘老师学习发声所得来的底气。

刘老师不只在教学中得之手应于心，待人也真诚热忱有如至亲。课后常有闲聊和关心，家常之事也屡有提起，又曾引荐其女郑良良老师指点我钢琴演奏的技巧。刘老师的外孙女与我为同辈，如今也成了好朋友，常在彼此家中小聚。得盼日后也是世代故交，可谓大巧家风袛如此是也。

学生：赵周天（自由职业）

云山苍苍，江海泱泱；先生于我，恩重如山。

吾师刘凯，是黑龙江省德高望重的音乐艺术家、声乐教育家，在长期的艺术实践和声乐教学中，留下了宝贵的经验，为黑龙江省特别是哈尔滨声乐艺术与声乐教育事业的发展做出了重要贡献。她执着的艺术品格与精神，以及出色的教学艺术及其风格都深深地影响并激励着我们这些晚辈后学。

刘凯先生是俄侨音乐家培养出的本埠第一代声乐家，是西洋美声唱法在哈尔滨的传播者和推动者之一。可以说，她的声乐教学实践就是 20 世纪哈

歌声里的传承
——刘凯回忆录

尔滨声乐教育的缩影,其艺术经历是哈尔滨西洋声乐艺术独特发展历程的见证。刘凯先生于1932年11月27日出生在哈尔滨市。当时我国一批顶尖的优秀音乐家随延安鲁迅艺术学院来到哈尔滨,为这座城市的音乐教育事业做出了重要贡献,先生有幸受益。1949年7月,刘凯随东北音工团到北京参加中华全国文学艺术工作者代表大会,在怀仁堂为毛泽东等首长演唱,获得好评。1951年,她考取了哈尔滨苏联侨民高等音乐学校声乐本科,师从俄籍声乐专家 Г.А.阿恰依尔－多布罗特沃尔斯卡娅。后来,又师从女高音歌唱家张权、声乐教育家于忠海深造。这种不断学习的精神加速了刘凯艺术的升华。1966年,哈尔滨艺术学院与哈尔滨师范大学合并后,刘凯先生到哈师大执教。即使有着繁重的演出和教学任务,先生也从未间断过声乐学习。她说:"我的一生,是学习的一生。"每次有专家来校讲学,她都积极学习,她执着的终身学习精神让我一生钦佩和受教。

刘凯先生认为"歌唱是音乐中最美、最感动人的艺术"。坎坷的人生经历和坚强的意志品质塑造了先生深沉、含蓄的情感表现特点,并赋予了她深厚的艺术修养。因此,先生在表达一些深沉感情的艺术作品时,更能够深刻、准确、生动地揭示作品的内涵,引起人们的情感共鸣。我国知名声乐教育家沈湘在多年前听过刘凯先生演唱,给予了很高的评价,认为其"是哈尔滨西洋唱法演唱得最纯正,方法最科学、最棒的"。

我是穷苦人家的孩子。少年刚刚懂事之时,正逢知识青年"上山下乡",少年的我来到地处边疆的萝北2师15团,当时的生活条件非常艰苦,挨饿受冻,文化生活更是单调匮乏。在荒凉的黑土地,我当时十分困惑和迷茫,不知道前途在何方,但心里始终有种信念,只要坚持唱歌,坚持学习,就会改变命运。

功夫不负有心人。1973年,我经过刻苦努力,考入了哈尔滨师范大学

音乐系，有幸到刘凯先生的门下学习声乐，开始了我的音乐人生。

刘凯老师名气大、专业好，但人很低调，为人和善，是一名很有威望的声乐专家，同学们都说我是个幸运儿。

在刘凯老师科学严格的教育培养下，我几乎把所有的精力都投入进去了，如饥似渴地学习，不断提高自己，学习音乐、享受音乐。经过刘凯先生三年的精心培养，我以优异的成绩毕业，并在哈尔滨师范大学留校任教。

毕业从教后，刘凯老师对我又有了更高的要求，热忱鼓励我到最高的音乐学府深造。同时，给我制订新的学习计划，要求更加严格，1982年考入上海音乐学院声乐系助教进修班学习。1984年，在上海音乐学院举办独唱音乐会，并以优异成绩毕业，返回哈尔滨师范大学继续为师从教，先后发表《中国戏曲与西洋歌剧唱法之比较》等多篇学术论文。

1987年6月27日，刘凯先生携我在哈尔滨成功举办了"刘凯、刘晶心独唱音乐会"。1992年8月31日，由中国音乐家协会、哈尔滨师范大学艺术学院和哈尔滨电视台联合主办的"刘凯从教四十一周年师生音乐会"，在哈尔滨北方剧场演出并进行现场直播。知名作曲家汪立三与声乐教育家、中央音乐学院沈湘教授等纷纷发来贺信。我有幸参与其中，受益于先生的教诲。

投身刘凯先生门下，跟随先生学习，聆听先生教诲，是我人生的幸运、一生的幸福。1995年，我出版了《歌唱发声的基础训练》一书。1997年出版了《刘晶心独唱歌曲集》，撰写完成了《大学生文化修养》音乐卷三四章；1995年荣获黑龙江省声乐比赛教学辅导一等奖，1997年荣获全国高等教育科研论文一等奖，在黑龙江省《1979—1997群星荟萃》大奖赛中荣获优秀园丁奖，1999年荣获全国曾宪梓教育基金会奖。2009年举办了"刘晶心师生音乐会"，崔杰夫、李雷、金松林等人一同参加，把先生的声乐艺术发扬光大。

在刘凯先生的教导下不断成长，曾任哈尔滨师范大学声乐系主任、教授、

学科带头人、硕士研究生导师，黑龙江省音乐家协会理事，黑龙江省声乐协会名誉主席。

　　刘老师不仅教我知识，更教会我怎么做人。我们在校读书学艺期间，学生下乡劳动的时候，有个人受伤住院了，刘凯老师大冬天冒着风雪到医院看望慰问。刘老师对我非常关怀、爱护，关心我的生活，我的夫人就是经刘老师介绍的。

　　刘凯先生退休后，哈尔滨师范大学艺术学院继续聘任她为学院培养青年教师；与此同时，继续为各高校输送大量优秀的学生，得到了全国各大专业院校同仁的认可与好评。在社会艺术教育方面，刘凯为提高社会音乐爱好者的声乐演唱水平也做了大量工作，为哈尔滨声乐教育工作贡献着自己的力量。

　　亲其师，信其道。刘凯先生将为国育才视为神圣使命，一直壁立于声乐艺术前沿，杏坛设帐，授业解惑，培养了数代音乐人才，弟子遍及海内外，有的成为声乐学科的领军人物和中坚力量，有的成为享誉全国的歌唱家。多年来，先生矢志声乐学，淡泊名利，筚路蓝缕，孜孜以求，成就辉煌，且以其在学术研究、人才培养、学科建设等各个方面的卓越贡献，被同行誉为当今"名师"，现在哈尔滨声乐教育的中坚力量大都曾是刘凯的学生。有些已经有教授职称的声乐教师，或留学归来的青年声乐教师，在自我演唱感觉不佳时，还会请刘凯给予指导。在这种情况下，即使刘凯感觉身体不舒服，也还会尽全力帮助青年教师。

　　吃水不忘挖井人。刘凯先生，是我毕生感恩的导师和领路人，我们这些晚辈弟子致敬先生的德行，努力传承先生的声乐薪火和艺术文脉，把先生的声乐艺术发扬光大。谨以此文敬祝先生健康长寿，声乐艺术之树常青！

学生：刘晶心（哈尔滨师范大学音乐学教授）

第七章　学生感言

永远的恩师

我于1991年有幸拜刘凯老师为师，开始在她门下学习声乐艺术，并在刘凯老师的悉心调教下，于1994年考入中国音乐学院歌剧系本科。于我而言，能与刘老师共度学习时光，能得益于刘老师的音乐教育，是我一生的宝贵财富。

刘凯老师高超的演唱技艺，对正宗意大利美声唱法的卓越传承，她在演唱教学上的因材施教、循循善诱，对包括西洋歌剧咏叹调和中外艺术歌曲等作品的深度理解，对旋律、气息和演唱情绪的把握和控制，对语言、演唱格调的严格要求，以及她本人作为一名歌唱家和声乐教育家对声乐艺术的常人难以想象的执着追求，终生持续学习，为人高尚纯粹，正直诚实，坚强乐观，不计名利，都对我产生深远影响。

刘凯老师是一位隐藏的大师，除了早年丰富的舞台经验外，她一直在教学岗位上耐心地默默耕耘。最初与刘老师相识时，我还是个胆小的小姑娘，会唱几首歌，在演唱上还没入门，对何为声乐艺术一无所知。随着刘老师在授课中对我的声音的规范和调教，帮我选择适合我的作品，陪伴我在作品中钻研学习，鼓励我勇敢地站在舞台上，我渐渐成长进步，直至能顺利地考入中国音乐学院。在音乐学院四年的学习过程中，我还会在放假时回哈尔滨跟随刘老师上课，在刘老师的课堂上汲取营养。毕业后我在刘老师的建议下选择留学德国，学习音乐学和媒体信息学。可以说一路走来，我遇到过很多老师，但刘凯老师是我心目中最亲切、最难得、最优秀的老师。在许多过去的日子里，无论在德国还是在北京，我常常想念她，心中涌动着暖流，过去的一幅幅画面浮现眼前，就像想到一位亲人，一位人生的好向导。我常常回想刘老师在她"从教四十一周年师生独唱音乐会"上演唱的《塞吉地拉》。她的歌声就像一颗名贵的珍珠，轻盈、丰满，盘旋在整个音乐厅，散发着岁

歌声里的传承
——刘凯回忆录

月的灿烂光芒。因为有幸认识刘凯老师，跟随她学习音乐，我常常感叹，一个人一生中能遇到一位好老师是多么幸运！尽管今天的我从事着中德文化交流方面的工作，翻译了一些德国文学作品，并不是一名歌剧演员，但我深知我曾经受到的音乐教育多么宝贵。它成就了我，塑造了我。我始终是个音乐爱好者，音乐学习者。音乐是我生活中不可分割的重要部分。

前不久，我得知刘凯老师写了一本回忆录，内心十分激动，赶紧着手阅读。通过阅读她的回忆录，我才详细得知了刘凯老师不平凡的成长经历，她在人生中的每一个阶段的思考和抉择。在时代的浪潮中，生活的变更中，她总以饱满的热情顽强不懈地追求着声乐艺术。她以诚挚和善意对待她的同志和师长，以真诚而深沉的爱，对待她的亲人、爱人和学生们，既对自己负责，也对他人负责。生活虽时有艰辛，但她从不放弃对艺术实践的专注。刘凯老师的记载，语言朴素凝练，书写内容详实，写法具体严谨，注重细节又十分自然，读起来畅快而引人入胜，令人大开眼界。我真希望有更多的读者能读到这本书，珍惜这本书。

刘凯老师是我的家乡——音乐城市哈尔滨的音乐瑰宝。她是这座城市的骄傲。她代表着古老而高贵的、如今业已稀有陌生的哈尔滨精神——音乐精神。刘凯老师的回忆录不仅是一部她个人的成长史和奋斗史，也是一部城市乃至国家的文化史和音乐史、音乐文化的发展史。

在此，我谨祝愿我的恩师刘凯老师，能继续在音乐生活中收获喜悦和幸福。我祝福刘凯老师福寿绵绵，顺遂安康！

学生：姜宁馨

第七章 学生感言

  1992 年，哈尔滨北方剧场，现场座无虚席。5 岁的我坐在奶奶怀里，突然朝着台上边指边喊："爸爸！"全场观众轰然笑起，台上演唱的父亲险些笑场。那是身为大学老师的父亲作为学生参加先生的从教 41 周年师生音乐会，那时的我不会想到日后先生成为了我的师祖。

  自打我记事起，刘凯先生的名字就一直围绕在我耳旁。小时候只知道这个名字一直深受父亲的尊敬，总是听家里人提起，知道父一辈祖一辈相互都有很多过往的老故事，成为了世交。说我从何时接触声乐已无从记忆，只记得小时候偶尔跟着父亲走进左右摇晃的玻璃门的大厅，随即听到从很多小房间里传出各种怪异的叫声……而后便哭闹着要离开"鬼屋"，后来才知道那是琴房；加上从小被父亲规定唯一无条件可讲的便是钢琴绑定，我就明白：任何爱好一旦变得专业化将会伴随着训练时的诸多痛苦。

  1995 年，7 岁的我还不懂得父亲静静地躺在那个水晶箱里的含义。17 岁的一天，我打开父亲留下尘封已久的外版书籍，翻看着各种歌剧总谱，回头跟母亲说了句：我想学声乐。母亲思索片刻便与奶奶商量，宠我的奶奶带着我像当年带着父亲一样走进了先生的家。沙发上拘谨的我听着另一旁围坐餐桌的先生与奶奶细数着家常过往，老友畅谈，令我些许放松。良久，走进先生的琴房，挂满了如沈湘先生等大家的题字、照片。房门一关，独自面对先生的我愈发紧张，其实更多是源于深知当年父亲无论何时面对先生永远都是敬重遵从，这也形成了我从小对先生的惧怕。此时先生半合着双眼边弹琴边说了四个字："试试声音。"半晌，先生走出琴房指着我对奶奶说："替她爸爸传承下去吧。"几年后，先生将我培养成了父亲的校友。

  2017 年我与哈尔滨大剧院及电视台合作策划举办《清风徐来音乐会》，借机回到哈尔滨探望先生。一进屋先生便喊道："你跑哪去了？！"身为学生的我深知没有什么好成绩总是不好意思见先生，但又很挂念她的身体。同

歌声里的传承
——刘凯回忆录

先生一番长谈后看得出先生虽已年近90岁高龄，身子骨依然硬朗，精神饱满，还对新鲜事物颇有研究，微信、iPad玩得不亦乐乎，着实令我深感安慰。

庆幸自己能够成为先生的弟子，在最初就得到了正规的训练方式。先生身为意大利美声唱法专家阿恰依尔的传人，坚持运用《孔空》练习曲作为基础，帮我打下坚实根基，对于气息和换声位置的技巧变化均加以着重练习。恰恰是这些看似基础却尤为重要的技术方法，在我学习的道路上无论是国内或国外都同样沿用着。如今欧洲的声乐教授也对这种技术方法给予肯定，尤其在控制头腔高位时的要求更是如出一辙。如此经得起各国及岁月推敲的技术教法恐怕只有像先生这样几十年如一日潜心研究才能得出吧。

2019年，身在罗马音乐学院的我安静地在这个美声发源地汲取着艺术养分，同时也清修着自身过往。先生对我们父女两代人的栽培让我领悟到同古罗马文化一样的"传承"意义，感叹先生在声乐界的威望与低调，更加坚信先生定会在未来的日子培养出更多父一辈、子一辈甚至三代以上的音乐传承人。愿先生平安健康！

学生：衣丽沙

1989年我考上了哈师大艺术学院本科。入学时我17周岁，声乐基本上是一张白纸。当时刘凯老师即将到退休年龄，她在校的学生除了86级大四的学生，低年级的只有我一个学生。老师当时对我说："你要把练声当作每天吃饭睡觉一样养成习惯"。从那时起，老师的每句话我都记在心里，她说的话我都要执行，因此声乐进步很快。

刘老师教学经验非常丰富，她给我留的曲目都是既打基础又能解决我的

实际问题的曲目。先是给我唱意大利语的艺术歌曲，她说："意大利语只有五个开口元音，外加两个闭口元音，每个词都是元音结尾，所以能够朗朗上口，打开腔体，找到共鸣。"大三年级开始给我唱歌剧的咏叹调，并且带我参加很多大型演出。她认为一定要多登台表演，在演出实践中才能更好成长。大学期间，我的声乐演唱提高非常大，可以说是一年一个飞跃。这个奇迹是刘凯老师创造的。老师退休以后返聘继续回来上班，她是作为专家回来教我们艺术学院在职的声乐教师。当时很多声乐老师已经是很有名气了，也都争抢着跟刘凯老师上声乐课。记得戴克明教授当时跟我开玩笑，说我是小师妹。

大学毕业前，我开了盛大的独唱音乐会，黑龙江省广播电台实况转播。大家都说，刘老师把我这个丑小鸭变成了白天鹅。我母亲在世时也多次说，我有福，遇到了这么好的老师，我唱得好，完全是老师水平高，刘老师是我的恩师。

参加工作以后，老师一直督促我出去进修开阔眼界。1994年有个去俄罗斯公派留学的机会。老师无比高兴，让我在俄罗斯把上课的录音带回来给她听。她以身作则，从不停止学习，也从不浪费任何一个学习的机会。同时，多年来她一直提醒我要谦虚："谦虚才能继续进步"。要谦虚要一直学习，这是老师一直督促我的事情。

在老师的督促下，我没有停下学习的脚步，一直保持很好的歌唱状态。2014年，音乐学院举行了盛况空前的老教师音乐会。观众把过道都坐满了。我演唱了咏叹调《你们可知道》。

音乐会后，我收到了很多赞誉之声。有的老师问我："你是不是出去学习了？跟谁学的？"我自豪地说："我一直跟刘凯老师学啊！"同年我参加了省文化厅举办的黑龙江省专业美声声乐比赛，获得一等奖。我知道我太幸运了，有这么高水平的老师，而且我的老师很长寿健康，所以我最受益，她

歌声里的传承
——刘凯回忆录

在专业上和精神上一直引领我前进。

老师虽然 80 多岁了，但是她的思想一点也不落后。在我 45 岁的时候，老师还鼓励我，督促我争取出国学习。在我周围朋友和同学都劝我不要出国离家那么远时，只有一个声音非常坚定地支持我。多年来我坚定地执行老师的话，她的话一定是对的。经过许多曲折，2016 年我去了意大利公派留学。2018 年初才回国。在此期间，我一直坚持在意大利学习没有回国。老师坚强的意志力对我的影响，是我克服困难的支撑。

从我 17 岁上大学开始到如今已 50 岁，基本上一直在跟老师上声乐课学习声乐，在老师的指导下一直在进步。我很荣幸也得到了老师的认可。她说："最后看来，你是最能代表我的学生。"我很汗颜，我知道自己跟老师的造诣还差得很远，自己只是有幸一直在她的身边能够一直从师于她。

刘凯老师业务精湛，热爱专业，谦虚刻苦，造诣高深，是我们的楷模和学习的榜样。

学生：孙　晔

1962 年的夏天我已经 8 岁了，家住在哈尔滨正阳河一幢独门独院的俄式平房里。这里距离松花江边的哈尔滨艺术学院附中很近，父亲是那里的二胡教师。自小习惯独往独来的我，有一天突发奇想地跳上了松花江边一米多高的水泥防洪墙，从正阳河一直走到青年宫。当天下午，正值哈尔滨艺术学院的第二届"哈夏"专场音乐会在这里彩排。大幕拉开，一位"阿姨"独自站立在舞台上高歌一曲之后，坐在观众席的师生们不时地发出阵阵赞叹声……这是我第一次见到刘凯老师，距今已经整整 60 年了。改革开放后高考制度得

第七章 学生感言

以恢复，已经在黑龙江省歌舞团做二胡演奏员7年的我，虽然正式加入了专业团体，但上大学的想法始终没有放弃。报考哈尔滨师范学院艺术系就成了我1979年的"大事"。因为师范院校音乐专业的考生必须要加试声乐，我走进了位于哈尔滨通江街的一幢西式建筑——刘凯老师的家……我人生的第一堂声乐课开始了……气息运用、声带控制、咬字发音、情感处理……刘老师把我全方位地"调教"了一遍，如此认真、如此专业的授课真的把我当成专业声乐学生培养了。入学后刘老师的声乐课排得很满，几个年级的学生都有。我的主修课是器乐，遗憾没能进入刘老师的声乐授课班。在同学当中刘凯老师的学生优秀者居多，多年以后可谓桃李芬芳。刘凯老师对待学生如同"严师"和"慈母"，专业上的要求是极其严格的，针对每一位学生的自然条件的不同，都制定了一套个性化的教学方案，从刘老师的教学笔记中可以看出，她花费了大量的精力来研究每一位学生，这就是教学的至高境界——"因材施教"吧。生活上刘老师却又一样，她对每一位同学如同对待自己孩子般的关爱，学生无论遇到学习、感情和生活等方面的问题时都愿意向她倾诉、倾听她的教诲。这使许多同学毕业后多年都与老师保持着亲密的联系。回想起来刘老师是一位很懂感情、为人处世很为别人着想和付出的人。前两年得知刘老师要出一部个人回忆录，我很期待，当我拿到打印校对稿之后就放不下了，一口气将其读完……感叹这哪里是一个人的回忆录，简直就是哈尔滨的百年声乐史！实属一部集学术性、专业性、史料性和可读性极高的"声乐教科书"。惊叹之余，为自己身为老师的学生对老师的人生阅历知之甚少而感到惭愧，又为我有这样一位老师而感到骄傲和自豪。刘凯老师的声乐道路起点很高，先天优异的嗓音条件、勤奋刻苦的学习精神、高端的师资环境和不断探索的创新精神，是刘老师走向声乐教学的成功之源。当年，哈尔滨的俄侨歌剧皇后——阿恰依尔的得意门生当中就有中国学生刘凯。解放战争时期，"延安鲁艺"

歌声里的传承
——刘凯回忆录

来到了哈尔滨。其中的艺术家唐荣枚、寄明（毕业于上海国立音专），潘奇（毕业于北平师范大学）当时都在哈尔滨工作和生活，他们又都是刘凯老师在东北音乐工作团时的老师。延安艺术家们精湛的艺术水准和崇高的革命理想，深深地影响着青年时代的刘凯。新中国成立后，在艺术上有着更高追求的刘老师又报考了哈尔滨"苏联高等音乐学校"大学部，继续在阿恰依尔的门下学习。历经五年的深造，毕业后已是哈尔滨小有名气的歌唱家了。在声乐道路上，刘凯老师走的是一条"土洋结合"的道路。既注重科学的发声方法，又不失中国民歌艺术内涵，这也许就是观众喜欢她的重要原因吧。20世纪50年代末，她走进了哈尔滨最高的音乐专业教育学府——哈尔滨艺术学院，实现了她成为音乐教师的崇高理想。

历经多年的声乐教学生涯，刘凯老师在声乐教学的领域不断探索和研究。改革开放以来，中国著名声乐教育家沈湘与刘凯老师交往甚多，他既是刘老师的老师也是朋友。共同的艺术追求和学术见解使他们在几十年的教学工作中成为了学术上的挚友，就中国的声乐教学中的种种问题和发展方向，进行了深入的学术探讨和科学研究。在刘凯老师的教学笔记当中，有数以万字的、极为宝贵的这一记载。当我拜读完刘老师的这部"大作"之后，眼前仿佛有一部挥之不去的清晰画面……70多年前，中东铁路滨绥线小站一面坡，一位俊俏的小姑娘领着弟弟登上了开往沈阳的火车，姐弟俩同时考入了延安艺术家在沈阳创办的"东北音乐工作团"，随即姐姐成为音工团独唱演员、领唱，是团里的"台柱子"。几十年后，弟弟成为辽宁省交响乐团的小提琴首席，姐姐成为桃李满天下的声乐教育家。青春年代的刘老师收获了真挚的爱情，与爱人在跌宕起伏的人生道路上相濡以沫，又收获了一双儿女，都培养成了音乐界、文化产业界的"栋梁之材"。晚年的刘老师"儿孙绕膝"却依然"笔耕不辍"……是啊，一位从来就没有放弃艺术梦想的人、一位视艺术比生命

还重要的人，在她的眼里是没有困难的。多年以来，我无论在创建"黑龙江音乐博物馆"还是设计"哈尔滨音乐公园"、创办"哈尔滨音乐博物馆"的过程中，都得到了刘凯老师的极大鼓励和支持。在哈尔滨的松花江北岸有座优雅的现代建筑群，哈尔滨音乐博物馆就坐落在这美丽的松花江畔。刘凯老师作为家乡的参展音乐家，她的艺术人生和她卓越的艺术成就展呈现在了这里，这个展览将会鼓舞和激励一代又一代的青年人，为崇高的人生信念和艺术梦想、为中华民族的崛起而努力拼搏，奋斗不止……

学生：苗　笛

后记

这份回忆录，是我在耄耋之年自觉思路还清晰，偶然有这个意念后写下的。我的初衷并不是写书论著，只想将自己一生对声乐的酷爱及立志攀登的经历记录下来，留给后人回顾。待我停下笔，准备出版时，同学们一致要求说："老师以自传形式写出个人为了追求心中挚爱不惧艰辛、孜孜不倦拼搏的一生，这种精神对于我们以及我们的后代有着极为宝贵的传承价值！但其中略感欠缺的是，对老师在声乐专业发展中，得益最大、最受影响的"南有舒什林，北有阿恰依尔"这两位在中国名声显赫的俄籍声乐艺术家、教育家笔墨不多，尤其对舒什林教授严谨的学术理论和科学的声乐技术训练牵扯层面少，而当今能谈论学术方面问题的人中，您最具有话语权了！"我想我应该采纳大家的建议，应尽我所知，在后记中对这方面做一点补充。

我非常自豪，有幸成为在二十世纪上半叶为中国培养出第一代歌唱家的，中国声乐事业发展的奠基人，俄籍声乐教育家舒什林教授的间接传承人。舒什林教授于1930年由哈尔滨聘到上海国立音专任教，他在1931—1938年间，培养出我国第一批五名高端声乐学子，他们是胡然、斯义桂、黄友葵、郎毓秀、唐荣枚。我的声乐启蒙导师唐荣枚先生，是在1935年入学，1938年10月以优异成绩毕业。她没有选择出国深造，而是跟随一些爱国青年奔赴中国革命圣地延安，在延安鲁迅文艺学院任声乐教师，而当年鲁艺办学是根据毛主席对文艺的方针路线，文艺工作者要为广大工、农、兵服务，要求"洋为中用"。

唐先生积极响应这一号召，向中国民族、民间艺术工作者学习，逐渐在她表演曲库中，增添了新的歌曲？她首先演唱冼星海黄河大合唱《黄河怨》，刘炽的《翻身道情》，中国地方民歌等。

唐先生 1946 年随鲁艺学院来到东北，参加支援解放战争，任鲁艺文工团三团副团长。1948 年哈尔滨成立了"东北音乐工作团"，她兼职合唱队声乐艺术指导。几个月后，1948 年 11 月份沈阳解放，成立东北鲁迅文艺学院，她任声乐系副主任。

我就是在这时（1948 年春季参加东北音工团合唱队）开始接受唐先生美声发声训练。我团进驻沈阳，改名为东北鲁艺音工团，第一时间我便接到上级指示，要求我尽快到学院报到，全面安排上课时间，我怀着惊喜之情，首先就来见我的主修声乐导师唐荣枚先生，她见我表示热情欢迎，并照顾我可以自行安排上课时间（因为怕鲁艺不脱产学习）。随后她对我说，当她得知鲁艺音工团要送我进鲁艺学院进修，并主修声乐，还必须进她的班上时，她有些心存疑虑，因为她很了解我，认为我既有很强势的音乐才能，人又锐敏要强，从专业上看是位全能的抒情女高音，声音宽、厚、亮，音色甜美、灵活，极富弹力和金属性。她说："听你唱高音那么轻松，好似受过良好的专业训练，像这样的素质，如果放到我导师舒什林教授那里，他会毫无悬念地为你打造意大利美声基础。可是当前你的情况是，在你的顶头上级心目中，你是民族演唱的第一人选，所以我真不知怎么教你。好在我很快找到一条线索，想到了具体培养你的潘奇，当我们学校刚刚建成，她就抢先找到我谈，要求我亲自教你，并希望我能把在我导师那里学到的精髓传承给你，我摸到这张底牌不难想，她与我对你的专业发展想法是一致的。这使我解除了疑虑，我与潘奇可双管齐下，她继续指导你掌握民族语言、声韵规律，我可以放心专一为你打好西方美声的基本功，你今后就可以"洋为中用"，在表演民族作品时

后　记

借鉴西洋美声。"

　　从我进学院开始系统学习声乐基础课时起，唐先生就一再强调好的歌唱，必须要打好基本功，重视一切技术方法运用自如，成为诸种因素融汇于一个整体之中。人体是一个统一的整体，发声各器官的活动，就是人声的乐器。发声的各器官有各自的功能，如呼吸能使声带振动，共鸣可使声音洪亮等等，任何声音都不是孤立的、单独的作用，要依靠声带的活动和呼吸的推动作用。我在这个初级阶段学习中，感到受益最大的就是采用了世界无数声乐专家所共识的"横膈膜－腹式呼吸法"，也是意大利学派传统教学中十分重视的呼吸方法，认为呼吸是歌唱发声的基础、美声唱法原则之一。事实证明古老意大利学派称"谁懂得呼吸，谁就会歌唱"是有道理的。呼吸在日常生活中是吸与呼，有规律、有节奏的两种活动，而用在歌唱上，呼吸是发声方法的根本。

　　a. 吸气是唱歌前的准备，要想生活中闻花香、打哈欠，用垂直方向往下延伸到胸腔下部，横膈膜的周围。在气吸入上腹横膈膜处，要保持住，免得在唱的过程中，气息泄露或造成供气不足。气要吸得深些，保持稳定不动，使每个音、每个字，做到既灵活弹力，又均匀稳定，在演唱过程中始终保持这种状态。

　　b. 呼气是歌唱的开始，下腹内收与吸气保持反向运作，这一吸一呼使两者产生对抗压力，支持点在小腹，即脐下二指（丹田部位）正常音波的产生全靠吸与呼均匀平衡对抗而形成。呼吸控制技巧，在歌唱技艺中是属于高难度的控制技术，必须在长期的发声练习中领悟。呼吸是生理的，又是受大脑神经支配的两种功能运动，两种一收一扩是完成呼与吸的动力技能，我在演唱和长期的教学实践中，不断地验证了呼吸对于发展歌唱技能的重要性。

　　（通过唐荣枚先生繁衍舒什林教授传承西欧歌唱艺术发展的历史进程，声乐教育相应获得很大发展）

歌声里的传承
——刘凯回忆录

从十八世纪以来，西欧各国出现了一批著名声乐教育大师，他们对声乐事业发展做出了杰出的贡献。意大利弗朗契斯科、兰培尔蒂父子等代表着十八世纪以来欧洲声乐教学及歌唱艺术的主导力量，他们促使教学内容不断完善，并创造出一整套卓有成效的科学理论。舒什林本人受意大利名师指导，并通过自己的表演与教学实践，证明所接受的理念是可靠的，他认为声乐艺术只有受到专业训练才可能满足歌唱表达技巧与内容的能力。声乐学习是一门应用科学，教学效果是以所培养出来的人为检验质量的标准。他深刻认识到在意大利传统教学中，发声方法一定掌握发声器官各有关部件的固有作用。他确认一个歌唱家应熟练掌握发声技巧，并要准确无误使之有系统、有步骤，循序渐进地达到完美程度。他还说，声乐技巧是方法，不是目的，要求在每种练习中都应明确训练的目的性。技术发展与艺术目的之间有着必然的联系。只有使发声器官紧密联系在一起，例如呼吸、发声、共鸣、咬字等相配合，歌唱才会得到有支持点的声音和有力度的呼吸。他还提出在训练中，应使这些器官协调统一，彼此之间形成有机的整体，如顾此失彼，各个器官割裂开，将无法获得正确的发声效果，也不能得到新鲜的歌唱所需要的声音。

在我的回忆录即将付梓之际，我谨向我著写时功不可没的两位学生表示衷心感谢。孙晔同学在我撰写策划初期特地跑到沈阳探访唯一健在的延安鲁艺的老红军王卓同志，了解我是如何在解放战争的艰苦年代参加了文艺部队，又访问身患重病的何少卿老师、陈国华老师及哈尔滨市歌剧院艺术指导贺欣同志。他们介绍了我的表演历程，这对我回顾70多年的历史进程起到了积极支持与鼓励。

马慧妮同学在我撰稿过程中，自始至终为我校对，同学们的感言等等稿件让我首先过目，提出意见，然后她具体把握。这对我这个年过九旬的老人起到了重要的辅佐作用。

附　　录

刘凯，女，中共党员，哈尔滨师范大学（原哈尔滨师范学院），艺术学院音乐教育系离休教授。

（1）1932年11月27日生于哈尔滨市道外太古街。

（2）1940年随父母迁至尚志市一面坡镇。

（3）1941年在一面坡镇会兴小学校上小学。

（4）1946年在一面坡尚志中学读中学。

（5）1948年春中学毕业，3月末考入哈尔滨市"东北音乐工作团"，担任合唱队员、领唱、独唱演员。

（6）1948年11月份，沈阳解放，随音工团进驻沈阳，改称鲁艺音工团。

（7）1949年初，沈阳成立东北鲁迅文艺学院。我被团长选派到音乐系全面学习。

（8）1949年7月鲁艺音工团参加全国第一届文代会，我在怀仁堂为党中央首长演唱，受到中央首长高度赞扬，并受到周总理热情叫好、鼓掌、接见。

（9）1950年2月毛主席与周总理访苏归国，途经沈阳，我在招待会上演出，受到毛主席欢迎，周总理在对陪观的作曲家们临别讲话，提到他们今后创作时说：要写出像今天演唱的小女演员表现的，带有浓厚的民族风格，声音动听，曲调受到人民大众喜欢的好作品。

歌声里的传承
——刘凯回忆录

（10）1950年5月份，我院创作室作曲家丁鸣同志、词作家胥树人同志，二位共创一首中西结合的交响合唱曲《森林之歌》，我演唱第一乐章《森林里传说的故事》，我采用中国说唱语言的特点，结合西方美声的发声技巧，成功地完成了这一乐章的故事情节，受到全场观众的热烈掌声，受到东北宣传部部长刘艺明的高度赞扬。

（11）1950年9月，朝鲜战争爆发，东北局下令鲁艺撤至哈尔滨，并号召演员报名参加到前线，抗美援朝，我因腿残无法响应，无奈，想到借此空闲机会，留在哈尔滨，圆自己幼年出国深造的梦。

（12）向音工团新领导班子申请参加苏联高等音乐学校入学考试，得以留在哈尔滨学习，因当时没有停薪留职政策，只可辞职，为了勤工俭学，先后在哈市第八、第九中学任教。

（13）1950年11月报名参加苏联高等音乐学校考试，以优异成绩被录取至该校唯一声乐本科大学部，并分配到最著名的，也是哈尔滨唯一的意大利美声学派声乐专家阿恰依尔班上学习。

（14）从1951年下学期至1954年下学期三年时间，经常参加苏联学校对外（大部是俄侨民）商业性音乐会演出，一方面是扩大影响增加学员，另外也是补充办学资金，我本人则加强了艺术实践。

（15）1960年我的导师阿恰依尔离开中国，我开始选择自己的职业，进入新建立的哈尔滨艺术学院任声乐教师，作为青年教师被艺术学院委派到刚从上海音乐学院下放的于忠海声乐教授处负责培训，每周上课与学生一样，我一堂课不落地坚持到1965年学院与师范学院合并。

（16）1961年女高音歌唱家张权由北京下放至哈尔滨歌舞剧院，市委宣传部委托张权老师为哈尔滨艺术学院办培养班，我又成为张权老师的徒弟（弟子）。

（17）第二届"哈夏"时全国演出团体集中到哈公演，市委宣传部组织评选小组，我被学院派出参选，被专家小组选为青年独唱独奏专场，我的演唱自始至终受到专家与群众的欢迎，得到市委表彰。

（18）1965年国家整改，决定哈尔滨艺术学院合并到省师范学院艺术系，在空闲的几个月里艺术学院组织教师到全哈各工厂、机关、学院进行义演，我的表现深受广大群众的称赞。

（19）1965年合并到师范大学艺术系，1966年参加"文革"，舞台生涯被打断，整天参加学习，不能回家。

（20）1977年"四人帮"被打倒，我应市电台邀请，为他们录制一批艺术歌曲，包括《过印度洋》《思想》《天伦欢》《阳关三叠》等。

（21）1977年为省电台录制新创歌曲，包括《东方升起红太阳》，刘施任作曲；《歌唱十二大》，藤祖馨曲；《高山顶上修条河》，肖梅曲；《颂十二大》，钱正君曲以上作品作者均为我学院作曲家。由我演唱的以上作品，均被中央电台录播，并受到表扬。

（22）1978年我与我的学生刘晶心（男高音），举办一场独唱音乐会，演唱了大量中外歌曲及外国歌剧选曲，受到全市同行高度赞扬与群众的好评。

（23）1988—1991年，主动参加日本东京上越大学伊藤温教授来哈师大艺术学院讲学，在三次讲学结束后举行的公开独唱音乐会上，演唱意大利作品《春天》、《爱的销魂》、《我的偶像》，演唱德国作品《鸟》中国作品《曲蔓地》《大河涨水沙浪沙》等，以上演唱作品，哈尔滨电视台做现场直播。伊藤教授讲，对我所录制的节目，他每次带回东京，让东京艺术大学专家们评估，受到同行们欢迎与喜爱并给予高度评价。

（24）1991年下学期，哈师大艺术学院邀请澳大利亚悉尼音乐学院退休教授伊丽莎白·托德来我院讲学，我作为老教师代表，为她演唱了两首意大利

歌声里的传承
——刘凯回忆录

歌剧选曲，一首是《为艺术为爱情》托斯卡咏叹调，另一首是《晴朗的一天》蝴蝶夫人咏叹调，她听后很惊讶地对我的翻译说，你们这位高龄老教师音质太好了，听起来演唱的音色好像小姑娘一样，声乐技巧实力相当雄厚，语言、风格都很准确，整个声区都具金属性，在我的请求下（我希望听到一些不足之处），她提出对歌曲处理上的不同观点：她认为我对两首结尾高潮的处理上应更加细微，对不同人物应有所不同分量。

（25）1992年，我60周岁，我与我的学生举办了一场对外公开的音乐会——刘凯从教四十一年师生独唱音乐会，地点在哈市最大剧场——北方剧场，张权、沈湘、伊藤温、杨角及夫人张晓飞、刘向如及夫人安杰、陈沂及夫人马楠、汪立三、李兰忠、王化成送来条幅表示祝贺。

（26）1990年5月9日离休，当即被师大返聘，为音乐学院培养中青年骨干教师及音乐院系高才生，同时，为社会培养大批优秀声乐人才，除为本国专业学院输送尖端学生外，数人出国留学美国、意大利、德国、俄罗斯、澳大利亚、保加利亚、日本、韩国。

（27）每年有大量学生参加大奖赛，获国家级、省级奖项，多数获一、二等奖（均有证书）。

（28）每年学生为我过生日时，以音乐沙龙的形式，每个学生都会演唱。

（29）个人获奖：

在职期间曾获校级一、二等教学奖三次。

获省委宣传部、省政府新闻办、省文化厅、省文联、黑龙江日报、黑龙江电台、黑龙江电视台联合颁发1977—1997年群星荟萃大奖赛组委会"优秀园丁"奖。

1998年获省委宣传部颁发青年歌手美声辅导一等奖；从1999年到2005年连续获得中央音乐学院校外考级"优秀教师"奖。

2003年获青年歌手大赛"园丁奖"。

1951—2002年获哈师大"献身教育功载史册"奖。

荣获庆祝中华人民共和国成立70周年纪念章（中共中央国务院、中央军委颁发）。

（30）本人被收录：《中国音乐家名录》

《中国音乐家辞典》

《中国当代音乐名人大辞典》

《中外歌唱家辞典》

《世界艺术家名人录》

《世界优秀人才大典》

《中国人才世纪献辞》

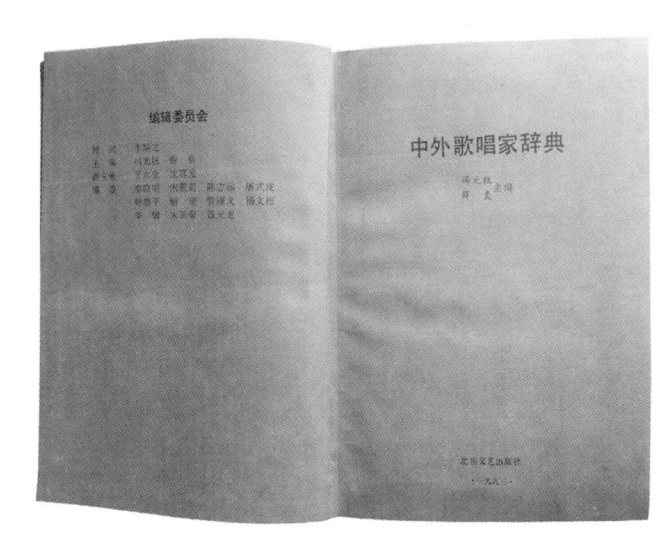

学生孙晔为本书采访王卓

作者在书房